DER GROSSE GU KOMPASS

# Vornamen für Jungen

CORNELIA NITSCH

## Die Autorin

Cornelia Nitsch hat Soziologie studiert und war viele Jahre lang Redakteurin bei verschiedenen Elternzeitschriften. Heute arbeitet sie als freie Journalistin und gilt als eine der erfolgreichsten deutschen Autorinnen von Elternratgebern. Bei GU sind von ihr unter anderem die Titel »Vornamen« und »Kinder gezielt fördern« erschienen.

Sie lebt mit ihrem Mann bei Bad Tölz und ist Mutter von vier inzwischen erwachsenen Söhnen.

# Ein Wort zuvor

**DER VORNAME IST EIN STÜCK VOM ICH,** Teil der eigenen Identität. Und er ist Moden unterworfen. War er gestern noch richtig gut, wird er heute plötzlich als veraltet, eventuell sogar verstaubt empfunden. So fühlt sich inzwischen mancher Eberhard aufs Abstellgleis geschoben und jeder Günter weiß, dass er mit seinem Namen im Moment keinen Staat machen kann. Diesem Wandel kann sich keiner entziehen.

**DAS AUF UND AB** im Vornamenranking hat eine jahrhundertealte Tradition. Nach den Namen aus dem Griechischen und Lateinischen kamen irgendwann die aus dem Alten Testament in Mode. Es folgten Namen aus dem Germanischen, dann aus dem Neuen Testament und schließlich mit dem Interesse an der französischen Sprache wurden Namen aus Frankreich aktuell. Später mit der Begeisterung für Ritterspiele war es plötzlich wieder up to date, auf das Mittelalter zurückzugreifen, und danach kamen die kurzen, praktischen Namen wie Heinz, Paul und Fried zum Zuge. Viel später waren dann Vornamen aus England und Amerika der Renner. Und was ist jetzt?

**HEUTZUTAGE SIND ZUM EINEN WIEDER** die alten Namen im Kommen, die bereits zu Zeiten von Kaiser Wilhelm II. hoch im Kurs standen. Und zum anderen sind zunehmend Fantasienamen und Kürzel gefragt, wie etwa Nino oder Mika. Ein Trend ist allerdings durchgehend seit Langem zu beobachten: In Deutschland sind klangvolle Vornamen gefragt. Dieses Buch will Ihnen dabei helfen, einen besonders wohlklingenden, rundum passenden Namen für Ihr Kind zu finden. Gerade unter den Abkürzungen sind oft besonders ansprechende Namen zu finden.

Cornelia Nitsch

# Jungennamen von A bis Z

**Aaron, Aron:** ziemlich beliebt. Aus dem Hebräischen. Genauere Bedeutung unbekannt. Nach dem Alten Testament war Aaron der ältere Bruder von → Moses. 3. Jh.: Der erste christliche Geschichtsschreiber Britanniens berichtet von einem jüdischen Kaufmann namens Aaron, der zum christlichen Glauben konvertierte. Namenstag: 22. Juni. 16. Jh.: In der Shakespeare-Tragödie »Titus Andronicus« spielt ein Aaron eine üble Rolle. Abkürzungen: Ari, Ron, Ronnie.

**Abel:** seit dem 12. Jh. bekannt. Ist aber ein eher seltener biblischer Name. Aus dem Hebräischen. Die Bedeutung »Vergänglichkeit« bezieht sich auf die biblische Geschichte von Kain und Abel: Abel, der zweite Sohn von → Adam und Eva, wurde von seinem Bruder Kain aus Neid erschlagen. Namenstag: 9. Dezember. 17. Jh.: Abel Janszoon Tasman, ein niederländischer Seefahrer, umsegelte Australien. Ging als erster Europäer in Neuseeland an Land. Die Insel Tasmanien wurde nach ihm benannt. Kosename: Abelin. Abkürzung: Abi.

**Abraham:** ein biblischer Name. Kommt aus dem Hebräischen und dem Alten Testament. Der Stammvater Israels hieß Abraham. Bedeutung: Vater der Menge. In Deutschland seit dem frühen Mittelalter bekannt, aber selten. 18./19. Jh.: Abraham Gottlob Werner, berühmter Mineraloge, unterrichtete Studenten aus ganz Europa, auch → Alexander von Humboldt. 19. Jh.: Abraham Lincoln führte als Präsident der USA sein Land durch den Bürgerkrieg und setzte sich für die Abschaffung der Sklaverei ein. In Arabien: Ibrahim.

**Absalom, Absalon:** klingt fremd in unseren Ohren. Aus dem Hebräischen. Bedeutung: Vater des Friedens. Nach der Bibel

war Absalom ein jüngerer Sohn Davids und ein Halbbruder
Salomos. Obwohl er seinen Vater liebte, wollte er ihn ent-
thronen. In Schweden: Axel. Abkürzung: Ab.

**Achas, Achaz,** seltener **Achatz, Acatius, Achatius:** ursprünglich aus dem Hebräischen. Bedeutung: Der Herr besitzt. Seit
dem 15. Jh. bekannt. Es gibt mehrere Heilige dieses Namens.
12. Jh.: Der Legende nach war Achatius Anführer eines kaiserlichen Heeres. Vor dem Kampf erschien ihm ein Engel, der
ihn zum christlichen Glauben brachte. Namenstag: 22. Juni.
In Finnland: Aimo, Aino. Abkürzung: Assa.

**Achill, Achilles:** kommt aus dem Griechischen. Achill war ein
Held in der griechischen Mythologie. Der Sohn eines
menschlichen Vaters und einer göttlichen Mutter galt als
unverwundbar, bis auf eine Stelle an der Ferse – daher der
Begriff »Achillesferse« für eine Schwachstelle. In Frankreich,
Italien: Achille. Kosenamen: Ilia, Ilja.

**Achim, Akim:** Kurzformen von → Joachim. Ein biblischer
Name. Ursprünglich aus dem Hebräischen. Bedeutung: Gott
richtet auf. 19. Jh.: Achim von Arnim, Ehemann der Schriftstellerin Bettina von Arnim und bekannter Dichter der Romantik, stellte zusammen mit seinem Schwager → Clemens
Brentano die Volksliedersammlung »Des Knaben Wunderhorn« zusammen. Abbkürzungen: Immo, Kim.

**Adalbert, Adelbert, Adelbrecht:** traditionell und heute fast in
Vergessenheit geraten. Aus dem Althochdeutschen. Bedeutung: edel, glänzend. 10. Jh.: Der Asket Adalbert von Prag
versuchte die Böhmen vom Heidentum abzubringen. Er
wurde der erste Märtyrer Preußens. Namenstag: 23. April.
18. Jh.: Adelbert von Chamisso war Dichter, Weltumsegler
und Naturforscher. Außerdem: Adalbert Stifter, im Böhmer-
wald geborener Dichter, vor allem wegen seiner sehr aus-
führlichen Natur- und Landschaftsbeschreibungen geliebt,
aber auch gefürchtet. In Italien: Adalberto; in Frankreich:
Aubert; in Ungarn: Béla. Abkürzungen: Abel, Adi, → Albert,
Albrecht, Bela, Bert.

**Adam:** war früher beliebter als heute. Ein biblischer Name, aus
dem Hebräischen. Bedeutung: Mensch aus Erde. Nach der
Schöpfungsgeschichte war Adam der Stammvater der Men-

A

schen. Namenstag: 24. Dezember. Seit dem Mittelalter als Vorname bekannt. 16. Jh.: Adam Ries war ein Rechenmeister aus Oberfranken, der als Vater des modernen Rechnens gilt. Noch heute wird der Ausspruch »das macht nach Adam Riese …!« gebraucht, um die Richtigkeit eines Rechenergebnisses zu betonen. Außerdem: Adam Elsheimer, bedeutender deutscher Maler. Malte meist kleine Bilder, für deren feine Ausführung er eine Lupe zu Hilfe nahm. 18. Jh.: Adam Smith, in Schottland geborener Moralphilosoph. In Italien: Adamo; in Spanien: Adan; in Portugal: Adao; in Tschechien: Damek.

**Adil:** aus dem Türkischen. Bedeutung: gerecht.

**Ado:** ein alter Name, wohl Abkürzung von Adolar. 8./9. Jh.: Ado von Vienne, ein in der Champagne geborener Benediktinermönch, wurde durch seine geschichtlichen Werke bekannt. Namenstag: 16. Dezember.

**Adrian:** zeitlos und recht beliebt. Aus dem Lateinischen. Verwandt mit → Hadrian. Der Name bezieht sich auf den Ort Hadria. 4. Jh.: Adrian oder Hadrian von Nikomedien, ein römischer Offizier, trat mutig für seinen christlichen Glauben ein und starb als Märtyrer. Namenstag: 8. September. 15./16. Jh.: Der niederländische Papst Hadrian VI. aus Utrecht musste sich mit den Anfängen der Reformation auseinandersetzen. Eine Variante: Arian. In den Niederlanden: Adriaan, Adriaen; in Frankreich: Adrien; in Italien und Spanien: Adriano. Abkürzungen: Adi, Adri, Ari, Dino, Rino.

**Ägid, Ägidius.** Auch **Aegid, Aegidius:** Klassiker. Bereits im Mittelalter bekannt. Verwandt mit → Egid. Kommt aus dem Griechischen. Bedeutung: der Beschützende, Schildhalter. 9. Jh.: Sankt Ägidius, Abt im Kloster St. Gilles in Südfrankreich, wird als Heiliger verehrt. Namenstag: 1. September. In Frankreich: Gilles; in England: Giles; in Südeuropa: Egidio. Abkürzungen: Gil, Gill, Gilles, Jil, Jill.

**Aemilius:** ein Klassiker. Aus dem Lateinischen. Der Name bezieht sich auf die altrömische Familie der Aemilier. 2. Jh. v. Chr.: Aus dieser Familie kommt der berühmte Politiker Marcus Aemilius Lepidus. 4. Jh.: Aemilius von Capua war ein italienischer Märtyrer. Wird als Heiliger verehrt. Namenstag: 22. Mai. Abkürzungen: → Emil, Milius.

**Agilo:** alt, aber nicht verstaubt. Kurzform von Namen mit den Anfangssilben »Agil« wie etwa Aginald, Agilof. Aus dem Althochdeutschen. Bedeutung: Schwertspitze. Abkürzungen: Agi, Aggi, Golo, Olo.

**Agin:** ein alter Name, wirkt aber dennoch zeitlos. Aus dem Althochdeutschen. Bedeutung: Schwertspitze.

**Ago:** eine schon lange verselbständigte Kurzform von Namen mit den Anfangssilben »Agi« oder »Ago«, wie beispielsweise Agomar, Aginolf. Aus dem Althochdeutschen. Bedeutung: Schwertspitze.

**Ahlert:** ungewöhnlich. Lässt aufhorchen. Aus dem Althochdeutschen. Bedeutung: edel, hart. Abkürzungen: Adi, Ado, Adu. → Alhard.

**Aimé:** in Frankreich bekannt. Aus dem Lateinischen. Bedeutung: der Geliebte. 18./19. Jh.: Aimé-Jacques-Alexandre Bonpland war ein berühmter Naturforscher, der mit → Alexander von Humboldt Spanien und Amerika bereiste.

**Aimo:** verwandt mit → Heimo und Haimo. Kurzform von Namen mit der Anfangssilbe »Heim«, wie etwa Heimrad, Heimerich. Aus dem Althochdeutschen. Bedeutung: Heim. Oder auch als finnische Form von → Achas, Achaz. Aus dem Hebräischen. Bedeutung: der Herr besitzt.

**Al:** kurz und bündig. Aus dem Englischen. Kurzform von Namen mit der Anfangssilbe »Al« wie → Alvin. 20./21. Jh.: Al Gore, amerikanischer Politiker und ehemaliger Vizepräsident. Wollte Präsident werden, wurde stattdessen Unternehmer, Umweltschützer und Friedensnobelpreisträger. Außerdem: Al Pacino, amerikanischer Schauspieler, eine Größe in Hollywood.

**Alain:** gleichbleibend beliebt in Frankreich. Auch bei uns bekannt. Wohl aus dem Keltischen. Bedeutung: Fels. Oder der Name bezieht sich auf das iranische Volk der Alanen. 12./13. Jh.: Alain de Lille, französischer Philosoph, Mönch und Dichter, gilt als Heiliger. Von ihm soll der Ausspruch »Alle Wege führen nach Rom« stammen. Namenstag: 30. Januar. 20./21. Jh.: Der Schauspieler Alain Delon war lange Frankreichs attraktivster Schauspieler. War besonders in den 1960er- und 1970er-Jahren äußerst populär.

**Alan, Allan, Allen:** die englische Variante von → Alain. Wohl aus dem Keltischen. Bedeutung: Fels. Oder der Name bezieht sich auf das iranische Volk der Alanen. 19. Jh.: Edgar Allan Poe, amerikanischer Schriftsteller, gilt als erster Krimiautor. Bringt seine Leser heute noch zum Schaudern. 20./21. Jh.: Alan Greenspan, Wirtschaftsfachmann, lange Jahre Vorsitzender der US-Notenbank und Währungshüter. Weitere Formen: Alen, Allyn.

**Alban:** eleganter schlichter Name, abgeleitet von Albanus. Aus dem Lateinischen. Bedeutung: Mann aus Alba. 4./5. Jh.: Der Priester und Missionar Alban von Mainz ließ sein Leben für den christlichen Glauben. Namenstag: 21. Juni. 5. Jh.: Alban von England starb als erster christlicher Märtyrer Britanniens. Namenstag: 22. Juni. 19./20. Jh.: Alban Berg, österreichischer Komponist. Trug dazu bei, die klassische Musik zu erneuern. In Italien: Albano. Abkürzung: Al.

**Alberich:** ein Name mit Geschichte. Aus dem Althochdeutschen. Bedeutung: Naturgeist und reich. In der germanischen Mythologie ist Alberich König eines Elfen- und Zwergengeschlechts. In der Nibelungensage hütet er den Nibelungenhort. Dank seiner Tarnkappe kann er sich unsichtbar machen. 19. Jh.: In den Wagneropern »Ring der Nibelungen« spielt Alberich eine wichtige Rolle. Weitere Form: Elberich. Abkürzungen: Al, Aldo, Bert, Bertel, Bertl, Rick. → Oberon.

**Albero:** ungewöhnlich. Weckt Aufmerksamkeit. Aus dem Althochdeutschen. Bedeutung: edel und Bär. Im Mittelalter ganz oben in der Beliebtheitsskala. 12. Jh.: Albero von Munsterol, streitbarer und hochgebildeter Erzbischof von Trier. Abkürzungen: Abo, Beo, Bero.

**Albert:** neuere Form von → Adalbert. Aus dem Althochdeutschen. Bedeutung: edel, glänzend. 13. Jh.: Albertus Magnus, auch Albert von Köln genannt, versuchte als Kirchenlehrer schon damals, wissenschaftliches Denken mit dem Glauben zu verknüpfen und beides zu fördern. Namenstag: 15. November. 19./20. Jh.: Der deutsche Physiker und Nobelpreisträger Albert Einstein prägte mit seiner Relativitätstheorie die physikalischen Vorstellungen nachfolgender Generationen. Ebenfalls unvergessen: Der Friedensnobelpreisträger, Theologe,

Arzt, Musikforscher, Organist und Philosoph Albert Schweitzer. In Italien: Alberto. Abkürzungen: Al, Aldo, Bert, Bertel.

**Albin.** Auch **Albinus:** einfach und ansprechend. Abgeleitet von Adalwin, Albwin, → Alwin. Aus dem Althochdeutschen. Bedeutung: Elf und Freund. Oder aus dem Lateinischen mit der Bedeutung: der Weiße. 19./20. Jh.: Albin Müller, Künstlername später Albinmüller, war ein berühmter Innenarchitekt, vor allem Möbeldesigner. Abkürzungen: Bibi, Rino.

**Albrecht:** traditionell. Mal mehr, mal weniger gefragt. Aber durch die Jahrhunderte immer vorhanden. Abgeleitet von → Adelbrecht. Bereits im Althochdeutschen bekannt. Bedeutung: edel, glänzend. Durch die Jahrhunderte ein Königs- und Fürstenname. Auch etliche Künstler hießen Albrecht. 15./16. Jh.: Einer der berühmtesten war Albrecht Dürer, Maler, Kunsttheoretiker und Mathematiker. Arbeitete vor allem in den Techniken des Kupferstichs und Holzschnitts, die er revolutionierte und zugleich perfektionierte. Abkürzungen: Abel, Al, Aldo, Berecht, Bert.

**Aldo.** Früher **Aldus:** klangvoll, dabei einfach. Kurzformen von Namen mit der Anfangssilbe »Adal« wie etwa Adalhard, Adalfried. Aus dem Althochdeutschen. Bedeutung: edel. 15./16. Jh.: Aldus Pius Manutius sorgte als hochbegabter Buchdrucker, Typograph und Verleger in Venedig dafür, dass die Literatur der alten Griechen gedruckt, veröffentlicht und damit in der Renaissance wiederentdeckt und studiert werden konnte. → Alto. Abkürzungen: Al, Dodi, Dody.

**Alec:** vor allem in England heimisch. Kurform von → Alexander. Aus dem Griechischen. Bedeutung: schützen und Mann. 20./21. Jh.: Unvergessen ist Alec Guinness, vom Scheitel bis zur Sohle Engländer und längst ein Klassiker unter den Filmstars. Andere Form: Alek.

**Alex:** schlicht, ungezwungen. Kurzform von → Alexander. Aus dem Griechischen. Bedeutung: schützen und Mann.

**Alexander:** ein Klassiker, der seit Langem zu den Spitzenreitern auf der Hitliste der Namen zählt. Aus dem Griechischen. Bedeutung: schützen und Mann. 4. Jh. v. Chr.: Alexander der Große, makedonischer König, zog nach Ägypten, dann über Persien bis nach Indien und machte seinen Zeitgenossen klar, dass die Welt größer ist als bis dahin vermutet. 2. Jh.: Der erste Papst namens Alexander machte von sich reden. 15. Jh. ein weiterer Kirchenfürst war Papst Alexander VI., ein skrupelloser Lebemann, gnadenloser Machtpolitiker und Renaissancefürst. Später hießen viele Künstler und Wissenschaftler Alexander: 18./19. Jh. Alexander von Humboldt, berühmter Weltreisender und Naturwissenschaftler, gilt als Universalgelehrter. Reiste um die Welt, erforschte die Meere, die Vulkane, das Klima, den Sternenhimmel und noch vieles mehr. Es gab kaum ein Thema, das den »König der Wissenschaften« nicht interessierte. In Italien: Alessandro; in Griechenland: Aléxandros; in Spanien: Alejandro; Kosenamen und Abkürzungen: Alec, Alek, Alessio, Alex, Alexis, Alexius, Alik, Aljoscha, Lex, Sander, Sando, Sascha, Xander.

**Alexandre:** in Frankreich beliebte Variante von → Alexander. Aus dem Griechischen. Bedeutung: schützen und Mann. 19. Jh.: Der Schriftsteller Alexandre Dumas der Ältere ist vor allem berühmt durch seine inzwischen x-fach verfilmten Romane »Die drei Musketiere« und »Der Graf von Monte Cristo«. Eine weitere Form: Alissandre. Abkürzungen: Alex, Alexei.

**Alexei, Alexej:** russische Formen von → Alexander. Aus dem Griechischen. Bedeutung: schützen und Mann. 19./20. Jh.: Der russische Maler Alexej von Jawlensky lebte lange in Bayern und zählte zur expressionistischen Künstlervereinigung »Der blaue Reiter«. Seine Bilder werden heute noch wegen ihrer intensiven Farbigkeit bewundert.

**Alexis, Alexius:** lässiger als der Ursprungsname → Alexander. Aus dem Griechischen. Bedeutung: schützen und Mann. 5. Jh.: Alexius von Edessa war ein Heiliger und Einsiedler, von dem in unterschiedlichen Legenden erzählt wird. Namenstag: 17. Juli. 20. Jh.: Alexis Sorbas, lebenserfahrener Grieche, dargestellt von Anthony Quinn im gleichnamigen Film, ist bis heute Kult. Wer den Namen hört, beginnt Sirtaki zu tanzen. Abkürzungen: Al, Lex, Lexius.

**Alf:** kurz. Prägnant. Eine aus der Mode gekommene Kurzform von → Alfred oder → Alfons. In Italien: Alfio.

**Alfons, Alphons:** schon bei den Westgoten bekannt. Aus dem Althochdeutschen. Bedeutung: Kampf, edel. In Spanien und

Portugal seit Jahrhunderten als Königsname gefragt. 13. Jh.: Alfons X., der Weise, König von Kastilien und Léon, dazu König des Heiligen Römischen Reiches, verstand viel von Dichtkunst, Philosophie und Astronomie, leider nicht ganz so viel von seinen Regierungsgeschäften. 18. Jh.: Alfons Maria von Liguori, Jurist, Bischof, Ordensgründer, half in Neapel den Armen. Verfasste eine Moraltheologie, die ihn weltweit bekannt machte. Namenstag: 1. August. In Südeuropa: Alfonso; in Frankreich: Alfonse. Abkürzungen: Al, Aldo, Fio, Fonse.

**Alfred.** Alte Form: **Alfrad:** traditionell. Aus dem Altenglischen. Bedeutung: Elf, Rat. 9. Jh.: Alfred der Große, König der Angelsachsen, gründete Klöster und Schulen. Verteidigte sein Reich gegen die Wikinger und wurde dafür wie ein Heiliger verehrt. Namenstag: 28. Oktober. 19. Jh.: Alfred Nobel, schwedischer Chemiker und Erfinder. Veränderte die Welt ganz wesentlich, denn er erfand das Dynamit, was von großer Bedeutung für die Kriegsführung war. Stiftete den Nobelpreis. 19./20. Jh.: Alfred Döblin, Schriftsteller. Sein Roman »Berlin Alexanderplatz« wird heute noch gelesen. Außerdem: Alfred Hitchcock, Brite, Filmproduzent, vor allem jedoch Filmregisseur von Filmen wie »Psycho« oder »Die Vögel«. Brachte sein Publikum zum Zittern. In Italien: Alfredo. Abkürzungen: Affie, Al, Fred, Freddie, Freddy, Fredl, Fredo.

**Alfried:** entweder von → Alfred oder → Fried abgeleitet, vielleicht auch Kurzform von Adalfrid, Aldfrid. Aus dem Althochdeutschen. Bedeutung: erfahren und Friede. Abkürzungen: Al, Fried.

**Alhard, Alard.** Auch **Allert:** traditionell, fern jeder Mode. Aus dem Althochdeutschen. Bedeutung: edel und hart. In der Form von Adalhard, Adalhart oder Adelhart bereits zu Zeiten beliebt, als noch Ritterspiele stattfanden und Minnesänger durch die Lande zogen. Weitere Formen: Allhard, Allard. Abkürzungen: Adi, Hartl.

**Ali:** überall verständlich. Eingängig. Aus dem Arabischen. Bedeutung: der Erhabene.

**Alik:** frisch. Nicht alltäglich. Aus Russland stammende Kurzform von → Alexander. Aus dem Griechischen. Bedeutung: schützen und Mann.

**Aljoscha:** zärtlich wie ein Kosename. In Russland üblich. Hergeleitet von → Alexander. Aus dem Griechischen. Bedeutung: schützen und Mann. Abkürzungen: Joscha, Joschi, Joschka, Jossi.

**Almar:** unkompliziert. Heute sicherlich brauchbarer als der Ursprungsname Adalmar. Aus dem Althochdeutschen. Bedeutung: edel, berühmt. Abkürzungen: Al, Aldo.

**Almerich, Amalrich:** im Augenblick nicht aktuell. Aus dem Althochdeutschen. Bedeutung: reich, mächtig. Andere Form: Elmerich. Abkürzungen: Al, Rik.

**Alois, Aloisius.** Auch **Aloys, Aloysius:** in Bayern immer ein Begriff. Aus dem Althochdeutschen. Bedeutung: vollkommen. 16. Jh.: Aloisius von Gonzaga, genannt Luigi, setzt sich in Spanien für Arme und Kranke ein. Namenstag: 21. Juni. 18./19. Jh.: Alois Negrelli, Ritter von Moldelbe, österreichischer Ingenieur, der viele der Straßen, Brücken, Bahnen kreuz und quer über die Alpen plante, die wir heute noch kennen. 19./20. Jh.: Nicht zu vergessen die Geschichte von Ludwig Thomas »Münchner im Himmel«, die das Schicksal des Dienstmanns Nr. 172, Alois Hingerl, beschreibt. Abkürzungen: Lois, Loise, Loisl.

**Alrich, Allrich.** Auch **Alrik:** heute sicherlich selten zu finden. Aus dem Althochdeutschen. Bedeutung: edel, reich. Ältere Form: Ahlrich. Abkürzungen: Al, Rik.

**Altman, Altmann:** ein alter Name, der kleine Jungs vielleicht zu alt aussehen lässt. Aus dem Althochdeutschen. Bedeutung: erfahren, Mann. Abkürzungen: Aldo, Mano.

**Alto:** aus Friesland. Verwandt mit → Aldo. Aus dem Althochdeutschen. Bedeutung: edel.

**Alvar:** aus dem Skandinavischen. Bedeutung: Elf und Herr. 19./20. Jh.: Berühmt wurde der finnische Architekt und Designer Alvar Aalto. Abkürzungen: Al, Varo.

**Alvaro:** klangvoll. Beliebt in Spanien. Ursprünglich Alawart. Aus dem Althochdeutschen. Bedeutung: ganz, Hüter. In Italien: Elviro. Abkürzungen: Al, Varo.

**Alwin:** vor hundert Jahren hoch im Kurs. Kurzform von Adalwin. Aus dem Althochdeutschen. Bedeutung: edel, Freund. In England: Alvin. Abkürzungen: Al, Vin, Vino.

**Amadeus.** Auch **Amadé:** ein Wohlklang. Aus dem Lateinischen. Bedeutung: lieber Gott. 13. Jh.: Schon damals war der Name in Frankreich bekannt. So gab es einen Amadeus Graf von Savoyen, der mit vier Königen verschwägert war. 18. Jh.: Der zweite Name des großen österreichischen Komponisten → Wolfgang Amadeus Mozart. In Italien: Amedeo; in Frankreich: Amédée; in Spanien: Amadeo. Abkürzung: Amon.

**Amand:** originell, verwandt mit Amandus. Bereits im frühen Mittelalter bekannt. Aus dem Lateinischen. Bedeutung: liebenswürdig. 13./14. Jh.: Heinrich Seuse, genannt Amandus, war ein deutscher Mystiker, Philosoph und Troubadour, der in seiner Dichtung Gott pries. Namenstag: 25. Januar. 19. Jh.: Auch im Norden war der Name bekannt. So hieß damals ein Hamburger Senator und Bürgermeister Amandus Augustus Abendroth. In Südeuropa: Amando. Abkürzung: Amon.

**Amatus:** edel und ausgefallen. Aus dem Lateinischen. Bedeutung: der Geliebte. Abkürzung: Tux.

**Ambros:** besonders. Hergeleitet von Ambrosius. Aus dem Griechischen. Bedeutung: göttlich.

**Amin:** nicht zu verwechseln mit Arnim. Aus dem Arabischen. Bedeutung: vertrauenswürdig. In der Türkei: Emin.

**Amon:** originell. Aus dem Hebräischen. Bedeutung: geschickt, arbeitsam. In der Bibel gibt es einen König von Juda namens Amon und in Ägypten einen Sonnengott dieses Namens, der auch als Amun Re bezeichnet wird.

**Amos:** einfache Schreibweise, verständlich und doch ausgefallen. Aus dem Hebräischen. Bedeutung: von Gott getragen. Laut Bibel war Amos ein einfacher, mutiger Mann, der Israel das Gericht Gottes androhte, weil die Sitten verfielen und den Benachteiligten Unrecht geschah.

**Anastas.** Auch **Anastasius:** aus dem Griechischen. Bedeutung: Auferstehung. Auch als Papstname bekannt. Heute eher selten. In Griechenland: Anastásios. Abkürzungen: Ansast, Staas, Stanz, Stas, Tass, Tasso.

**Anatol:** zeitlos und international. Aus dem Griechischen. Bedeutung: der aus Anatolien. 3. Jh.: Anatol von Laodicea (in der Türkei) war ein hervorragender Seelsorger und großer Gelehrter. Namenstag: 3. Juli. 20. Jh.: Der französische

Schriftsteller Anatole France wurde mit dem Nobelpreis für Literatur ausgezeichnet. Der Name spielt in der Literatur eine Rolle, zum Beispiel in Leo Tolstois »Krieg und Frieden« oder in Max Frischs »Stiller«. Und → Arthur Schnitzler schrieb ein Schauspiel namens »Anatol«. In Frankreich: Anatole; in Russland: Anatolij. Abkürzungen Ano, Nando.

**Anders:** kommt aus Schweden. Verwandt mit → Andreas. Aus dem Griechischen. Bedeutung: tapfer, tüchtig. Abkürzungen: Andi, Andy, Dedo, Dries.

**André:** die französische, aber auch bei uns übliche Variante von → Andreas. Aus dem Griechischen. Bedeutung: tapfer, tüchtig. 20./21. Jh.: André Heller, Sänger, Schreiber, Kulturmanager, Schauspieler – ein vielseitiger Künstler. Außerdem: Andre Agassi, sagenhafter ehemaliger amerikanischer Tennisspieler. Hat »unsere« Steffi Graf geheiratet, die eine ebenso gute Tennisspielerin war.

**Andrea:** klingt nach Italien und kommt aus Italien. Als Zweitname geeignet, weil er auch ein Mädchenname ist. Verwandt mit → Andreas. Aus dem Griechischen. Bedeutung: tapfer, tüchtig. 20./21. Jh.: Der blinde Tenor Andrea Bocelli wird von seinem Publikum vor allem wegen des Liedes »Time to Say Goodbye« geliebt (im Duett gesungen mit Sarah Brightman).

**Andreas:** ein Klassiker. Mal mehr, mal weniger im Rampenlicht. Aus dem Griechischen. Bedeutung: tapfer, tüchtig. 3. Jh. v. Chr.: Der Name Androlos taucht schon damals auf der Olympialiste auf. 17. Jh.: Der Barockdichter Andreas Gryphius beherrschte mehr als zehn Sprachen. 18. Jh.: Andreas Schlüter, Architekt und Bildhauer, gestaltete das berühmte Bernsteinzimmer. 18./19. Jh.: Andreas Hofer kämpfte in Tirol für die Freiheit. Durch die Jahrhunderte hießen auch etliche Kaiser und Könige Andreas. In England: Andrew; in den Niederlanden: Andres, Andrees, Andries; in slawischen Ländern: Andra, Adrej, Andrij, Andrusch; in Ungarn: András, Andor. Abkürzungen: Anderl, Andi, Andre, Andrei, Andrik, Andro, Andrusch, Andy, Anno, Drees, Drewes, Dries, Enders.

**Andrei, Andrej:** wie aus einem russischen Roman. Verwandt mit → Andreas. Aus dem Griechischen. Bedeutung: tapfer, tüchtig. Auch: Andrik.

**Angelo, Angelino:** klingt nach Süden und Sonne, in Italien entsprechend populär. Verwandt mit → Angelus. Aus dem Lateinischen. Bedeutung: Engel. Abkürzungen: Ano, Golo.

**Angelus:** nicht gerade alltäglich. Aus dem Lateinischen. Bedeutung: Engel. Seit dem Mittelalter gebräuchlich. 20. Jh.: Als Historiker, Schriftsteller und Sohn von → Thomas Mann ist Angelus Mann – genannt Golo – vielen ein Begriff. Abkürzungen: Anno, Gero, Golo, Jojo, Luca, Luis.

**Angus:** in Schottland und Irland bekannt. Aus dem Keltischen. Der Legende nach war Angus Sohn einer Flussfrau und des Gottes Dagda, gezeugt an einem Tag, da Dagda Sonne und Mond angehalten hatte. Weil sich die Welt damals nicht bewegte, stand Angus über der Zeit.

**Anian, Anianus:** selten. Herkunft und Bedeutung im Dunkeln. 7. Jh.: Der Name erinnert an den Wanderdiakon Anianus. Er wurde der Sage nach von Papst Eugen I. als Glaubensbote zusammen mit → Marinus nach Bayern gesandt. Kam an den Irschenberg, wo er vierzig Jahre als Einsiedler in Alb lebte. Starb am selben Tag wie Marinus.

**Anjo:** kurz, knapp und angenehm. Aus dem Bulgarischen. Verwandt mit → Angelus. Aus dem Lateinischen. Bedeutung: Engel. Abkürzungen: Jo, Jojo.

**Anno:** schon lange eingeführt als Kurzform von → Arnold. Aus dem Althochdeutschen. Bedeutung: Adler, herrschen.

**Anselm:** traditionell. Passt immer. Aus dem Germanischen und Althochdeutschen. Bedeutung: Gott und Helm. 11. Jh.: In der Kirche wird Anselm von Canterbury wegen seiner Liebenswürdigkeit, vor allem jedoch wegen seiner Klugheit verehrt. Namenstag: 21. April. 19. Jh.: Anselm Feuerbach war ein bedeutender deutscher Maler. In Italien: Anselmo. Abkürzung: Anno.

**Ansgar:** aus dem Germanischen, Althochdeutschen. Bedeutung: Gott, Speer. Verwandt mit → Oskar. 8./9. Jh.: Der heilige Ansgar, Bischof von Hamburg und Bremen, machte sich als Missionar auf den Weg nach Skandinavien und musste unterwegs mit Seeräubern kämpfen. Namenstag: 2. Februar. 19./20. Jh.: Ansgar von Reichenbach und Steegen, war ein vermögender Forschungsreisender, Philanthrop und Mäzen, der sich sehr für Okkultismus interessierte und sich selbst als Hellseher versuchte. Abkürzungen: Ande, Anderl, Gerry.

**Anthony:** lässig und ungezwungen wie so viele englische Vornamen. Englische Form von → Anton. Ursprünglich aus dem Lateinischen. Geht auf einen altrömischen Familiennamen zurück. 20./21. Jh.: Zwei Urgesteine unter den Hollywoodstars trugen und tragen diesen Namen. Einmal Anthony Quinn, unvergesslicher Star etlicher Filmklassiker wie etwa → »Alexis Sorbas«, dann Anthony Hopkins, ebenfalls Star vieler Hollywoodklassiker. Abkürzung: Tony.

**Antoine:** romantisch, sanft. Französische Form von → Anton. Ursprünglich aus dem Lateinischen. Geht auf einen altrömischen Familiennamen zurück. 20. Jh.: Antoine de Saint-Exupéry – eigentlich Antoine Marie Roger, Vicomte de Saint-Exupéry – war Pilot, vor allem jedoch Schriftsteller und hat uns die Geschichte »Der kleine Prinz« hinterlassen: ein zeitloses, märchenhaftes Buch zum Träumen. Sein schönstes Zitat: »Man sieht nur mit dem Herzen gut. Das Wesentliche ist für die Augen unsichtbar.«

**Anton.** Auch **Antonius:** zunehmend populär. Durch die Jahrhunderte präsent. Aus dem Lateinischen. Geht auf einen

## WELCHE NAMEN SIND MÖGLICH?

Bei der Eintragung im Standesamt gibt es Probleme, wenn der gewünschte Vorname

- die Persönlichkeitsrechte des Kindes verletzt, Anstoß erregt oder eine lächerliche Wirkung erzielt,
- äußerliches Zeichen einer extremen Gesinnung ist,
- das Geschlecht nicht erkennen lässt. Soll das Kind einen Namen bekommen, der sowohl für Jungen als auch für Mädchen in Frage kommt, etwa Andrea, muss ein eindeutiger Zweitname dazukommen.

Innerhalb dieses Rahmens dürfen Eltern aber durchaus neue Namen erfinden beziehungsweise gebräuchliche Namen abwandeln. Eine Freiheit, die immer mehr Menschen nutzen. Nachvollziehbar, dass sich dabei Diskussionen mit dem Standesbeamten ergeben.

römischen Familiennamen zurück. 12./13. Jh.: Antonius von Padua verkündete das Evangelium. Namenstag: 13. Juni. 16./17. Jh.: Anton van Dyck war ein niederländischer Maler, dessen Bilder bis heute geschätzt werden. 19. Jh.: Der Komponist Anton Bruckner schrieb seine wunderbaren Symphonien. Außerdem berühmt: Der russische Schriftsteller Anton Tschechow. In Frankreich: Antoine; in England: Antony; in Südeuropa: Antonio; in Ungarn: Antal. In slawischen Ländern: Antek. Abkürzungen: Donal, Donerl, Toni, Tonio, Tony.

**Antonin:** in Tschechien gefragte Variante von → Anton. Aus dem Lateinischen. Geht auf einen altrömischen Familiennamen zurück. 19. Jh.: Der Komponist Antonín Dvořák wurde mit seinen Kompositionen weltberühmt. Sein wohl populärstes Werk ist die Symphonie Nr. 9 »Aus der neuen Welt«. Abkürzungen: Anton, Nono, Nonnu, Tonin, Tony.

**Antonio:** beschwingt, heiter, leichter als der Ursprungsname → Antonius. Aus dem Lateinischen. Geht auf einen römischen Familiennamen zurück. Kosenamen: Antonello, Antonino. Abkürzungen: Nino, Toni, Tonio.

**Anzo:** originell. Ansprechend. Passt immer. Aus Italien. Kurzform von → Anselm. Aus dem Germanischen und Althochdeutschen. Bedeutung: Gott und Helm.

**Apollonius:** ausgefallen. Aus dem Griechischen. Bedeutung: dem Gott Apollo geweiht. Laut griechischer Sage ist Apollon, Sohn des Zeus, der Gott des Lichts, des Frühlings, der sittlichen Reinheit sowie der Künste, auch der Heilkünste. Abkürzungen: Olli, Pollo, Pollus, Pullus.

**Arbo:** verwandt mit Arbogast. Aus dem Althochdeutschen. Bedeutung: Erbe, Gast. 7. Jh.: Im Elsass wird Bischof Arbogast verehrt. Namenstag: 21. Juli.

**Archibald:** ein Klassiker. Lässt an Landlords und hügelige Wiesenlandschaften denken. Wohl verwandt mit den alten Namen Archimbald oder Erkenbald. Aus dem Althochdeutschen. Bedeutung: echt, rein, kühn. 19./20. Jh.: Der Schotte Sir Archibald Geikie macht als Geologe auf sich aufmerksam. Abkürzungen: Archie, Baldo.

**Ariel:** nicht nur ein männlicher Vorname, sondern auch ein weiblicher. Aus dem Hebräischen. Wahrscheinliche Bedeu-

**A**

tung: Löwe Gottes. Vielleicht auch: Held Gottes. Ein Ariel kommt auch in der Bibel vor. 17. Jh.: In → William Shakespeares letztem Theaterstück »Der Sturm« treibt ein Luftgeist namens Ariel sein Unwesen.

**Arik:** kurz und unkompliziert. International. Ursprünglich ein Kosename von → Ariel. Aus dem Hebräischen. Bedeutung: Löwe Gottes. Abkürzungen: Ricky, Rik.

**Arist.** Auch **Aristid, Aristide:** edel und klassisch. Aus dem Griechischen. Bedeutung: Bester, Vornehmster.

**Arkadius, Arcadius:** wohlklingend, klassisch. Aus dem Lateinischen. Bedeutung: der aus Arkadien.

**Armand, Armant:** elegant. Charmanter als die deutschen Pedants → Hartmann und → Hermann. Besonders in Frankreich aktuell. Aus dem Althochdeutschen. Bedeutung: hart, Mann. Abkürzungen: Andi, Nano.

**Armin, Arminius:** mal mehr, mal weniger »in«. Verwandt mit → Hermann. Aus dem Althochdeutschen. Bedeutung: Heer und Mann. 1. Jh.: Der Cherusker Arminius besiegte die Römer in der Schlacht im Teutoburger Wald. Im 19. Jh. kam der Name wieder auf. Abkürzungen: Arne, Mino.

**Arne, Arno:** Kurzformen von Namen wie Arnhelm, Arnfried. Aus dem Althochdeutschen. Bedeutung: Adler.

**Arnold, Arnolt, Arnhold:** traditionell. Aus dem Althochdeutschen. Bedeutung: Adler, walten. Im Mittelalter ziemlich beliebt. Im 19. Jh. erneut in Mode. Aus dieser Zeit: Arnold Böcklin, berühmter Maler sowie Arnold Mendelssohn, bekannter Komponist und Musikpädagoge. In Dänemark: Arild; in Frankreich: Arnaud; in Italien und Spanien: Arnaldo, Arnoldo; in Ungarn: Arniko. Abkürzungen: Arie, Arnd, Arne, Arno, Arnt, Nolde, Nolte, Ollie, Olly.

**Arnulf, Arnolf:** aus dem Althochdeutschen. Bedeutung: Adler und Wolf. War lange ein beliebter Name. Abkürzungen: Arnd, Arne, Arno, Arnt, Ulf, Uli, Ulli.

**Artur, Arthur:** ein Klassiker. Kam im 19. Jh. mit anderen Vornamen aus England im deutschen Sprachraum in Mode. Bezieht sich auf die keltische Sage von König Artus, im englischen »King Arthur« genannt, und seiner Tafelrunde. 18./ 19. Jh.: Der Philosoph, Autor und Hochschullehrer Arthur

Schopenhauer regte seine Leser schon immer zum Denken an. Beeinflusste maßgeblich Friedrich Nietzsche und wurde unter anderem von → Richard Wagner, → Leo Tolstoi, → Albert Einstein, → Thomas Mann und → Kurt Tucholsky verehrt. Hatte somit auch einen großen Einfluss auf die moderne deutsche Literatur. Außerdem: Der Österreicher Arthur Schnitzler, gesellschaftskritischer Erzähler und Dramatiker, war Mitglied der Wiener Moderne. 19. Jh.: Arthur Conan Doyle mietete seinen bekannten Privatdetektiv Sherlock Holmes in der Baker Street 23 in London ein. Von da aus wurde er zu einer Figur der Weltliteratur. 20. Jh.: Der amerikanische Schriftsteller Arthur Miller bleibt dank seiner Theaterstücke in Erinnerung, außerdem als einer der drei Ehemänner des Hollywoodstars Marilyn Monroe. In Italien: Arturo. Abkürzung: Ari.

**Arved, Arvid.** Auch **Arwed, Arwid:** edel und zeitlos. Aus dem Altnordischen. Bedeutung: Adler, weit, vielleicht auch Wald, Baum. Abkürzung: Ari.

**Askan, Ascan:** edel und zeitlos. Aus dem Althochdeutschen. Bedeutung: Eschenspeer, Freund. Andere Formen: Asvin, Aswin, Aschwin. Abkürzungen: Assa, Asso, Vin.

**Asmus:** moderne Variante von → Erasmus. Aus dem Griechischen. Bedeutung: liebenswürdig. Abkürzung: Assa.

**Athanasius:** bestimmt nicht alltäglich. Aus dem Griechischen. Bedeutung: unsterblich. Abkürzungen: Nano, Sio.

**Attila.** Auch **Attilo:** bezieht sich auf den Hunnenkönig Attila, der der Sage nach ein düsterer Geselle war. Er errichtete im 4. Jh. mit brutaler Gewalt ein Großreich, scheiterte jedoch schließlich. Abkürzungen: Azzo, Tilo, Till. → Etzel.

**August, Augustus:** vor hundert Jahren ein Renner. Bald wieder auf dem Vormarsch? Aus dem Lateinischen. Bedeutung: der Erhabene. Der Zusatz Augustus wurde dem römischen Kaiser Octavian zur Zeit von Christi Geburt vom Senat als Ehrenname verliehen. Seit der Renaissance heißen auch bei uns Könige und Fürsten August: zum Beispiel August der Starke, der Kurfürst von Sachsen und König von Polen. 19. Jh.: Ein besonders erfolgreicher August war der Maschinenbauer August Borsig. Gründete die Borsigwerke in Berlin.

Fertigte Dampfmaschinen, später Lokomotiven. 19./20. Jh.:
Es gab viele berühmte Namensträger in diesem Zeitraum:
August Strindberg gilt als einer der wichtigsten schwedischen
Autoren. Besonders seine Dramen zählen zu den Klassikern
der schwedischen Literatur. War ein sehr unbequemer Cha-
rakter und häufig in persönliche Konflikte verstrickt. Mit
dem französischen Bildhauer Auguste Rodin begann das
Zeitalter der modernen Plastik und Skulptur. Der deutsche
Maler August Macke gehörte wie → Alexej von Jawlensky
zur expressionistischen Gruppe »Der blaue Reiter«. Starb
viel zu früh im ersten Weltkrieg und hinterließ uns wunder-
volle Bilder. Im Niederdeutschen: Austen. Abkürzungen:
Austin, Gust, Gustl, Justus.

**Augustin, Augustinus:** abgeleitet von → Augustus. Aus dem
Lateinischen. Bedeutung: der Erhabene. 4./5. Jh.: In Nord-
afrika lebte der heilige Augustinus, ein bedeutender Kirchenlehrer, Philosoph und Wissenschaftler. Namenstag: 28. August. Der Name Augustin erinnert manchen an das fröhliche
Volkslied »Ach, du lieber Augustin«. In England: Austin.
Abkürzungen: Austen, Gust, Gustl, Justus.

**Aurel, Aurelius.** Auch **Aurelian:** anspruchsvoll, ausgefallen.
Aus dem Lateinischen. Bedeutung: golden. 2. Jh.: Unver-
gessen ist der römische Kaiser Marcus Aurelius, zugleich
Feldherr und Philosoph (Stoiker). In Frankreich: Auréle,
Aurélien; in Italien und Spanien: Aurelio.

**Axel:** lange beliebt. Nordische Form von → Absalom. Aus
dem Hebräischen. Bedeutung: Vater des Friedens. 16./17. Jh.:
Graf Axel Gustafsson Oxenstierna stand als kluger Stratege
und geschickter Diplomat dem schwedischen König Gustav
Adolf zur Seite. Später beriet er Königin Christina I. Mitte
des 20. Jh. kam der Name richtig in Mode. 20./21. Jh.: ein
moderner Namensträger ist Axel Schulz, ehemaliger deutscher Boxer im Schwergewicht.

**Balduin, Baldwin:** traditionell. Aus dem Althochdeutschen. Bedeutung: kühn, Freund. 12. Jh.: Balduin von Boulogne wurde mit dem 1. Kreuzzug König von Jerusalem. 12./13. Jh.: Balduin von Flandern eroberte mit dem 4. Kreuzzug Konstantinopel und große Teile des Byzantinischen Reiches – der erste Schritt zur Gründung des Lateinischen Kaiserreichs, dessen Kaiser er als Balduin I. wurde. 20. Jh.: Durch den Schauspieler Louis de Funès und seine witzigen »Balduin«-Filme kam der Name wieder ins Gespräch. In den Niederlanden: Boudewijn; in England: Baldwin; in Italien: Baldovino; in Frankreich: Baudouin. Abkürzungen: Aldo, Bado, Baldo, Basko, Dino.

**Baldur:** im Norden bekannter als im Süden. Aus dem Nordischen. Bedeutung: Gott des Lichts. Auch: Balder, Baldo, Basko. Abkürzungen: Adi, Lupo.

**Balthasar:** zeitloser, biblischer Name. Aus dem Hebräischen. Bedeutung: Gott beschütze sein Leben. Bekannt geworden durch die Heiligen Drei Könige, von denen einer Balthasar hieß. 16. Jh.: Balthasar von Esens war ein ostfriesischer Häuptling, aus Sicht der einen ein Freiheitskämpfer, der sich den Grafen von Ostfriesland widersetzte, aus Sicht der anderen ein Schurke und übler Seeräuber. 18. Jh.: Balthasar Neumann war ein begabter Baumeister des Barock- und Rokokozeitalters. Abkürzungen: Bart, Bartel.

**Baltus:** ungewöhnlich. Entstanden als Kurzform von alten Namen mit der Anfangssilbe »Bald« wie etwa → Baldwin. Aus dem Althochdeutschen. Bedeutung: kühn, Freund.

**Baptist:** ein biblischer Name, fern jeden Trends. Aus dem Griechischen. Bedeutung: der Täufer. 17. Jh.: Der berühmte französische Schauspieler, Theaterdirektor und Dramatiker Molière hieß eigentlich Jean-Baptiste Poquelin. 18./19. Jh.: Jean Baptiste Bernadotte, mutiger Marschall Napoléons, wurde vom kinderlosen Schwedenkönig Karl XIII. adoptiert und folgte ihm 1818 als König Karl XIV. Johann auf den Thron. Sein Sohn beerbte ihn als Oskar I. In Schweden regiert die Dynastie Bernadotte noch heute. In Frankreich: Baptiste, Batiste; in Italien: Battista. Abkürzung: Bado.

**Barnabas:** ein eher seltener, biblischer Name. Aus dem Aramäischen. Wahrscheinliche Bedeutung: Sohn des Trostes. 1. Jh.: Barnabas, ein Jünger Jesu, begleitete den Apostel Paulus auf seinen Missionsreisen. In England: Barnabe, Barnaby, Barnet; in Frankreich: Barnabé; in Spanien: Barnebás. Abkürzungen: Baldo, Barnes, Barnie, Basko.

**Barry:** locker, lässig. Vor allem im englischen Sprachraum bekannt. Herkunft umstritten.

**Barthel, Bartel:** Kurzformen von → Bartholomäus. Aramäisch. Bezieht sich auf den Apostel Bartholomäus.

**Barthold:** aus dem Niederdeutschen. Variante von → Berthold. Aus dem Althochdeutschen. Bedeutung: glänzend und herrschen. 18./19. Jh.: Als besonders begabt galt Barthold Georg Niebuhr, ein Historiker und Gelehrter ohne Studienabschluss. Ihm verdanken wir, dass die Geschichtswissenschaft als eigenständige wissenschaftliche Disziplin anerkannt und somit zu einem eigenen akademischen Studienfach wurde. Abkürzungen: Baldo, Barnes, Barnie, Barny, Barry, Bartel.

**Bartholomäus:** zeitlos, aber eher selten. Ein aramäischer, biblischer Name. Bartholomäus war einer der 12 Apostel Jesu. Er starb als Märtyrer. Namenstag: 24. August. In England: Bartholomew; in Frankreich: Bartholomé; in Spanien: Bartolomeo; in Italien: Bartolomeo, Barromeo oder → Romeo; in Ungarn: Bartosz. Abkürzungen: Barnes, Bart, Bartel, Barthel, Bartl, Barto, Basko, Bay, Ro, Rob, Robbie, Todd, Tom.

**Basilius.** Auch **Basil:** poetisch, originell. Aus dem Griechischen. Bedeutung: der Königliche. 4. Jh.: Ein Kirchenlehrer und Asket namens Basilius ist in die Kirchengeschichte eingegangen. Namenstag: 2. Januar. 16./17. Jh.: Der Apotheker, Botaniker und Verleger Basilius Besler legte in Eichstätt einen rund ein Hektar großen, herrlichen Garten an und stellte mehr als tausend Pflanzen in Kupferstichen dar. Der Garten wurde im Dreißigjährigen Krieg zerstört, die Stiche existieren heute noch. In Frankreich: Blaise; in Italien und Spanien:

Basilio; in Osteuropa: Blazek; in Rumänien: Vasile; in Russland: Vasilij. Abkürzungen: Bay, Vasja.

**Bastian:** ansprechend, ungezwungen und populär. Kurzform von → Sebastian. Aus dem Griechischen. Bedeutung: der Erhabene. In den Niederlanden: Baastian.

**Bastien:** romantisch, zärtlich wie ein Kosename. Vor allem in Frankreich gefragt. Variante von → Sebastian. Aus dem Griechischen. Bedeutung: der Erhabene. Erinnert an die wunderbare Liebesgeschichte von Bastien und Bastienne in → Wolfgang Amadeus Mozarts gleichnamigem Singspiel (auch »Operetta«genannt), in dem Bastien um seine Liebe kämpfen muss. Abkürzungen: Basti, Bastl.

**Beat, Beatus:** selten und jenseits modischer Trends. Aus dem Lateinischen. Bedeutung: glückselig. Ein Einsiedler und Missionar namens Beatus wird seit dem 12. Jh. in der Schweiz verehrt. 16. Jh.: Beatus Rhenanus, Geschichtswissenschaftler, Redakteur, Humanist, auch Drucker, kümmerte sich um kostbare Werke der Kirchengeschichte und der Antike und half, sie zu bewahren.

**Bela:** ein wohlklingender Zweisilber. Aus dem Ungarischen. Variante von → Adalbert. Aus dem Althochdeutschen. Bedeutung: edel und glänzend. 19./20. Jh.: Der ungarische Komponist, Pianist und Musikethnologe Béla Bartók war ein bedeutender Vertreter der Moderne, setzte wesentliche Akzente in der Musik. Floh vor den Nationalsozialisten in die USA.

**Ben, Benny:** sehr beliebt. Aus dem Englischen. Eigentlich Kurzformen von → Bernhard. Aus dem Althochdeutschen. Bedeutung: Bär, hart. Die Namen gelten auch als Kurzformen von → Benedikt, → Benjamin.

**Bendix.** Auch **Bendiks:** lässig, frisch und munter. Im Norden bekannter als im Süden. Kurzform von → Benedikt. Aus dem Lateinischen. Bedeutung: der Gesegnete. Abkürzungen: Ben, Benny, Bent, Dino, Dix.

**Benedikt.** Auch **Benedict:** ein Klassiker, der sich heute wieder im Aufwind befindet. Aus dem Lateinischen. Bedeutung: der Gesegnete. Der Name Benedikt war schon immer ein Papstname und ist es auch im 21. Jahrhundert wieder. 5./6. Jh.: Benedikt von Nursia, entwickelte das christliche Mönchstum. Legte als Abt Regeln fest, die von anderen Klöstern übernommen wurden. Nach seinem Tod sollen ihn der Legende nach Engel in den Himmel getragen haben. Namenstag: 11. Juli. 16./17. Jh.: In seinem Stück »Viel Lärm um nichts« lässt Shakespeare Benedikt und Beatrice heftig miteinander streiten. Der Streit dient als Ablenkungsmanöver, weil sie sich ihre Liebe nicht eingestehen wollen. Weitere Form: Benediktus. In Frankreich: Bénédict, Bénoit, Benit; in Friesland: Beneke; in Italien: Benedetto; in Ungarn: Benedek; in Spanien: Benedicto. Abkürzungen: Beda, Bedo, Beek, Beene, Bene, Bengt, Benno, Benny, Diktus.

**Bengt:** eingängig, passt überall. In Schweden üblich. Kurzform von → Bernhard. Aus dem Althochdeutschen. Bedeutung: Bär, hart. Ältere Variante: Benkt.

**Benito:** in Südeuropa beliebt. Hergeleitet von → Benedikt: Aus dem Lateinischen. Bedeutung: der Gesegnete. 19. Jh.: Benito Juarez war Präsident Mexikos. Gilt als einer der größten Reformer des Landes und wird noch heute verehrt. Abkürzungen: Ben, Benny, Ito, Nino.

**Benjamin:** immer beliebt, hat eine gute Ausstrahlung. Aus dem Hebräischen. Bedeutung: Glückskind. Ein biblischer Name, der auf den jüngsten der zwölf Söhne Jakobs hinweist. Diese Söhne gelten als Stammväter der zwölf Stämme Israels. 12. Jh.: Benjamin von Tudela war ein vielreisender Kaufmann und gilt manchen als Vorläufer Marco Polos. 18. Jh.: Benjamin Franklin, amerikanischer Staatsmann, Verleger, Schriftsteller, Naturforscher, Erfinder und Philosoph, setzte viele Entwicklungen in Bewegung. Unterzeichnete die Unabhängigkeitserklärung und gilt als einer der Gründungsväter der Vereinigten Staaten. In Italien: Beniamino; in Dänemark: Bent. Abkürzungen: Ben, Beni, Benji, Benni, Bennie, Benz.

**Bennet, Bennett:** in England, aber auch bei uns immer beliebtere Form von → Benedikt. Aus dem Lateinischen. Bedeutung: der Gesegnete. 20./21. Jh.: Bennet Wiegert ist ein deutscher Handballspieler. Abkürzungen: Ben, Bene, Benno, Benny.

**Benno:** einprägsame, verselbstständigte Kurzform von Namen mit der Anfangssilbe »Ben« wie etwa → Benedikt. Aus dem Lateinischen. Bedeutung: der Gesegnete. 11./12. Jh.: Der

Heilige Benno war Bischof von Meißen und ist Stadtpatron von München. Namenstag: 16. Juni. In Friesland: Beno.

**Bent:** kurz und bündig. Originell, aber nicht übertrieben. Kurzform aus Skandinavien von → Benedikt. Aus dem Lateinischen. Bedeutung: der Gesegnete. Auch: Bendt.

**Benvenuto:** ein italienischer Name. Bedeutung: der Willkommene. 16. Jh.: Benvenuto Cellini war Goldschmied, Bildhauer, Universalkünstler der Renaissance und ein geschäftstüchtiges Schlitzohr. Abkürzungen: Bedo, Beene, Ben, Bene, Beno, Benno, Bo, Nenu, Nuto, Uto.

**Berend:** schlicht, schnörkellos, vielleicht gerade deshalb wirkungsvoll. Passt immer. Aus dem Niederdeutschen. »Kurzform von → Bernhard. Aus dem Althochdeutschen. Bedeutung: Bär, hart. Abkürzungen: Ben, Bent, Benz.

**Bernald:** alt, aber nicht verstaubt. Aus dem Althochdeutschen. Bedeutung: Bär, herrschen.

**Bernard:** lockerer, leichter als → Bernhard. Vor allem in England und Frankreich gefragt. Aus dem Althochdeutschen. Bedeutung: Bär, hart. 17./18. Jh.: Bernard Mandeville, niederländischer Arzt und Sozialtheoretiker, lebte in England. Beschrieb als einer der ersten die Wirtschaft als ein Kreislaufsystem. 19./20. Jh.: Der Ire George Bernard Shaw war Dramatiker, Satiriker, Nobelpreisträger für Literatur, dazu stark an Politik interessiert. Auch: Barnet. Abkürzungen: Ben, Benno, Benny, Bent, Benz, Bernd, Bernt.

**Bernardin:** heute ungewöhnlich. Hergeleitet von Bernhardin/ → Bernhard. Aus dem Althochdeutschen. Bedeutung: Bär, hart. Abkürzungen: Ben, Benno, Benny, Bent, Benz.

**Bernd.** Auch **Bernt, Berndt:** kurz, unkompliziert, passt überall. Stand lange hoch im Kurs. Kurzform von → Bernhard. Aus dem Althochdeutschen. Bedeutung: Bär, hart. In Dänemark: Bernth; in Friesland: Barnd.

**Bernhard, Bernhart:** traditionell. Im Augenblick eher im Tief. Aus dem Althochdeutschen. Bedeutung: Bär, hart. 11./12. Jh.: Der Heilige Bernhard von Clairvaux, Abt und Mystiker, war einer der bedeutendsten Mönche des Zisterzienserordens. Sorgte für dessen Verbreitung in ganz Europa. Namenstag: 20. August. 18. Jh.: Johann Bernhard Fischer machte vor allem in Wien, Salzburg und Prag als Architekt barocker Prachtbauten auf sich aufmerksam. 19. Jh.: Bernhard Riemann, großer Mathematiker, beeinflusste mit seinen Theorien die Naturwissenschaften. In Italien: Bernardo; in Ungarn: Bernát. Abkürzungen: Barnd, Bedo, Beene, Beeno, Bene, Benno, Benz, Bernie, Berno, Bertl.

**Bernold, Bernhold:** traditionell. Aus dem Althochdeutschen. Bedeutung: Bär, herrschen. 11. Jh.: Bernold von Konstanz, Priester und Geschichtsschreiber, schrieb unter anderem eine Weltchronik von der Schöpfung bis ins Hochmittelalter. Weitere Formen: Bernhold, Bernald. Abkürzungen: Bedo, Berni, Bernie, Berny, Bert, Bertel.

**Bernulf.** Auch **Bernolf:** aus dem Althochdeutschen. Bedeutung: Bär, Wolf. Abkürzungen: Bert, Ulf.

**Bero:** ein alter, klangvoller Name. Aus dem Althochdeutschen. Bedeutung: Bär.

**Bert:** einprägsam. Kurzform von Namen mit der Silbe »Bert«. Aus dem Althochdeutschen. Bedeutung: glänzend. Bei uns wurde der Name bekannt durch die Fernsehsendung »Sesamstraße« und ihre Figuren »Ernie und Bert«.

**Bertil:** besonders, aber nicht exotisch. Aus Schweden, ursprünglich aus dem Althochdeutschen. Bedeutung: glänzend. 19./20. Jh.: Bertil Lindblad war ein schwedischer Astronom, der das System der »Milchstraße« erforschte. Weitere Form: Bertilo. Abkürzungen: Bert, Til.

**Bertin:** Kurzform von Namen mit der Anfangssilbe »Bert« wie etwa → Bertold. Abkürzungen: Ben, Bert.

**Bertold, Berthold:** aus dem Althochdeutschen. Bedeutung: glänzend, walten. 11. Jh.: Der Name wurde in dieser Zeit durch den Benediktinermönch Berthold von Garsten bekannter, der für seine Frömmigkeit und Güte bewundert wurde. Namenstag: 27. Juni. 20./21. Jh.: Berthold Beitz managte den Krupp-Konzern und war Mitbegründer der Krupp-Stiftung. Abkürzungen: Bert, Bertl.

**Bertram:** schlicht, klassisch. Passt zu jedem Nachnamen. Aus dem Althochdeutschen. Bedeutung: glänzend und Rabe. 20./21. Jh.: Bertram Neville Brockhouse war ein kanadischer Physiker und Nobelpreisträger. Kosenamen: Ben, Bert, Bertel.

**Bertrand.** Auch **Bertran:** trotzt allen Modetrends. Ein Name, der vor allem in England und Frankreich bekannt ist. Aus dem Althochdeutschen. Bedeutung: das glänzende Schild. 19./20. Jh.: Bertrand Arthur William Russell war ein Mathematiker und Philosoph. Erhielt 1950 den Nobelpreis für Literatur. In Italien: Bertrando; in Spanien: Beltrán. Abkürzungen: Ben, Bert, Bertel, Nando, Nano.

**Bill,** auch **Billy:** immer beliebt. International. Überall verständlich. Aus dem Englischen. Kurzform von → Willliam, der englischen Form von → Wilhelm. Aus dem Althochdeutschen. Bedeutung: Wille, Helm. 20./21. Jh.: Bill Clinton war der 42. Präsident der USA. Bill Gates, eine wichtige Größe im Computerzeitalter, gründete die Firma »Microsoft«. Gilt als einer der reichsten Männer der Welt.

**Birger:** klingt nach frischer Meeresbrise. Kommt aus dem Norden. Bedeutung: Helfer, Beschützer. Weitere Form: Börge. In Dänemark: Birge.

**Björn:** alter schwedischer Name, längst in unseren Breiten beliebt. Bedeutung: Bär. 10. Jh.: Zwei schwedische Könige trugen diesen Namen: Björn der Alte und später Björn der Starke. In Dänemark: Bjarne; in Island: Bjarni.

**Blasius:** ein liebenswerter Klassiker. Aus dem Lateinischen. Die Bedeutung ist nicht wirklich klar. 3./4. Jh.: Die Verehrung für den Heiligen Blasius sorgte dafür, dass der Name verbreitet wurde. Namenstag: 3. Februar. 17./18. Jh.: Johann Blasius Santini-Aichl war ein herausragender böhmischer Architekt, auch Maler des Spätbarocks. In Frankreich: Blaise; in Italien: Biasio; in Spanien: Blasco. Abkürzung: Blasi.

**Bob.** Auch **Bobbie, Bobby:** beliebte Abkürzungen von → Robert. Aus dem Althochdeutschen. Bedeutung: Ruhm, glänzend. 20./21. Jh.: Robert Allen Zimmermann, allen nur als Bob Dylan bekannt, machte als Folk- und Rockmusiker Weltkarriere.

**Bodo:** ein alter Name. Kurzform von Namen mit der Anfangssilbe »Bo«. Aus dem Althochdeutschen. Bedeutung: Bote. In Friesland: Boi, Boie, Bojo.

**Bonifaz:** traditionell, anspruchsvoll. Aus dem Lateinischen. Bedeutung: gut, Schicksal. Es gibt mehrere Heilige dieses

**B**

Namens und eine Reihe von Päpsten. Weitere Namensformen: Bonifacius, Bonifazius, Bonifatius, Bonifacio. Abkürzungen: Azo, Azus, Azzo, Bo, Bon, Bonno, Bono, Onu.

**Borchard:** traditionell. Besonders im Norden bekannt. Verwandt mit → Burghard. Aus dem Althochdeutschen. Bedeutung: Burg, hart. Abkürzungen: Bo, Bork, Hardy.

**Boris:** ein alter Name, der heute wieder populär ist. Verwandt mit Borislaw. Aus dem Slawischen. Bedeutung: Kampf, Ruhm. Lange ein Zarenname in Bulgarien, auch in Russland. 20. Jh.: Boris Pasternak, russischer Schriftsteller, der den ihm verliehenen Nobelpreis zu Sowjetzeiten nicht annehmen konnte. Weltberühmt geworden durch den Roman »Dr. Schiwago.« 20./21. Jh.: Boris Becker, weltbekannter ehemaliger deutscher Tennisstar. Siegte im Alter von 17 Jahren in Wimbledon und war damit jüngster Gewinner des bedeutenden Turniers.

**Bork:** kurz und unkompliziert. Verwandt mit → Burkhard. Aus dem Althochdeutschen. Bedeutung: Burg, hart.

**Bosco:** unkompliziert, lässig. In erster Linie in Italien gefragt. Verwandt mit → Burkhard. Aus dem Althochdeutschen. Bedeutung: Burg, hart. Abkürzungen: Bo, Bob, Bobo.

**Botho, Boto:** lange vergessen, langsam wieder interessanter. Verwandt mit → Bodo. Kurzform von Namen mit der Anfangssilbe »Bo« wie etwa Bodmar oder Bodewald. 20./21. Jh.: Botho Strauß, deutscher Schriftsteller und Dramatiker, gehört zu den meistgespielten zeitgenössischen Dramatikern auf Deutschlands Bühnen. Abkürzungen: Bo, Oto.

**Brian.** Auch **Bryan:** aus dem Keltischen. Bedeutung: erhaben. Brian, Sohn eines Häuptlings, spielte in einer frühmittelalterlichen Sage eine Rolle. 20./21. Jh.: Bryan Adams, äußerst erfolgreicher kanadischer Rocksänger und Komponist. In Italien: Briano; in der Bretagne: Brior.

**Brix.** Auch **Brixius:** ungewöhnlich, lässt aufhorchen. Eher in Süddeutschland bekannt. Aus dem Keltischen. Bedeutung: der Starke. 4./5. Jh.: Der Name weist auf den heiligen Brixius hin, auch Brictius, Britius genannt. Einst Bischof von Tours. Er soll der Legende nach begabt, ehrgeizig und temperamentvoll gewesen sein. Namenstag: 13. Juni. In Frankreich und England: Brice.

**Broder:** Nordlichtern vertrauter. Aus dem Nordischen. Bedeutung: Bruder. Abkürzungen: Bo, Bror.

**Brunello:** aus Italien. Weicher Klang, harter Inhalt. Aus dem Althochdeutschen. Bedeutung: Panzer und Kampf. Gilt auch als Form von → Bruno. Abkürzungen: Bruno, Nello.

**Bruno:** ein alter Name, der seine Wiederentdeckung ansteuert. Passt immer. Aus dem Althochdeutschen. Bedeutung: Bär. Bereits vor mehr als tausend Jahren bekannt. 10./11. Jh.: Bruno von Würzburg, ein besonders gebildeter Bischof, der mit Königen und Kaisern verwandt war. Sorgte dafür, dass Agnes von Poitou, die Tochter des Herzogs Wilhelm von Aquitanien und Poitou, Heinrich III. heiratet. Eine Verbindung, die dem deutschen Kaiser machtpolitische Vorteile gegenüber Frankreich brachte. Gab außerdem den Würzburger Dom in Auftrag. 19./20. Jh.: Bruno Walter, eigentlich Bruno Walter Schlesinger, war ein erfolgreicher Dirigent, Pianist und Komponist, der Deutschland unter den Nationalsozialisten verlassen musste und in die USA emigrierte. Gilt als einer der ganz großen Dirigenten des 20. Jh. 20./21. Jh.: Bruno Ganz, Schweizer Charakterschauspieler, Theater- und Filmgröße. Wurde mit dem Iffland-Ring, der höchsten Auszeichnung eines Bühnenschauspielers, geehrt. Beklemmend gut: Seine Darstellung des Adolf Hitler in Oliver Hirschbieglers »Der Untergang«. Abkürzungen: Brun, Nunno, Nuno.

**Burkard, Burkhard, Burghart:** alte Namen, heute fast in Vergessenheit geraten. Bedeutung: Burg, hart. 8. Jh.: Damals wurde ein Burkhard zum ersten Bischof von Würzburg geweiht. Ihm zu Ehren entstand die »Burkardusweck«: ein ringförmiges Brot, das es heute noch gibt. Namenstag: 14. Oktober. 17./18. Jh.: Burkard Zamels war ein deutscher Barockbildhauer. Er arbeitete als Hofbildhauer des Mainzer Kurfürsten Lothar Franz von Schönborn. Viele seiner Arbeiten sind noch heute vor allem in Mainz zu bewundern. Abkürzungen: Adi, Addi, Birk, Borg, Bork, Bosse, Bosso, Burk, Burt.

**Busso:** leicht verständlich. Kurzform von → Burghard. Aus dem Althochdeutschen. Bedeutung: Burg, hart.

C

**Cäcilius, Caecilius:** anspruchsvoller Klassiker. Aus dem Lateinischen. Erinnert an die Familie Caecilius Metellus, die jahrhundertelang in Rom eine politische Macht war. 1. Jh. v. Chr.: Quintus Caecilius Metellus Pius war ein römischer Politiker und Feldherr, der für seine erfolgreichen Eroberungen quer durch ganz Europa mit einem Triumphzug geehrt wurde. Abkürzungen: Cecco, Cecil.

**Caesar, Cäsar:** zeitlos, anspruchsvoll. Aus dem Lateinischen. Hinweis auf eine altrömische Familie. 1. Jh. v. Chr.: Gaius Julius Caesar ist allen Lateinschülern als mächtiger römischer Herrscher bekannt. Auch → Cesar.

**Cai, Cay:** im Norden beliebter als im Süden. Aus dem Nordischen. Bedeutung liegt im Dunkeln. Vielleicht: der Kampf. Auch: Caj. → Kai.

**Caius, Cajus:** im alten Rom üblich. Ungeklärter Herkunft. 3. Jh.: Cajus war ein Papst, dessen Grab mit Ring und Siegel Jahrhunderte später in den Katakomben von Rom entdeckt wurde. 20./21. Jh.: Durch das bekannte Kinderbuch »Caius ist ein Dummkopf« von Henry Winterfeld ist der Name in unseren Breiten ins Gespräch gekommen. Abkürzungen: Cai, Cajo, Jus, Jusso, Zu.

**Cajetan:** aus dem Lateinischen. Bedeutung: der aus Gaeta. 14. Jh.: Der heilige Cajetan war schon während seiner Kindheit ein Vorbild. Namenstag: 7. August. 18. Jh.: Anton Cajetan Adlgasser, Komponist und Organist in Salzburg. Abkürzungen: Jan, Kaj, Tano. → Kajetan.

**Caleb:** aus dem Arabischen. Bedeutung: mutig.

**Calvin:** bislang vor allem in Amerika beliebt. 16. Jh.: Der Schweizer Reformator Johannes Calvin begründete den Calvinismus. Abkürzungen: Calle, Callo, Vinn.

**Cameron:** extravagant, in Deutschland selten. Sowohl Mädchen- als auch Jungenname. Kommt aus Schottland und bezieht sich auf einen Familiennamen. 20. Jh.: Clair Cameron Patterson war ein amerikanischer Geochemiker, der das Erdalter erforschte. Machte sich für den Umweltschutz stark. Abkürzungen: Cam, Can.

**Camill, Camillus.** Auch **Camille:** zeitlos. Aus dem Lateinischen. Bedeutung: edel geboren. Andere sagen: der Opferdiener. 5./4. Jh. v. Chr.: Marcus Flurius Camillus, Feldherr und Politiker, wird als zweiter Gründer Roms gefeiert, es heißt, er habe die Gallier aus Rom vertrieben. 19./20. Jh.: Camille Pissarro war einer der bedeutendsten Maler des Impressionismus und Wegbereiter des Neoimpressionismus. Abkürzungen: Callo, Milo, Millo. → Kamill.

**Camillo:** heiter, in Italien üblich. Variante von → Camillus. Einst bekannt geworden durch die Geschichten von Giovanni Guareschi um einen schlitzohrigen Pfarrer und einen kommunistischen Bürgermeister: → »Don Camillo und Pepone«. Abkürzungen: Callo, Milo, Millo.

**Can:** kurz, knapp. Ein türkischer Name. Bedeutung: Seele.

**Candid.** Auch **Candidus:** edel, zeitlos. Aus dem Lateinischen. Bedeutung: hell, aufrichtig. 3. Jh.: Candidus war einer der römischen Führer der Thebäischen Legion, die sich weigerten, an der Christenverfolgung mitzuwirken. Diese Haltung machte ihn zum Märtyrer und Heiligen. Namenstag: 22. September. 18. Jh.: Der französische Philosoph Voltaire veröffentlichte seinen satirischen Roman mit dem Titel »Candid oder der Optimismus« anonym. In Frankreich: Candide. Abkürzungen: Can, Dido, Dino.

**Canio:** selten. Bezieht sich auf Canio, Bajazzo und Haupt einer Komödientruppe in der Oper «Der Bajazzo« von Ruggiero Leoncavallo. Abkürzung: Can.

**Carel:** wohlklingend, leicht verständlich, passt immer. Vor allem in den Niederlanden, Dänemark und Tschechien beliebt. Verwandt mit → Carl. Aus dem Althochdeutschen. Bedeutung: freier Mann. 17. Jh.: Carel Fabricius war ein niederländischer Maler, der vermutlich in Rembrandts Atelier gearbeitet hat. Kosenamen: Calle, Callo. → Karel.

**Carl:** kurz, prägnant. Längst wieder in Mode. Aus dem Althochdeutschen. Bedeutung: freier Mann. Die Liste der berühmten Carls ist lang. 18./19. Jh.: Carl Friedrich Gauß. Wird oft als bester Mathematiker aller Zeiten bezeichnet. Dann: Carl Ritter. Gilt neben → Alexander von Humboldt als Begründer der wissenschaftlichen Geographie. Seine Afrikaforschung ließ ihn zum Gegner der Sklaverei werden. 19./20. Jh.: Der Arzt und Schriftsteller Carl Ludwig Schleich erfand die Infiltrationsanästhesie. Ein Zitat von ihm: »Um Wunder zu erleben, muss man an sie glauben!« 20. Jh.: Dem Komponisten Carl Orff haben wir unter anderem die »Carmina Burana« zu verdanken. Carl Friedrich von Weizsäcker, Physiker, galt als einer der klügsten Köpfe der Bundesrepublik und brachte uns mit seinen Ideen zum Nachdenken. Weitere Form: Carolus. In Frankreich und England: Charles. Kosenamen: Calle, Callo, Cary.

**Carlo:** in Italien aktuell. Verwandt mit → Carl. Aus dem Althochdeutschen. Bedeutung: freier Mann. 18./19. Jh.: Carlo Goldoni, berühmter italienischer Komödiendichter, hat mit seinen an die 200 Lustspielen Generationen von Theaterbesuchern Freude gemacht. Dann: Der italienisch-russische Architekt Carlo Rossi gestaltete einen Großteil des Sankt Petersburger Stadtzentrums im klassizistischen Stil. Diese Pracht bewundern wir noch heute. 19./20. Jh.: Carlo Schmid, einer der Väter des Grundgesetzes der Bundesrepublik Deutschland, hat in der Nachkriegspolitik Maßstäbe gesetzt. Abkürzungen: Calle, Callo, Carl.

**Carlos:** vor allem in Spanien und in Portugal populär. Verwandt mit → Carl. Aus dem Althochdeutschen. Bedeutung: freier Mann. 16. Jh.: Am spanischen Hof spielten sich Dramen zwischen König Philipp II. und seinem Sohn, dem Thronfolger Don Carlos, ab. → Friedrich Schiller hat diesen Stoff in seinem »Don Karlos« aufgegriffen. 20./21. Jh.: König Juan Carlos ist bei den Spaniern äußerst beliebt. Abkürzungen: Calle, Callo, Carl. → Karlos.

**Carol:** nicht alltäglich. Verwandt mit → Carl. Aus dem Althochdeutschen. Bedeutung: freier Mann. → Karol.

**Carsten:** seltene Form von → Karsten. Aus dem Niederdeutschen. Variante von → Christian. Aus dem Lateinischen. Bedeutung: zu Christus gehörend.

**Cary:** lässig, frisch. Aus dem Englischen. Bezieht sich auf den Namen einer Ortschaft. 20. Jh.: Der unvergessene Schauspieler Cary Grant, eine Größe in Hollywood, betörte mit viel Charme seine vor allem weiblichen Fans.

**Casimir:** ansprechend, außergewöhnlich. Ein alter slawischer Name. Bedeutung: verkünden, Friede. 16./17. Jh.: Johann Casimir von Sachsen-Coburg war ein umstrittener Herzog. Einerseits ließ er prachtvolle Bauwerke bauen und sorgte für eine neue Verwaltung in Coburg. Andererseits witterte er überall Übles. So gab es unter seiner Regentschaft zahlreiche Hexenprozesse. In Spanien: Casimiro. Abkürzungen: Cass, Cassio, Mio, Miro. → Kasimir.

**Caspar:** ein Klassiker, der seit Jahrhunderten beliebt ist. Persischen Ursprungs. Bedeutung: Schatzmeister. Der Name geht auf einen der »Heiligen Drei Könige« zurück. 17./18. Jh.: Caspar Neumann, war Chemiker, engagierter Wissenschaftler und Hofapotheker des preußischen Königs Friedrich I., den er viel auf seinen Reisen begleitete. 18./19. Jh.: Johann Caspar Lavater, strenger Schweizer Pfarrer, Philosoph, Schriftsteller, hielt seinen Landsleuten den Spiegel vor. Außerdem: Der romantische Maler Caspar David Friedrich, dank seiner magisch-mystischen Landschaftsbilder noch heute bewundert. Abkürzungen: Cass, Cassio. → Kaspar.

**Cassius:** anspruchsvoll. In erster Linie in den USA aktuell. Aus dem Lateinischen. Hinweis auf ein altrömisches Geschlecht. 2./3. Jh.: Lucius Claudius Cassius Dio Cocceianus war ein römischer Politiker, Konsul, Schriftsteller und Geschichtsschreiber. Seine Geschichte Roms ist eine wichtige Quelle für alle, die an der ausgehenden römischen Republik und den ersten Jahren des römischen Kaiserreiches interessiert sind. 20./21. Jh.: Bevor er sich Muhammad Ali nannte, hieß der weltberühmte amerikanische Boxer Cassius Clay. In Italien: Cassio. → Kassius.

**Castor:** besonders, selten. Aus dem Lateinischen. Weist auf zwei unzertrennliche Halbbrüder aus der griechischen Mythologie hin: Pollux war ein Halbgott, Castor ein Sterblicher. Beide sind Namensgeber eines hellen Sternpaares im Wintersternbild der Zwillinge. 4. Jh.: Der heilige Castor von Kaden war als Missionar an der Mosel unterwegs: Daran erinnert man sich in dieser Gegend noch heute. Namenstag: 13. Februar. Abkürzung: Calo. → Kastor.

**Cecil:** ein anspruchsvoller, traditioneller englischer Name. Ursprünglich Kurzform von Cäcilius. Aus dem Lateinischen. Bezieht sich auf einen Familiennamen. 16. Jh.: Der englische Staatsmann William Cecil, 1. Baron Burghley, war der wichtigste Berater von Königin Elisabeth I. Kosename: Cecco.

**Cedric, Cedrik.** Auch **Cederic, Cederick:** romantisch und recht beliebt. Erinnert an alte englische Romane. Aus dem Keltischen. Bedeutung: Kriegsherr. Könnte sich auf den Gründer der westsächsischen Königsdynastie beziehen. Der Name ist durch Frances Burnetts Roman »Der kleine Lord« und den gleichnamigen Film bekannt geworden. Little Lord Fauntleroy, um den sich alles dreht, heißt mit Vornamen Cedric. Abkürzungen: Cecco, Ceddie, Ric, Ricki, Ricky.

**Cees:** bei uns selten, in den Niederlanden üblicher. Kurzform von → Cornelius. Aus dem Lateinischen. Hinweis auf ein altrömisches Geschlecht. 20./21. Jh.: Der Autor Cees Nooteboom hat mit seinen Romanen, Novellen und Gedichten den Namen bekannt gemacht. Er gilt als einer der bedeutendsten niederländischen Schriftsteller der Gegenwart.

**Celestino:** in Italien und Spanien üblicher. Verwandt mit → Cölestin. Aus dem Lateinischen. Bedeutung: himmlisch. Abkürzungen: Stino, Tino.

**Celso.** Auch **Celsus:** ein Name mit langer Geschichte, ziemlich unbekannt in unseren Breiten. Gebräuchlicher in Italien, Spanien und Portugal. Aus dem Lateinischen. Hergeleitet von einem Familiennamen. 4. Jh.: Ein Celsius war damals in Italien und Gallien als Glaubensbringer unterwegs. Er kam bis Trier, wo er schließlich als Märtyrer starb. Namenstag: 28. Juli. Abkürzungen: Elso, Lius.

**Cemal:** aus dem Türkischen. Bedeutung: Vollkommenheit. → Kemal.

**Cesar:** ausgefallen. Verwandt mit → Caesar. Aus dem Lateinischen. Hinweis auf ein altrömisches Geschlecht. 19. Jh.: Der französische Komponist César Auguste Jean Guillaume Franck wandte sich erst als Dreißigjähriger der Orgel zu. Er wurde Organist an der Kirche St. Clothilde in Paris und komponierte Musik ausschließlich für die Orgel. Erst nach seinem Tod wurden seine Werke richtig gewürdigt. In Frankreich: César; in Italien: Cesare.

**Charles:** beliebte englische Variante von → Carl. Aus dem Althochdeutschen. Bedeutung: freier Mann. 19. Jh.: Charles Robin Darwin war ein britischer Naturforscher, einer der bedeutendsten Naturwissenschaftler überhaupt. Er revolutionierte die Biologie, vertrat die moderne Evolutionstheorie. 19./20. Jh.: Charles Chaplin, genannt Charlie, englischer Regisseur, Produzent, Komponist, vor allem jedoch Schauspieler und Komiker. Wer kennt ihn nicht, den kleinen Mann mit dem großen Können und der schwarzen Melone auf dem Kopf? 20./21. Jh.: Nicht zu vergessen der britische Thronfolger Charles, Prince of Wales, Duke of Cornwall. Abkürzungen: Calle, Calo, Charlie, Charly, Less.

**Chester:** aus dem Altenglischen. Bedeutung: aus der Stadt Chester. 19. Jh.: Chester Alan Arthur, 21. Präsident der Vereinigten Staaten, versuchte sich in vielen Reformen. Abkürzungen: Ches, Chet.

**Chris:** kurz, einfach. Kurzform von → Christian, Christoph oder Christfried. Kosenamen: Ciss, Crissy.

**Christian:** ein stets beliebter Klassiker. Ein biblischer Name. Aus dem Lateinischen. Bedeutung: zu Christus gehörend. 17./18. Jh.: Christian Thomasius war als Philosoph und Jurist anerkannt. Seiner humanistischen Einstellung haben wir es zu verdanken, dass Hexenprozesse und Folter abgeschafft wurden. 19. Jh.: Der dänische Dichter Hans Christian Andersen wurde vor allem durch seine Märchen bekannt, die heute noch beliebt sind und zur Weltliteratur zählen wie »Die Schneekönigin«, »Die kleine Meerjungfrau« oder »Das hässliche Entlein«. 20. Jh.: Der französische Modeschöpfer Christian Dior brachte in der Nachkriegszeit mit seinem »New Look« Farbe und Schwung in die Mode – eine Aufbruchstimmung. In Frankreich: Chrestien; in Italien: Cristian, Cristiano; in Dänemark: Christen oder Christiern; in Schweden: Christer; in Bulgarien: Christo. Abkürzungen: Cris, Chris, Christ, Jan, Tino, Titus. → Kristian.

**Christoph, Christof** oder **Christoff, Cristof:** ein Klassiker. Aus dem Griechischen. Bedeutung: Christusträger. Jeder kennt den heiligen Christophorus – einen Riesen von Mann, welcher der Legende nach das Jesus-Kind auf den Schultern tragend über einen Fluss bringt. Namenstag: 24. Juli. 15./16. Jh.: Der Italiener Christoph Kolumbus – Cristoforo Colombo – war als Seemann auf den Weltmeeren unterwegs und soll Amerika entdeckt haben. 18./19. Jh.: Der wortwitzige, hintersinnige Christoph Martin Wieland war ein Dichter des Rokoko und der deutschen Aufklärung und begründete den modernen deutschen Bildungsroman. Er war außerdem Übersetzer, Journalist und Vater von vierzehn Kindern. In Italien: Christoff, Christoforo, Cristoforo; in Spanien: Cristóbal; in Frankreich: Christophe; in Bulgarien: Christo. Abkürzungen: Chris, Christ, Risto, Stoffel, Stoffer, Toffi.

**Christopher, Christoffer:** im Norden beliebt. Verwandt mit → Christoph. Aus dem Griechischen. Bedeutung: Christusträger. 17./18. Jh.: Der britische Astronom und Architekt Christopher Wren hat prächtige, heute noch bewunderte Bauten in Oxford, Cambridge und London hinterlassen. Nach dem großen Brand von London 1666 wirkte er entscheidend am Wiederaufbau mit. Eines seiner bekanntesten Bauwerke ist die Saint Paul's Cathedral in der britischen Hauptstadt. Kosename: Christoffel. Abkürzungen: Chris, Criss, Crissy, Toffel, Toffer, Toffi, Toffy.

**Chrysant.** Auch **Chrysanthus:** extravagant, entsprechend selten. Bezieht sich auf die Blume Chrysantheme. 3./4. Jh.: Der ägyptische Christ Chrysanthus lebte mit seiner Frau Daria in Rom, als die Christenverfolgung unter Kaiser Diokletian ausbrach. Der Legende nach starb das Ehepaar für den christlichen Glauben. Namenstag: 25. Oktober. Abkürzungen: Chrys, Santo.

**Claas.** Auch **Clas:** schlicht und einfach. Im Norden bekannter als im Süden. Kurzformen von → Nikolaus. Aus dem Griechischen. Bedeutung: Sieg und Volk. → Klaas.

**Claes:** wahrscheinlich Kurzform von → Nikolaus. Aus dem Griechischen. Bedeutung: Sieg und Volk. 16./17. Jh.: Der niederländische Chirurg und Bürgermeister von Amsterdam

Claas Pieterszoon hatte schon damals Sinn für PR. Weil sich eine Tulpe in den Niederlanden gut macht, nannte er sich Nicolaes Tulp – genannt Claes – und nahm eine Tulpe in sein Familienwappen auf. 20./21. Jh.: Claes Oldenburg zählt neben Andy Warhol und → Roy Lichtenstein zu den bedeutendsten Vertretern der amerikanischen Pop-Art. Ist besonders für seine Skulpturen bekannt.

**Clamor:** ausgefallen. Aus dem Lateinischen. Bedeutung: freundlicher Zuruf. Heute selten, früher ein bekannter Name. 19. Jh.: Ludwig Clamor Marquart, ein Apotheker, erforschte Pflanzen und Mineralien. Gründete ein Chemieunternehmen und gilt als Miterfinder des Backpulvers. Abkürzungen: Clark, Clas.

**Clark:** vor allem im englischsprachigen Raum bekannt. Bezieht sich auf einen Familiennamen. 20. Jh.: In unseren Breiten ist der Name durch den amerikanischen Hollywoodschauspieler Clark Gable bekannt geworden, der vor allem durch seine Rolle als Rhett Butler im Filmklassiker »Vom Winde verweht« unvergessen ist.

**Claude:** französische und männliche Form von Claudia. Aus dem Lateinischen. Hinweis auf ein altrömisches Geschlecht. 16./17. Jh.: der Universalgelehrte Claude de Saumaise konnte sich dank reicher Heirat ein Leben als Privatgelehrter leisten. Beriet etliche Könige und Königinnen. 19./20. Jh.: Der Komponist Achille-Claude Debussy hat in der Musik eine Brücke zwischen Romantik und Moderne gebaut.

**Claudius:** klassisch. Männliche Form von Claudia. Aus dem Lateinischen. Hinweis auf ein altrömisches Geschlecht. 1. Jh.: Tiberius Claudius Caesar Augustus Germanicus, römischer Kaiser, erweiterte das römische Reich. Seine Klugheit wurde bewundert, sein Lebensstil allerdings weniger. Seine Spleens waren legendär. 2. Jh.: Der griechische Mediziner und Philosoph Claudius Galenos zählte zu den namhaftesten Ärzten der Antike. Sah den Menschen bei Diagnose und Heilung als Ganzes – eine ziemlich moderne Betrachtungsweise. 19./ 20. Jh.: Der Flugzeugkonstrukteur Claudius Dornier brachte die Fliegerei ein großes Stück vorwärts. In Italien: Claudio. Abkürzungen: Clio, Dio. → Klaudius.

**Claus:** schlicht. Über Generationen hinweg ein beliebter Name. Kurzform von → Nikolaus. Aus dem Griechischen. Bedeutung: Sieg und Volk. 20. Jh.: Claus Philipp Maria Schenk Graf von Stauffenberg scheiterte mit seinem Attentat auf Adolf Hitler und wurde noch während des Krieges hingerichtet. 20./21. Jh.: Die niederländische Königin Beatrix war mit dem deutschen Diplomaten Claus von Amsberg verheiratet. → Klaus.

**Clemens:** ein Klassiker. In vielen Ländern bekannt. Aus dem Lateinischen. Bedeutung: gütiges, sanftes Wesen und der Geduldige. 1. Jh.: Papst Clemens I. starb der Legende nach als Märtyrer und wird als Heiliger verehrt. Namenstag: 23. November. 18./19. Jh: Clemens Brentano, berühmter Dichter der Romantik, gab zusammen mit seinem Schwager → Achim von Arnim die bis heute bekannte und beliebte Volksliedsammlung »Des Knaben Wunderhorn« heraus. In England: Clement; in Frankreich: Clément; in Italien und Spanien: Clemente; in Dänemark: Clemmen. Abkürzungen: Cees, Clee, Clem, Cleve. → Klemens.

**Clifford:** bei uns seltener, in England populärer. Geht auf eine Ortsbezeichnung zurück. Abkürzungen: Clei, Cliff.

**Clint:** kurz, prägnant, international. Kurzform von Clinton. Aus dem Englischen. Bezieht sich auf eine Ortsbezeichnung. 20./21. Jh.: Der Filmschauspieler Clinton »Clint« Eastwood ist ein unerreichtes Vorbild an Lässigkeit. Hat in zahlreichen Hollywoodklassikern mitgespielt und sich auch als Regisseur einen Namen gemacht.

**Clovis:** hergeleitet vom traditionellen Chlodwig. 5. Jh.: Der Name erinnert an den Merowinger und Frankenkönig Chlodwig, der damit zu tun hatte, sein Reich zusammenzuhalten. Abkürzungen: Lo, Lovis.

**Coelestin, Cölestin:** heute ungewöhnlich. Aus dem Lateinischen. Bedeutung: himmlisch. Mehrere Päpste trugen diesen Namen. 13. Jh.: Papst Coelestin IV. war der erste Papst, der in einem Konklave der Kardinäle gewählt wurde. Er überlebte die Wahl aber nur um siebzehn Tage. In Frankreich: Célestin; in Italien und Spanien: Celestino; in England: Celestine. Abkürzungen: Celio, Leo, Tino, Tintin.

**Colin.** Auch **Collin:** verständlich. Einfache Schreibweise. Passt immer. Kurzform von → Nikolaus. Aus dem Griechischen. Bedeutung: Sieger und Volk. In der Oper »La Bohème« von → Giacomo Puccini spielt ein Colline mit. In Italien: Colline. Abkürzungen: Con, Lino, Lio.

**Columban:** ein alter Name. Aus dem Lateinischen. Bedeutung: Taube. 6. Jh.: Columban von Ioana war ein irischer Mönch, Missionar und vielleicht der erste, der das Urheberrecht verletzte, indem er ein Buch aus der Bibliothek des heiligen Finnian von A bis Z abschrieb und als seines ausgab. In Irland: Colman; in Italien: Colombo; in Spanien: Colón. Abkürzungen: Balu, Ben, Collo, Colo, Colum, Olli, Ollie, Olly. → Kolumban.

**Conrad:** ein alter Name, gleichbleibend beliebt durch die Jahrhunderte. Aus dem Althochdeutschen. Bedeutung: kühn, tapfer, Ratgeber. Schon im Mittelalter Königs- und Kaisername. 18. Jh.: Der Gesellschaftsmaler Johann Conrad Seekatz war damals en vogue. Stellte auch die Familie Goethe in Schäfertracht dar. 17./18. Jh.: Der Architekt Johann Conrad Schlau hat mit seinen Barockbauten etliche Städte verschönert. 19. Jh.: Conrad Ferdinand Meyer war ein Schweizer Dichter des Realismus, der insbesondere historische Novellen, Romane und Lyrik verfasst hat. Er gehört mit → Gottfried Keller und → Jeremias Gotthelf zu den bedeutendsten deutschsprachigen Schweizer Dichtern des vorletzten Jahrhunderts und hinterließ uns wunderbare Geschichten. In den Niederlanden: Conradus; in Italien: Conrado oder Corrado; in Spanien: Conrado. Abkürzungen: Con, Cone, Cono, Conni, Connie, Conno, Conny, Conz, Coordt, Cord, Cordt, Cuno, Cunz. → Konrad.

**Conradin:** eigentlich ein Kosename von → Conrad, der sich verselbständigt hat. Aus dem Althochdeutschen. Bedeutung: kühn, tapfer, Ratgeber. 18./19. Jh.: Conradin Kreutzer, Musiker, Dirigent und Komponist, war ein Romantiker, Vertreter des musikalischen Biedermeiers. In Erinnerung geblieben ist seine Oper »Das Nachtlager in Granada«. Abkürzungen: Ado, Con, Cone, Cono, Conni, Connie, Conno, Conny, Conz, Coordt, Cord, Cordt, Cort, Cuno, Cunz.

**Constantin.** Auch **Constantinus:** zeitlos, beliebt. Aus dem Lateinischen. Bedeutung: der Standhafte. Unzählige Herrscher trugen diesen Namen, angefangen von der Antike bis ins 20. Jh. Darunter fanden sich römische Kaiser, byzantinische Kaiser, Patriarchen in Konstantinopel und Könige von Schottland bis Griechenland (mal mit dem Anfangsbuchstaben C, mal mit K geschrieben.) 20./21. Jh.: Constantin Costa-Gavras, griechisch-französischer Filmregisseur und Drehbuchautor, hat politisch engagierte Filme geschaffen, die längst Klassiker geworden sind. Sein Film »Z« erhielt 1969 den Oscar für den besten ausländischen Film. Weitere Namensform: Constans. In Italien: Constantino, Costantino oder Costante. Abkürzungen: Con, Cono, Connie, Conno, Conny, Conz, Cord, Cort, Costa, Costja, Cuno, Dino, Stanz, Tino, Tintin, Tio. → Konstantin.

**Conz, Chonz:** kurz, bündig. Passt immer und überall. Vor allem in der Schweiz bekannt. Kurzformen von → Constantin, → Cornelius oder → Conrad.

**Corbinian:** vor allem in Süddeutschland beliebt. Aus dem Althochdeutschen. Bedeutung: kleiner Rabe. Abkürzungen: Bibi, Conno, Conz, Corby, Cord, Cort. → Korbinian.

**Cord, Cordt:** aus dem Niederdeutschen. Verwandt mit → Conrad. Aus dem Althochdeutschen. Bedeutung: kühn, tapfer, Ratgeber. Auch Coordt. → Kord.

**Cornel.** Auch **Cornell:** besonders, aber nicht abgehoben. Verwandt mit → Cornelius. Aus dem Lateinischen. Hinweis auf ein römisches Geschlecht. Im Karl-May-Roman »Der Schatz im Silbersee« spielt Cornel Brinkley eine Rolle. Wegen seiner roten Haare wird er »der rote Cornel« genannt. 20./21. Jh.: Cornel West ist einer der führenden Intellektuellen afroamerikanischer Herkunft, heute Theologieprofessor an der Universität Princeton. Mischt sich regelmäßig in gesellschaftspolitische Diskussionen ein. In den Niederlanden: Corneel. Abkürzungen: Con, Conni.

**Cornelius:** ein Klassiker. Aus dem Lateinischen. Bezieht sich auf ein altrömisches Geschlecht. 2. Jh. v. Chr.: Lucius Cornelius Sulla Felix, ein Politiker, Feldherr und Diktator sowie Cornelius Severus, ein epischer Dichter, der mit Ovid befreundet war, sind zwei Berühmtheiten dieser Zeit. 1. Jh.: Publius Cornelius Tacitus, war ein bedeutender römischer Senator und Historiker, der bis heute Stoff für den Lateinunterricht liefert. 16./17. Jh.: Cornelis de Vos, ein niederländischer Maler, malte wunderbare Portraits. 19. Jh.: Der norwegische Arzt Daniel Cornelius Danielssen entdeckte das Bakterium für Lepra und schuf hoch im Norden eine Stätte für die Erforschung dieser Krankheit. In den Niederlanden: Chrilles, Crilles, Cornelis. Abkürzungen: Con, Conni, Conno, Conny, Conz, Cornel, Cornelis, Cuno, Liu, Lius, Nelis, Nelson, Niels, Nils. → Kornelius.

**Corsin:** aus dem Lateinischen. Bedeutung: aus Korsika. Abkürzungen: Cons, Cors, Cos.

**Corvin.** Auch **Corvinus:** verwandt mit → Corbinian. Aus dem Lateinischen. Bedeutung: kleiner Rabe.

**Cosimo.** Auch **Cosmo:** angenehm klingende italienische Namen, ursprünglich aus dem Griechischen. Bedeutung: Ordnung, Zier. 14./15. Jh.: Wer Florenz besucht, trifft überall auf Cosimo de Medici, der ein genialer Banker, großzügiger Mäzen und darüber hinaus ein Riesenschlitzohr war. Regierte die Stadt dank seines Geldes. Begründer der berühmten Medici-Sippe in Florenz. Abgekürzungen: Como, Conno, Cono, Cosmo, Momo, Momu. → Kosimo.

**Cosmas:** außergewöhnlich, aber nicht zu exotisch. Ein griechischer Name, verwandt mit dem Namen → Cosimo. Bedeutung: Ordnung, Zier. 3. Jh.: Cosmas und sein Zwillingsbruder → Damian, beide Ärzte, behandelten Arme und Kranke umsonst. Gelten deshalb als Schutzpatrone der Mediziner und Apotheker. Namenstag: 26. September. 17./18. Jh.: Cosmas Damian Asam, Maler und Baumeister des Spätbarock, der gemeinsam mit seinem Bruder → Egid Quirin Asam Schlösser und Kirchen plante und ausstattete, die heute noch bewundert werden. In Frankreich: Cosme; in England und Italien: Cosmo. Abkürzungen: Cono, Momo. → Kosmas.

**Crispin.** Auch **Crispinus:** heiter, unbeschwert. Aus dem Lateinischen. Bedeutung: kraushaarig. 3. Jh.: Crispin und Crispianus waren zwei Brüder aus Rom, die als Missionare nach Frankreich gingen und für ihren Glauben starben. Namenstag: 25. Oktober. In Frankreich: Crépin; in Spanien: Crispo; in Italien: Crispino; in Amerika: Crispus. Abkürzungen: Cri, Cricri, Cris, Criss, Pino. → Krispin.

**Cuno:** einprägsam, schlicht. Lange vergessen. Ursprünglich Kurzform von → Konrad. Bedeutung: kühn, tapfer und Ratgeber. 19./20. Jh.: Der Astronom und Geophysiker Cuno Hoffmeister gründete die Sternwarte Sonneberg. Sein hauptsächliches Forschungsgebiet waren die veränderlichen Sterne, die – anders als zum Beispiel die Sonne – keine gleichbleibende Leuchtkraft haben. Hat mehr als ein Viertel davon entdeckt. Kosenamen: Cuku, Nonnu. → Kuno.

**Curt.** Auch **Curd:** unkompliziert. Vor Jahrzehnten sehr beliebt, dann fast in Vergessenheit geraten. Ursprünglich Kurzform von → Konrad. Bedeutung: kühn, tapfer und Ratgeber. 20. Jh.: Der in München geborene Österreicher Curd Jürgens war einer der größten Bühnen- und Filmschauspieler des 20. Jahrhunderts. Spielte in zahlreichen internationalen Filmproduktionen mit. Seinen Beinamen »Der normannische Kleiderschrank« erhielt er wegen seiner kühlen Ausstrahlung und seiner stattlichen Größe von Brigitte Bardot. 20./21. Jh.: Curd Flatow ist bei Liebhabern des Boulevardtheaters bekannt. Schrieb zahlreiche Stücke dieses Genres. → Kurt.

**Cyprian:** märchenhaft, verspielt und heiter. Aus dem Griechischen. Bezieht sich auf die Bewohner Zyperns. 3. Jh.: Der heilige Cyprian – eigentlich Thascius Caecilius Cyprianus – war Bischof von Karthago und ein bedeutender Schriftsteller im Dienst der Kirche. Namenstag: 16. September. 4. Jh.: Cyprian von Antiochien, ein Magier, der laut Legende mit Hilfe seiner Zauberkünste viele Jungfrauen betörte. Bei Justina, der schönsten aller Frauen, wirkten seine Verführungskünste jedoch nicht. Darüber schwermütig geworden, rettete ihn der christliche Glaube. Er könnte der mittelalterlichen Faustsage als Urbild gedient haben. Namenstag: 16. September. Abkürzungen: Cicky, Pino, Rino.

**Cyriac:** aus dem Griechischen. Bedeutung: zum Herrn gehörig. 3. Jh.: Der heilige Cyriac soll die Tochter des Kaisers Diokletian von ihrer Besessenheit geheilt haben. Namenstag: 8. August. 14./15. Jh.: Cyriac von Ancona, italienischer Kauf-

## BESSER NICHT ZU EXTRAVAGANT

Natürlich macht es Spaß, auf der Suche nach dem »richtigen« Namen für das Kind nach besonders originellen Möglichkeiten zu fahnden. Hier bieten sich interessante Namenskombinationen an. Manche Eltern sind begeistert von Kreationen wie Timmi Tamino, Finn Jeffry oder Lian Amor und haben keine Scheu, einen Marc-Aurel Schmidt-Ramsl, Jean-Louis Stanglmeier oder Nemo Rasputin Lehmann beim Standesamt anzumelden. Vielleicht wird der Standesbeamte weniger Einwände erheben als das betroffene Kind selbst, und zwar spätestens dann, wenn es in Kindergarten und Schule wegen seines allzu »besonderen« Namens gehänselt wird. Dieses Erlebnis sollten Mütter und Väter ihrem Kind unbedingt ersparen. Zu extravagant, zu ausgefallen und abgehoben sollte der Vorname also nicht sein – vor allem sollte er auch gut zum Nachnamen passen (siehe Seite 97)! Namen, die für Jungen übrigens zu ausgefallen sind und die deutsche Standesbeamte daher in den letzten Jahren abgelehnt haben, sind unter anderem Grammophon, November, Pfefferminze und Verleihnix. Bei diesen Vornamen hätte wohl auch kein noch so wohlklingender Nachname etwas retten können.

mann, Archäologe und Humanist kopierte als Antikenforscher griechische und lateinische Schriften. Viele sind nur dank seines großen Engagements überliefert. In den Niederlanden: Cyriel. Abkürzungen: Cyro, Rick.

Cyrill. Auch Cyrillus: edel, ausgefallen. Aus dem Griechischen. Bedeutung: der rechte Herr. 8. Jh.: Cyrillus (Konstantin) von Saloniki, ein Philosoph und Gelehrter, missionierte gemeinsam mit seinem Bruder Osteuropa. Er übertrug Teile der Bibel in die slawische Sprache und entwickelte dabei die kyrillische Schrift. In England: Cyril; in Spanien: Ciril. → Kyrill.

Cyrus: ausgefallen. Aus dem Griechischen. Bezeichnet die Sonne. In Spanien: Ciro. → Kyros.

**Daan:** vor allem in den Niederlanden gebräuchlich. Kurzform von → Daniel. Aus dem Hebräischen. Bedeutung: Gott ist mein Richter.

**Dagfin, Dagfinn:** neuartig, nicht alltäglich. In Norwegen bekannt. Aus dem Nordischen. Bedeutung der Silbe »dag«: Tag. Abkürzungen: Dag, Dan, Fin, Finn.

**Dagobert:** ein alter Name, obwohl er dank → Walt Disney und durch dessen noch immer aktueller Comicfigur Dagobert Duck ziemlich neuzeitig wirkt. Aus dem Keltischen. Bedeutung: gut, glänzend. 7./8. Jh.: Damals gab es mehrere Frankenkönige aus dem Hause Merowinger namens Dagobert. Abkürzungen: Dag, Bert, Bertie, Bertl.

**Damian:** ein Klassiker. In vielen Ländern seit Jahrhunderten bekannt. Aus dem Griechischen. Wahrscheinliche Bedeutung: mächtiger Mann. Oder: Volk. 3. Jh.: Damian und sein Zwillingsbruder → Cosmas, beide Ärzte, behandelten Arme und Kranke unentgeltlich. Deshalb sind sie die Schutzpatrone der Mediziner und Apotheker. Namenstag: 26. September. In Italien: Damiano; im heutigen Griechenland: Damianos; in Frankreich: Damien; in Osteuropa: Demian. Abkürzungen: Dajo, Dan, Danni, Danny, Ian, Jan, Mio.

**Daniel:** gleichbleibend geschätzt unter den Vornamen. In vielen Ländern bekannt. Aus dem Hebräischen. Bedeutung: Gott ist mein Richter. Aus der Bibel: Daniel wird von König Darius in eine Grube mit hungrigen Löwen geworfen. Die Löwen weigern sich, Daniel zu fressen und so begnadigt ihn der König am nächsten Morgen. 12. Jh.: Daniel I., Bischof von Prag und ein gewandter Diplomat, beriet Kaiser Friedrich Barbarossa. 18./19. Jh.: Johann Daniel Lawaetz, ein geschäftstüchtiger Kaufmann und Textilunternehmer, setzte sich für sozial Schwache und eine staatliche Arbeitspolitik ein. 20./21. Jh.: Daniel Barenboim, weltberühmter Pianist und

Dirigent, setzt sich nicht nur für die Musik, sondern auch für die israelisch-palästinensische Verständigung ein. In Italien: Daniele, Daniello, Danello; in Russland: Danii oder Danila; in Ungarn: Dános. Abkürzungen: Dan, Dani, Danko, Danny, Dano, Dany, Tanko.

**Danilo:** in Osteuropa und Spanien übliche Form von → Daniel. Aus dem Hebräischen. Bedeutung: Gott ist mein Richter. Abkürzungen: Dan, Illo, Mio, Nillo.

**Danko:** Kurzform von Namen, die inzwischen weitgehend in Vergessenheit geraten sind, wie Dankrad oder Dankward. Aus dem Althochdeutschen. Bedeutung: Dank.

**Dante:** sehr ungewöhnlich in unseren Ohren. In Italien üblicher. Aus dem Lateinischen. Bedeutung: ausdauernd. 13./14. Jh.: Dante Alighieri, italienischer Dichter und Philosoph hat mit seiner berühmten »Göttlichen Komödie« die italienische Literatursprache erschaffen – vorher dominierte Latein.

**Darcy:** ein alter irischer Name. Gälisch. Bedeutung: aus dem Süden stammend.

**Dario:** heiter, leicht. In Spanien und Portugal bekannter. Verwandt mit → Darius. Aus dem Griechischen. Bedeutung: der Mächtige. Abkürzungen: Ric, Rick.

**Darius:** zeitlos, fern jeden Trends. Aus dem Griechischen. Bedeutung: der Mächtige. Auch aus dem Altpersischen. Bedeutung: das Gute. Bezieht sich auf die Könige Persiens. Im Laufe der Zeit trugen etliche persische Könige diesen Namen. 19./20. Jh.: Der Komponist Darius Milhaud, aus einer südfranzösisch-jüdischen Familie, lehrte und lebte später in den USA. Schrieb unter anderem Filmmusik. Abkürzungen: Dan, Danni, Danny, Russo.

**Darko:** selten in unseren Breiten. In Osteuropa bekannter. Verwandt mit → Darius. Aus dem Griechischen. Bedeutung: der Mächtige. Oder aus dem Altpersischen. Bedeutung dann: das Gute. Abkürzungen: Ako, Dan.

**David:** ein gleichbleibend beliebter Klassiker. Und ein biblischer Name. Aus dem Hebräischen. Bedeutung: der Vielgeliebte. Erinnert an den zweiten König des vereinigten Israel, der um 1000 v. Chr. gelebt hat und als Verfasser vieler Psalmen gilt. Erst recht in der Bibel als Sieger über den riesigen

Krieger Goliath gepriesen. 17./18. Jh: Johann David Heinichen, Komponist, Musiktheoretiker. War Schüler der Leipziger Thomasschule und komponierte später für den Dresdner Hof Opern und Kirchenmusik. 19. Jh.: David Livingstone, ein Abenteurer, führte ein äußerst spannendes, abwechslungsreiches Leben: Er war Missionar in Afrika, wanderte durch die Wüste Kalahari, durchreiste Südafrika und entdeckte die Victoriafälle des Sambesi, die er nach der englischen Königin Victoria benannte. 20./21. Jh.: David Bowie, eigentlich David Robert Heyward-Jones, britisches Allroundtalent – Musiker, Maler, Produzent und Schauspieler – wird als einer der einflussreichsten Musiker des 20. Jh. angesehen. Dann: Der britische Maler David Hockney gilt als bedeutender Künstler des 20. Jh. Lebte lange in Kalifornien, was besonders an seinen »Swimmingpool-Bildern« zu erkennen ist. In Italien: Davide. Abkürzungen: Dave, Davy, Taffy.

**Davis:** aus England importiert. Variante von → David. Aus dem Hebräischen. Bedeutung: der Vielgeliebte.

**Dean:** einprägsam. Aus dem englischsprachigen Raum. Geht auf einen Familiennamen zurück. 20. Jh.: Erinnert an den berühmten alten Hollywoodstar und Sänger Dino Paul Crocetti, der allen nur unter seinem Künstlernamen Dean Martin bekannt sein dürfte.

**Debald, Debold:** neuere Formen des alten Namens Dietbald. Aus dem Althochdeutschen. Bedeutung: Volk, kühn. Variante: Dewald. Abkürzungen: Baldo, Baldus, Dedo.

**Dederik:** wirkt moderner als der Ursprungsname → Dietrich. Aus dem Althochdeutschen. Bedeutung: Volk, mächtig. Abkürzungen: Deik, Deo, Rick, Ricky.

**Dedo:** passt überall. Leicht verständlich. Norddeutsch. Verwandt mit Namen wie → Dietmar, → Dietrich, Dietbald.

**Delf:** kurz, einprägsam und damit einfacher zu händeln als der schwerfälligere Ursprungsname → Detlef. Aus dem Althochdeutschen. Bedeutung: Volk und Erbe.

**Demetrius:** außergewöhnlich und anspruchsvoll. Aus dem Griechischen. Bezieht sich auf Demeter, die Göttin der Fruchtbarkeit. 3. Jh. v. Chr.: Damals machte Demetrius Phalereus von sich reden, ein berühmter Redner, Rhetoriker,

Schüler von Aristoteles und begabter Geschichtsschreiber. In Griechenland: Dimitrios; in Italien: Demetrio; in Frankreich: Demetre. Abkürzungen: Dimi, Mitar, Mitja, Mito, Tio, Titus. → Dimitri.

**Denis, Dennis.** Auch Dénis: war und ist sehr en vogue. Die Begeisterung für diesen französischen Namen flaut aber gerade wieder ab. Ursprünglich aus dem Griechischen und Lateinischen. Bedeutung: dem Gott Dionysos versprochen. 18. Jh.: Denis Diderot machte als französischer Schriftsteller der Aufklärung auf sich aufmerksam. Wurde aber erst nach seinem Tod berühmt. In England: Dennis; in den Niederlanden: Denys; in Ungarn: Denes; im Griechenland von heute: Dionysios. Abkürzungen: Dion, Nenu, Nies, Nino, Nis, Onno. → Dionys.

**Deniz:** wohlklingend. Aus der Türkei. Bedeutung: Meer.

**Derek, Derik:** im Norden entstandene Kurzformen von → Dietrich. Aus dem Althochdeutschen. Bedeutung: Volk, mächtig. Weitere Formen: Derk, Derrik, Derrick. Abkürzungen: Dedo, Dido.

**Desiderius:** zeitlos. Alter Name mit langer Vorgeschichte. Aus dem Lateinischen. Bedeutung: verlangen. 8. Jh.: Der Langobardenkönig Desiderius widersetzte sich Karl dem Großen. 15./16. Jh.: Der Niederländer Desiderius Erasmus, besser bekannt als → Erasmus von Rotterdam, war einer der bedeutendsten Repräsentanten des Humanismus. Gilt als Vorreiter der Reformation. In Frankreich: Désiré; in Italien: Desiderio. Abkürzungen: Dedo, Dido. → Didier.

**Detlef, Detleph, Detlev:** heute weniger im Blickfeld. Aus dem Althochdeutschen. Bedeutung: Volk, Erbe. 19./20. Jh.: Detlev von Liliencron war Schriftsteller und Lyriker. Seine Gedichte beeinflussten die späteren Expressionisten. Weitere Formen: Dedlev, Detlof. In Dänemark: Tjelle. Abkürzungen: Dedo, Delf, Lef, Lew, Tialf, Tiark, Tjalf.

**Detmar, Dettmar:** traditionell. Alte niederdeutsche Formen von → Dietmar. Aus dem Althochdeutschen. Bedeutung: Volk und berühmt. Abkürzungen: Dedo, Marus.

**Didier:** in erster Linie in Frankreich üblich. Variante von → Desiderius. Aus dem Lateinischen. Bedeutung: verlangen.

20./21. Jh.: Didier Yves Drogba Tébily, Fußball-Nationalspieler aus Afrika, hat auf der ganzen Welt seine Fans. Abkürzungen: Diddy, Didi, Dido, Dino.

**Dido:** angenehm, einprägsam. Passt immer und überall. Leicht verständlich. Kurzform von → Dietrich oder auch → Desiderius. 7. Jh.: Schon damals bekannt, denn Bischof Dido von Poitier machte bei üblen Ränkespielen mit. Weihte den geraubten französischen Thronfolger Dagobert zum Mönch, damit ein anderer seinen Platz auf dem Thron einnehmen konnte.

**Diego:** passt auch zu deutschen Nachnamen. Vor allem in Spanien populär. Wahrscheinlich verwandt mit → Jakob. Oder aus dem Keltischen. Bedeutung: gut. 16./17. Jh.: Der weltberühmte Maler Diego Rodrigues de Silva Velàzquez hat den Namen einst bekannter gemacht. 19./20. Jh.: Der mexikanische Maler Diego Maria Rivera gelangte vor allem durch seine Wandmalereien mit politischen Motiven zu Weltruhm. Er war politisch hellwach und sehr engagiert. Arbeitete viel in den USA. Führte eine aufregende Ehe mit der faszinierenden Malerin Frida Kahlo. Abkürzungen: Didi, Dido, Dino.

**Dieko:** attraktiv und unkompliziert. Passt immer. Vor allem in den Niederlanden und Friesland bekannt. Verwandt mit Namen der Anfangssilbe »Diet«. Aus dem Althochdeutschen. Bedeutung: Volk. Auch: Dieke, Dike.

**Dieter, Diether:** bodenständig. Vor etlichen Jahrzehnten groß in Mode. Heute fast vergessen. Aus dem Althochdeutschen. Bedeutung: Volk und Heer. In Friesland: Deter, Dietje. Abkürzungen: Dedo, Deik, Derek, Derik, Derk, Derrick, Dido, Diedo, Diemo, Dietz, Dimo, Dino, Dirch.

**Dietlof:** im Moment nicht aktuell, aber wer weiß … Verwandt mit Dietwolf. Aus dem Althochdeutschen. Bedeutung: Volk, Wolf. Abkürzungen: Dedo, Derk, Dido, Diedo.

**Dietmar.** Auch **Ditmar:** aus dem Althochdeutschen. Bedeutung: Volk und berühmt. Weitere Formen: Detmar, Dittmar, Dittmer. In Friesland: Theitmar, Tjammer. Abkürzungen: Dedo, Diddo, Dido, Diemo, Dimo, Dirch, Dito, Marus, Tedo, Temmo, Thiemo, Thimo, Tim, Timm, Timme, Timmi, Timmo, Timo, Tjark.

**Dieto:** moderner, kürzer als die in Vergessenheit geratenen Ursprungsnamen wie etwa Dietram, Dietmund. Aus dem Althochdeutschen. Bedeutung der Silbe »Diet«: Volk.

**Dietrich:** in den vergangenen Jahren selten geworden. Aus dem Althochdeutschen. Bedeutung: Volk, mächtig. In Friesland: Dederik, Deterd, Detert, Dethard, Diderik, Thade; in Frankreich: Thierri, Thierry; in den Niederlanden: Diederik. Abkürzungen: Dedo, Deik, Derek, Derik, Derk, Dido, Diddo, Diedo, Diemo, Dierk, Dimo, Dietz, Dirch, Dirk, Rick, Ricky, Riek, Rik, Thiemo.

**Dietz:** knackig und frisch. Viel moderner als der Ursprungsname → Dietrich. Aus dem Althochdeutschen. Bedeutung: Volk, mächtig.

**Dimitri:** interessant. Lässt aufhorchen. Aus Russland. Verwandt mit → Demetrius. Aus dem Griechischen. Bezieht sich auf Demeter, die Göttin der Fruchtbarkeit. 20./21. Jh.: Der Schweizer Clown und Pantomime Dimitri ist mit dem Zirkus Knie berühmt geworden. Leitet heute ein Theater, lehrt Bewegungstheater und Theaterkreation. Variante: Dimitrij. Abkürzungen: Dimi, Dimmi, Dimo, Mino, Mio.

**Dino:** angenehm im Klang. Wird rund um den Globus verstanden, vor allem in Italien. Kurzform von Namen mit den Endsilben »ino« wie etwa Bernardino.

**Dionys, Dionysius:** extravagant, anspruchsvoll. Aus dem Griechischen. Weist auf den Gott der Fruchtbarkeit und des Weins hin. 18./19. Jh.: Friedrich Dionys Weber, böhmischer Komponist und Musikpädagoge, rückte Constanze Mozart in seiner Biografie ins rechte Licht. Abkürzungen: Dino, Don.

**Dirk, Dierk:** klingt nach Norddeutschland. Recht beliebt. Niederdeutsche Variante von → Dietrich. Aus dem Althochdeutschen. Bedeutung: Volk, mächtig. Auch in anderen Ländern gefragt. Weitere Form: Dirko.

**Dodo:** ein alter Name. Nicht nur, aber vor allem in Friesland als Kurzform von → Dietrich bekannt. Aus dem Althochdeutschen. Bedeutung: Volk, mächtig. 10. Jh.: Schon damals gab es einen Bischof von Münster, der diesen Namen trug. 16./17. Jh.: Dodo Freiherr von Innhausen und zu Knyphausen war ein bedeutender Feldherr im Dreißigjährigen

Krieg. Galt wie Wallenstein als Organisationstalent, was die Logistik und die Versorgung seiner Truppen anbelangte.

**Domenic, Domenik.** Auch **Domenico:** Bedeutung: dem Herrn gehörend. 17./18. Jh.: Bis heute wegen seiner Cembalo-Sonaten unvergessen: der italienische Komponist Domenico Scarlatti, Zeitgenosse von → Johann Sebastian Bach und → Georg Friedrich Händel. Abkürzungen: Dodo, Domo, Domos, Nick, Nik, Nikl.

**Dominic, Dominik** und **Dominikus:** seit Langem gleichbleibend beliebt. Aus dem Italienischen, ursprünglich Lateinischen. Bedeutung: Gott gehörend. 18./19. Jh.: Der Franzose Dominique Francois Jean Arago, Physiker und Astronom, brachte die Wissenschaft durch seine Forschungen ein Stück weiter. Ist namentlich mit anderen Persönlichkeiten auf dem Pariser Eiffelturm als Großer verewigt. Weitere Formen: Domenic, Domenik. In Frankreich: Dominique; in Italien: Domenico; in Spanien: Domingo; in Ungarn: Domokos, Domonkos, Doman; in England: Dominic; in Kroatien: Dominko. Abkürzungen: Dino, Dinko, Dodo, Doman, Domos, Dunko, Mingo, Minko, Mio, Nick, Nicke, Nickl, Nico, Nikl, Niko.

**Domka:** schlicht und trotzdem nicht alltäglich. Aus Osteuropa. Hergeleitet von → Dominik. Aus dem Lateinischen. Bedeutung: Gott gehörend. Abkürzungen: Dodo, Domos.

**Donald:** in vielen Ländern beliebt. Aus dem Keltischen. Bedeutung: Weltherrscher. Der berühmteste Donald: Donald Duck, ein von → Walt Disney erfundenes, von vielen geliebtes Zeichentrickwesen. 20./21. Jh.: Der schottisch stämmige Kanadier Donald Sutherland ist ein seit Jahrzehnten beliebter Charakterschauspieler. Einer seiner bekanntesten Filme dürfte der frühe Klassiker »Wenn die Gondeln Trauer tragen« sein. Ist der Vater von Kiefer Sutherland, ebenfalls Schauspieler. Abkürzungen: Don, Naldo.

**Donat, Donatus:** ein Klassiker. Aus dem Lateinischen. Bedeutung: der von Gott Gegebene. 4. Jh.: Aelius Donatus war ein in Rom hoch angesehener Grammatiker und Rhetoriklehrer. War der Lehrer des heiligen → Hieronymus, seinerseits ein großer Kirchenlehrer. In Frankreich: Donatien; in England: Donet; in Südeuropa: Donato. Abkürzungen: Dodo, Don, Natus, Nonu.

D

**Donatello:** verspielt, heiter. Kosename von → Donatus. Aus dem Lateinischen. Bedeutung: der von Gott gegebene. 14./15. Jh.: Der italienischer Bildhauer Donatello – eigentlich Donato di Niccolo di Betto Bardi – arbeitete für → Cosimo de Medici in Florenz. Seine wohl bekannteste Figur: ein jugendlicher David, der einen erstaunlich modernen Hut trägt. Die Skulptur wirkt besonders durch die Ausstrahlung von spielerischer Anmut und Leichtigkeit. Abkürzungen: Dodo, Don, Natello, Tell, Tello.

**Donovan:** für Irlandliebhaber. Keltisch. Hinweis auf einen Familiennamen. Abkürzungen: Don, Doto, Van.

**Dorian:** anspruchsvoll. Aus dem Althochdeutschen. Bedeutung: der Dorier. 19. Jh.: Bekannt geworden durch den Roman von → Oscar Wilde »Das Bildnis des Dorian Gray«. Steht für zeitlose Schönheit. Abkürzungen: Dodi, Dodo.

**Dorus:** guter Klang, angenehme Ausstrahlung. Aus den Niederlanden, ursprünglich Kosename von → Theodor. Aus dem Griechischen. Bedeutung: Geschenk von Gott.

**Douglas:** ziemlich stilvoll. Aus dem Schottischen. Bezieht sich auf einen alten Familiennamen. 19./20. Jh.: Douglas Fairbanks senior war einer der großen amerikanischen Schauspieler der Stummfilmzeit. Gründete unter anderem mit → Charlie Chaplin die Filmfirma United Artists, die heute zu Sony Pictures Entertainment gehört. Außerdem: Douglas Sirk, eigentlich als Hans Detlef Sierck geboren, war erst erfolgreicher Bühnenregisseur, dann Filmregisseur bei der Ufa. Ging später nach Hollywood, wo er in den 1950er-Jahren große Erfolge mit seinen Filmen hatte. War Vorbild für → Rainer Werner Fassbinder und Pedro Amodóvar. Abkürzungen: Assa, Dodi, Dodo, Doug.

**Duncan:** alter schottischer Name. Aus dem Altenglischen. Bedeutung: brauner Krieger.

**Dustin:** international, unkompliziert. Aus dem Irischen, Gälischen. Bezieht sich auf einen Familiennamen. 20./21. Jh.: Alle kennen Dustin Hoffman: Ein großer Charakterdarsteller und Hollywoodstar, der zweimal den begehrten Oscar als bester Hauptdarsteller erhielt.

**Ebbo:** unkompliziert, ungewöhnlich. Kurzform von Namen, die fast vergessen sind, wie etwa Eberfried, Eberwin. Vor allem im hohen Norden bekannt. Aus dem Althochdeutschen. Bedeutung: Eber. Auch: Ebo, Eppo.

**Ebel:** weitgehend unbekannt. Niederdeutsche Variante von → Abel. Aus dem Hebräischen. Bedeutung: Hauch. Weitere Form: Ebeling.

**Eberhard, Eberhart:** aus der Mode gekommen. Aus dem Althochdeutschen. Bedeutung: Eber, hart. 20./21. Jh.: Der Psychoanalytiker Horst-Eberhard Richter gilt als einer der Pioniere der psychoanalytischen Familienforschung und -therapie und hat viele zum Nachdenken über Lebensformen und Lebenskrisen gebracht. War eine der Leitfiguren der deutschen Friedensbewegung. In Italien: Everardo; in den Niederlanden: Everhart; in Frankreich: Evraud. Abkürzungen: Ebbo, Ebi, Ebo, Eppo, Hartl, Jorit, Jorrit.

**Eckart, Eckard.** Auch **Eckhart, Eckhard:** traditionell, fern jeden Zeitgeistes. Aus dem Althochdeutschen. Bedeutung: Schwertspitze, hart. 13./14. Jh.: Von damals bis heute wird Meister Eckhard als gescheiter Denker, berühmter Ordensmann und Kirchenkritiker bewundert. Wurde von der Inquisition verfolgt. 20./21. Jh.: Eckart Witzigmann, Koch aller Köche, war unter anderem Schüler des »Kochpapstes« Paul Bocuse. Hat der Nouvelle Cuisine in Deutschland zum Durchbruch verholfen. Varianten des Namens: Eckehart, Eckehard, Eckert. In Friesland: Edsardt, Edsart, Edsert, Eggert. Abkürzungen: Ecco, Ecki, Ecko, Eeke, Eeko, Egge, Eggo, Eke, Ekke, Eko, Hartl.

**Eckbert.** Auch **Egbert:** traditionell. Aus dem Althochdeutschen. Bedeutung: Schneide, glänzend. Eine Variante: Eckbrecht. Abkürzungen: Bert, Brecht, Ecki.

**Eden:** neueren Datums, noch ziemlich unbekannt. Aus England. Bezieht sich auf das Paradies: den Garten Eden.

**Edgar:** zeitlos, längst international. Aus dem Altenglischen. Bedeutung: Besitz, Speer. 19./20. Jh.: Der impressionistische Maler Edgar Degas schuf herrliche Bilder. Wer kennt seine Tänzerinnen nicht? Als er erblindete, gab er seine künstlerische Tätigkeit nicht auf, sondern machte erfolgreich als Bildhauer weiter. In Dänemark: Edger; in Italien: Edgardo. Abkürzungen: Ed, Eddie, Ede, Edo.

**Edmond.** Auch **Edmund:** traditionell. Fern jeder Mode. Vor allem in England, Frankreich und den Niederlanden bekannt. Bedeutung: Erbgut, Schutz. 10./11. Jh.: Edmund II. war nur kurze Zeit König von England. Verlor gegen seinen Kontrahenten → Knud den Großen die entscheidende Schlacht und musste sich mit dem Titel »König von Wessex« begnügen. Knud wurde König über das restliche England. 16./17. Jh.: Edmund Halley, Astronom und Mathematiker, bestimmte auf St. Helena die Sterne des südlichen Himmels. Außerdem erforschte er den Monsun, den Erdmagnetismus und hatte noch Zeit, sich mit der Mathematik von Lebensversicherungen zu beschäftigen. 20./21. Jh.: Der neuseeländische Bergsteiger Edmund Hillary wurde als Erstbesteiger des Mount Everest berühmt. In Spanien: Edmundo; in Italien: Edmondo; in Frankreich: Edmond; in Irland: Eamon, Eamonn. Abkürzungen: Ed, Eddie, Eddy, Ede, Edo, Ehm, Ned.

**Eduard:** zeitlos, traditionell. Verwandt mit → Edward. Bedeutung: Besitz, Hüter. 13./14. Jh.: Eduard I., König von England, ein unverdrossener Kämpfer, mächtiger Eroberer und nicht gerade zimperlich, galt als bedeutender Herrscher des Mittelalters. 19./20. Jh.: Eduard VII., König von England, »Bertie« genannt, war in seiner Jugend offen für Vergnügungen aller Art. Er machte unter anderem durch Glücksspiel und unstandesgemäße Liebschaften von sich reden, angeblich hielt ihn seine Mutter Königin Victoria deshalb so lange wie möglich von Regierungsgeschäften fern. Kam erst mit 59 Jahren auf den Thron. Viel braver: Eduard Mörike, Pfarrer, Erzähler und Lyriker. Hat wunderschöne (Biedermeier-)Gedichte hinterlassen wie »Frühling« (»Frühling lässt sein blaues Band wieder flattern durch die Lüfte …«). In Frankreich: Édouard. Abkürzungen: Ado, Dodo, Ed, Eddie, Edik, Edo.

**Edward.** Auch **Edvard:** zeitlos. Nie wirklich in Mode, nie ganz verschwunden. Aus dem Englischen oder Schwedischen. Variante von → Eduard. Bedeutung: Besitz, Hüter. 19./20. Jh.: Der norwegische Komponist und Dirigent Edvard Grieg kombinierte Elemente der norwegischen Volksmusik mit Elementen der Romantik. Seine Musik wird heute noch gerne gehört. Ebenso berühmt: der norwegische Maler Edvard Munch, einer der bedeutendsten Wegbereiter des Expressionismus. Sein Bild »Der Schrei« ist weltbekannt. 20./21. Jh.: Edward Kennedy, amerikanischer Senator und einflussreicher Politiker der Demokratischen Partei, stand immer im Schatten seiner berühmten älteren Politiker-Brüder John F. und Robert Kennedy. In Frankreich: Édouard; in Spanien: Eduardo, Edoardo; in Italien: Odoardo. Abkürzungen: Ed, Eddy, Ned.

**Edwin.** Auch **Edvin:** ein angelsächsischer Name. Bedeutung: Besitz, Freund. In Südeuropa: Eduino. Abkürzungen: Ed, Eddy, Edik, Edo, Win, Winn.

**Edzard:** zeitlos, unabhängig von Trends. Aus dem Norden. Verwandt mit → Eckhart. Aus dem Althochdeutschen. Bedeutung: Schwertspitze, hart. 20./21. Jh.: Edzard Ernst, deutschstämmiger Brite, ist der erste Professor für Alternativmedizin in Großbritannien. Abkürzungen: Ede, Edi.

**Egbert:** kernig. Verwandt mit dem Namen → Eckbert. Aus dem Althochdeutschen. Bedeutung: Schneide, glänzend. 9. Jh.: Damals war ein Egbert König von Wessex (England). Abkürzungen: Bert, Egge, Eggo.

**Egid, Egidius.** Auch **Egilo:** Klassiker. Verwandt mit → Ägidius. Aus dem Griechischen. Bedeutung: der Beschützende, der Schildhalter. 17./18. Jh.: Egid Quirin Asam, Bildhauer und Stukkateur, hat zusammen mit seinem Bruder und Mitarbeiter → Cosmas Damian Asam spätbarocke Schätze hinterlassen wie die Asamkirche in München. In Frankreich: Gilles; in England: Giles; in Italien: Egidio; in Schweden: Ilian; in Dänemark: Gilg, Gils, Jillis. Abkürzungen: Egil, Gil, Jil, Tilg. → Ägid.

**Egil, Egilo:** attraktiv. Alt, aber nicht altmodisch. Aus dem Althochdeutschen. Hergeleitet von Egilbert, Agilbert. Bedeutung: Schwertspitze, glänzend. Abkürzungen: Gil, Gill.

**Egino:** klangvoll. Ursprünglich Kurzform von Eginolf. Aus dem Althochdeutschen. Bedeutung: Schwertspitze, Wolf. 11. Jh.: Egino von Dalby, ein wissenschaftlich interessierter, gebildeter Mann, war erst Bischof im schwedischen Dalby, später von Lund. Abkürzungen: Agi, Ehm, Elger, Gino.

**Egmont, Egmond.** Auch **Egmund:** tradionell. Eine neuere Form von Agimund. Bedeutung: Schwertspitze, Schutz. → Johann Wolfgang von Goethes Trauerspiel »Egmont« handelt vom Freiheitskampf des niederländischen Grafen Egmont gegen die spanische Vorherrschaft. Ein Stoff, der auch → Ludwig van Beethoven faszinierte und ihn zu seiner berühmten gleichnamigen Schauspielmusik inspirierte. Abkürzungen: Ehm, Elger, Monte, Monti, Monty.

**Egon:** vor hundert Jahren höchst beliebt. Verwandt mit → Eginolf. Bedeutung: Schwertspitze, Wolf. 19./20. Jh.: Egon Erwin Kisch, Weltbürger aus Prag, war ein bedeutender Journalist und Schriftsteller. Außerdem: Egon Schiele, expressionistischer Maler aus Österreich. Zählt neben Gustav Klimt und → Oskar Kokoschka zu den bedeutendsten Künstlern der Wiener Moderne. Seine Bilder erzielen Höchstpreise.

**Ehlert.** Auch **Elert:** schnörkellos. Norddeutsch. Hergeleitet von → Eilert oder Eilhard. Neuere Form von Agilhard, einem Namen aus dem Althochdeutschen. Bedeutung: Speerspitze, hart. Abkürzungen: Ele, Elger.

**Ehm:** kurz, knapp. Leicht verständlich. Aus dem Niederdeutschen und Friesischen. Kurzform von Namen wie → Agilo, Aginolf, Agimund. Aus dem Althochdeutschen. Bedeutung der Silben »Agi«: Schwertspitze.

**Eike** oder **Eiko:** niederdeutsche Namen. Kurzformen von Namen mit der Anfangssilbe »Eck« wie → Eckhard oder »Eg« wie Egilof. Bedeutung: Schwertspitze. 13. Jh.: Eike von Repgow schrieb das erste Rechtsbuch des Mittelalters in deutscher Sprache. Weitere Formen: Aik, Aike, Aiko, Eick, Eyck, Eyk.

**Eilard.** Auch **Eilert:** zeitlos. Verwandt mit Agilhard. Aus dem Althochdeutschen. Bedeutung: Schwertspitze, hart. Abkürzungen: Eilo, Eino, Eno.

**Eilbert:** heute selten. Hergeleitet von Agilbert. Aus dem Althochdeutschen. Bedeutung: Schwertspitze, glänzend. 12. Jh.:

Eilbertus von Köln war ein Mönch, Goldschmied und Emailmaler. Abkürzungen: Bert, Eibe, Eibo, Eiko, Iko, Liko.

**Eilert.** Auch **Eilard:** hergeleitet von Agilhard. Aus dem Althochdeutschen. Bedeutung: Schwertspitze, hart. Auch: Eilhard. Abkürzungen: Eibe, Eibo, Eiko, Iko, Liko.

**Einar:** aus dem Nordischen. In Island gefragt. Bedeutung: der allein kämpft. 10. Jh.: In der Färingersaga spielt Einar von den Südinseln eine Rolle, der angeblich von den britischen Inseln gekommen sein soll. In Schweden: Eina.

**Eitel:** einst in Verbindung mit einem zweiten Namen in der Bedeutung von »nur« gebräuchlich. Der Name war ein beliebter Fürstenname. 15./16. Jh.: Ulrich von Württemberg hieß ursprünglich Eitel Heinrich (»nur« Heinrich). 19./20. Jh.: Der zweite Sohn von Kaiser Wilhelm II. hieß Eitel Friedrich, Prinz von Preußen.

**Elard, Elart:** originell. Im Niederdeutschen gebräuchlich. Verwandt mit Agilhard. Aus dem Althochdeutschen. Bedeutung: Schwertspitze, hart. → Ehlert.

**Elia, Elias.** Auch **Elija:** sehr geschätzt. Ein biblischer Name. Aus dem Hebräischen. Bedeutung: Gottes Fürsorge. Erinnert an den Propheten Elija oder Elias aus der Bibel, der nach → Moses als wichtigster Prophet gilt. Wollte die Menschen zu Einsicht und Umkehr bringen. Namenstag: 20. Juli. Im Judentum auch die Verkörperung von Standfestigkeit. 18./19. Jh.: Aron Elias Seligmann erwirtschaftete ein riesiges Vermögen und wurde deshalb vom bayerischen König Max Joseph zum Hoffaktor, also Finanzier des Hofes, gemacht. Es gelang ihm, Bayerns Finanzen und damit die gesamte Regierung zu stabilisieren. Wurde deshalb vom König in den Adelsstand erhoben zum Freiherrn von Eichthal. 19. Jh.: »Elias« heißt auch ein Oratorium von → Felix Mendelssohn Bartholdy. In Italien: Eliano; in Frankreich: Élie; in Schweden: Elis; in Russland: Ilia, Ilja, Ilija. Abkürzungen: Elis, Ellis, Lias.

**Eligius:** edel und extravagant. Aus dem Lateinischen. Bedeutung: auswählen. 19. Jh.: Unter dem Pseudonym Friedrich Halm schrieb der österreichische Dichter und Dramatiker Eligius Franz Josef Freiherr von Münch-Bellinghausen unter anderem das Stück »Griseldis«. Zählte nach Franz Grillparzer

E

zu den beliebtesten österreichischen Bühnenautoren. In Frankreich und England: Eloi; in Spanien: Eloy. Abkürzungen: Eli, Gus, Ligius, Ligus.

**Elio:** ein angenehmer Dreiklang. In Italien zu Hause. Verwandt mit Aelius, einem schon bei den alten Römern bekannten Vornamen.

**Elios:** nur wenigen bekannt. Macht neugierig. Aus dem Griechischen. Bezieht sich auf den griechischen Sonnengott Helios, Sohn des Titanen Hyperion. Der Sage nach fährt Helios täglich in einem goldenen Sonnenwagen, von feurigen Rössern gezogen, über den Himmel.

**Eliot:** aus England importiert. Bezieht sich auf einen Familiennamen. Abkürzungen: Elio, Elis.

**Elischa:** eine Rarität. Aus dem Hebräischen. Bedeutung: Gott hat geholfen. 9. Jh. v. Chr.: Elischa oder Elisäus war ein Prophet, der in der Zeit der Könige Joram, Jehu und Joahas wirkte. Abkürzungen: Eli, Elio, Ilja.

**Elko:** im Friesischen, Niederdeutschen bekannt. Verwandt mit Elkmar. Aus dem Althochdeutschen. Bedeutung: edel.

**Elmar.** Auch **Ellmar:** fern jeden Trends. Bezieht sich auf Egilmar oder Adelmar. Namen aus dem Althochdeutschen. Bedeutung: Schwertspitze, berühmt. Andere Deutung: Schwertträger oder der edle Berühmte. 8./9. Jh.: Ein Elmar war im heutigen Belgien einst als Glaubensbringer unterwegs. Namenstag: 28. August. Weitere Formen: Eilmar, Egilmar, Almar, Elmo. In Schweden: Elmer, Elimar. Abkürzungen: El, Elio.

**Elof, Eloff:** selten. Kommt auch aus dem Nordischen. Bedeutung: alleiniger Erbe. Varianten: Eluf, Elov, Elef.

**Elvin** oder **Elwin:** abgeleitet von → Alwin, einem Namen aus dem Althochdeutschen. Bedeutung: edel, Freund. 19. Jh.: Elwin Bruno Christoffel lehrte als Professor in Zürich Mathematik: ein vorbildlicher Lehrer, der seine Schüler zu begeistern wusste. 20./21. Jh.: Elvin Ray Jones war ein amerikanischer Jazz-Musiker, Schlagzeuger, der mit dem John-Coltrane-Quartett berühmt wurde. Dann: Elvin Bishop. Ist als Blues-Rock-Sänger und -Gitarrist bekannt geworden. Spielte unter anderem auch mit Größen wie Eric Clapton, Jimi Hendrix und B. B. King. Abkürzungen: El, Elio.

**Elvis:** vor allem in England und Amerika gefragt. Verwandt mit → Elvin und → Alwin. Aus dem Althochdeutschen. Bedeutung: edel, Freund. 20. Jh.: Bekannt geworden durch den amerikanischen Sänger und Schauspieler Elvis Presley. Auch Jüngere wissen mit dem Namen, dem Begriff Rock'n Roll und der damit verbundenen Aufbruchstimmung noch etwas anzufangen. Abkürzungen: El, Vito.

**Emanuel** oder **Emmanuel:** klassisch. Ein biblischer Name. Aus dem Hebräischen. Bedeutung: Gott mit uns. 18. Jh.: Carl Philipp Emanuel Bach, zweiter Sohn von → Johann Sebastian Bach, war zu seiner Zeit einer der berühmtesten Cembalisten. 19. Jh.: Der Franzose Emmanuel Chabrier, Komponist, Pianist und Jurist, war ein bekannter Mann und mit dem großartigen Maler Édouard Manet befreundet, der zwei Portraits von ihm anfertigte. Leider blieben ihm selbst große Erfolge versagt. 20./21. Jh.: Ein Sohn des belgischen Prinzen Phillip und seiner Ehefrau Mathilde heißt Emmanuel. In Italien: Emanuele. Abkürzungen: Emmo, Emo, Manu, Manuel, Mendel, Muck. → Immanuel.

**Emeram.** Auch **Emmeram:** traditionell. Über den Ursprung wird gestritten. 7. Jh.: Zu jener Zeit soll der heilige Emmeram als Bischof von Regensburg und als Wanderprediger gewirkt haben. Namenstag: 22. September. Eine Variante: Emmeran. Abkürzungen: Emmo, Emo, Eno.

**Emerich** oder **Emmerich.** Auch **Emrich:** ein Name, an dem Moden spurlos vorübergegangen sind. Erinnert an einen alten Familiennamen. 19./20. Jh.: Emmerich Kálmán, ungarischer Operettenkomponist, lebte überwiegend in Paris und schrieb etliche Werke. Seine größten Erfolge waren »Die Csárdásfürstin« und »Gräfin Mariza«. In England: Emmery, Emory; in Frankreich: Emry. Abkürzungen: Ehm, Emmo, Emo, Rich, Richy, Rick, Ricky, Rik, Riko. → Imre.

**Emil.** Auch **Emilian:** lange fast vergessen, jetzt wieder geschätzt. Abgeleitet von dem lateinischen Namen → Aemilius. 2. Jh.: Dass der Name schon bei den alten Römern bekannt war, beweist der Emilianusstollen im Saarland, nach seinem Besitzer Emilianus benannt. Schon damals wurde hier Kupferbergbau betrieben. 19./20. Jh.: Émile Zola war und ist als

Schriftsteller nicht nur in Frankreich eine Berühmtheit. Er gilt als großer Geist, begabter, wunderbarer Romancier und vorbildlicher Journalist, der für die Freiheit kämpfte. Außerdem: Emil Adolf von Behring, Bakteriologe, Serologe. Seine Forschungen waren Grundlage dafür, dass Krankheiten wie Diphtherie und Tetanus ihren Schrecken verloren. Erhielt als erster den Nobelpreis für Medizin. 20. Jh.: Unvergessen: der große expressionistische Maler Emil Nolde, dessen Bilder vor allem wegen ihrer leuchtenden Farben gefragt sind. Ebenfalls unvergessen und besonders bei Kindern beliebt: der Emil aus dem → Erich-Kästner-Kinderbuch »Emil und die Detektive«. In Frankreich: Émile, Emilien; in Italien und Spanien: Emilio, Emiliano; in England: Emilian; im Slawischen: Milo, Milko. Abkürzungen: Emmo, Emo.

**Endres.** Auch **Enders:** originell. Im Norden bekannter. Der Name verträgt sich mit den meisten Familiennamen gut. Nebenform von → Andreas. Aus dem Griechischen. Bedeutung: tapfer. Abkürzungen: Dres, Enno, Eno.

**Endrik.** Auch **Enric:** aus dem Niederdeutschen. Variante von → Hendrik, verwandt mit → Heinrich. Aus dem Althochdeutschen. Bedeutung: Einfriedung und reich, mächtig. Weitere Form: Endrich. Abkürzungen: Enno, Eno, Rick, Rik.

**Enne, Enno:** durch und durch norddeutsch. Ursprünglich Kurzformen von Einhard. Aus dem Althochdeutschen. Bedeutung: Schwertspitze, hart. 14./15. Jh.: Ostfriesische Fürsten trugen diesen Namen, wie etwa Enno Cirksena, der als mächtiger Führer Ostfriesland stärkte.

**Enoch.** Auch **Ennoch:** besonders. Aus dem Hebräischen. Bedeutung: der Eingeweihte. 20./21. Jh.: Der Dirigent Enoch zu Guttenberg ist bekannt als Interpret sinfonischer Werke und großer Oratorien. Wer Chöre mag, mag seine Arbeit. Variante: Henoch. Abkürzungen: Ano, Enno, Oker.

**Enrico:** leicht und luftig. In Italien populär. Verwandt mit → Heinrich. Aus dem Althochdeutschen. Bedeutung: Einfriedung und reich, mächtig. 19./20. Jh.: Der Italiener Enrico Caruso war einer der größten Tenöre der Welt. Seine Stimme wurde mit der warmen Macht von Orgeltönen verglichen und noch heute wird von ihm geschwärmt. Caruso verband eine enge künstlerische Freundschaft mit dem Komponisten → Giacomo Puccini, der viele seiner Werke für ihn schrieb. Außerdem: Enrico Rastelli, erst Luftakrobat, später Jongleur, der rund um die Welt unterwegs war. Wie er mit seinen Bällen umging, sah leicht und mühelos aus – genau das wurde bewundert. Abkürzungen: Enno, Eno, Rick, Ricky, Rico.

**Enrique:** in Spanien übliche Form von → Heinrich. Aus dem Althochdeutschen. Bedeutung: Einfriedung und reich, mächtig. Abkürzungen: Enno, Eno, Rick, Ricky, Rico.

**Enzo.** Auch **Enzio:** modern. International. Passt nahezu immer. Kurzformen vom italienischen Enrico, verwandt mit → Heinrich. Aus dem Althochdeutschen. Bedeutung: Einfriedung und reich, mächtig. 19./20. Jh.: Enzo Ferrari war nicht nur ein berühmter Rennfahrer, sondern auch Gründer des Rennwagenherstellers Ferrari. Begonnen hatte er als Schlosser.

**Ephraim:** anspruchsvoll. Ein biblischer Name. Aus dem Hebräischen. Bedeutung: fruchtbar. 4. Jh.: Ephräm der Syrer, eine Geistesgröße seiner Zeit, Schriftsteller, Kirchenlehrer, Asket im türkischen Nisbi, wurde wegen seiner Frömmigkeit und Weisheit verehrt. Namenstag: 9. Juni. 18. Jh.: Gotthold Ephraim Lessing war ein Dichter, Denker und Kritiker der Aufklärung sowie Bibliothekar in Wolfenbüttel. Wurde wegen seiner Ironie, seines Witzes, seiner Polemik geliebt, aber auch angefeindet. »Nathan der Weise«, in dem es um Religionstoleranz geht, ist eines seiner bekanntesten Werke. 20. Jh.: Ein bärenstarker Mann aus dem Reich der Fantasie, erfunden von Astrid Lindgren, ist Pippi Langstrumpfs Vater Ephraim. Alte Formen: Ephraem, Ephräm. Abkürzungen: Ef, Effe, Eppe, Eppo, Raim.

**Erasmus:** ein Klassiker. Aus dem Griechischen. Bedeutung: der Liebenswürdige. Vor allem in den Niederlanden und Norwegen bekannt. 4. Jh.: Der Märtyrer Erasmus war Bischof von Antiochia in der heutigen Türkei. Wurde zum Schutzpatron der Seeleute. Namenstag: 2. Juni. 15./16. Jh.: Erasmus → Desiderius von Rotterdam war ein niederländischer Gelehrter, Humanist, Philologe, Philosoph und Wegbereiter der Reformation. In Frankreich: Erasme; in Italien: Erasmo. Abkürzungen: Asmus, Elmo, Erko, Ermo, Rasmus, Rasso.

**Erdmann:** schnörkellos, bodenständig. Aus dem Althochdeutschen. Bedeutung: Erde, Mann. In früheren Jahrhunderten gebräuchlich. 18./19. Jh.: Der Maler Johann Erdmann Hummel hatte Freude an perspektivischer Gestaltung und mythologischen Themen. Abkürzungen: Ebbo, Mano.

**Erhard, Erhart.** Auch **Ehrhard:** alte Namen. Fast vergessen. Aus dem Althochdeutschen. Bedeutung: Ehre, hart. Abkürzungen: Erko, Harko, Hartl.

**Erich:** vor Jahrzehnten ein Renner, jetzt eher im Abseits. Aus dem Nordischen. Bedeutung: alleiniger, beständiger Herrscher. Vielleicht auch: Mann mit außerordentlichen Kräften. 13. Jh.: Erich, König von Dänemark, genannt »Plovpenning«, erhielt seinen Beinamen, weil er Extrasteuern (Pfennige) eintrieb, um einen Kreuzzug zu finanzieren. 19./20. Jh.: Erich Kästner, Schriftsteller, Drehbuchautor und Kabarettist, wird noch heute verehrt, weil er uns so wunderbare Kinderbücher hinterlassen hat, wie »Das doppelte Lottchen«, → »Emil und die Detektive« oder »Pünktchen und Anton«. Er ist auch bekannt für seine ausgezeichneten zeitkritischen Gedichte.

**Erik.** Auch **Eric:** sehr beliebt. Skandinavische Formen von → Erich. Aus dem Nordischen. Bedeutung: alleiniger, beständiger Herrscher. In Deutschland längst eingebürgert. 11. Jh.: Erik der Rote, so genannt wegen seiner roten Haarpracht und seines roten Bartes, wurde für drei Jahre aus Island verbannt, da er einen Mord begangen haben soll. Machte sich in dieser Zeit auf die Suche nach einer neuen Heimat. Der Sage nach entdeckte er die Küsten Grönlands und ließ sich dort schließlich mit seinen Gefährten nieder. Weitere Namensformen: Erk, Eriko, Erko, Jerik, Jerk, Jerker, Richie, Rik, Riko.

**Erkan:** aus dem Türkischen. Bedeutung: Mann und Blut.

**Erland:** im Norden bekannter als im Süden. Herkunft umstritten. In Schweden ist der Name schon seit Jahrhunderten bekannt. Abkürzungen: Andy, Erl.

**Erling:** selten. Aus dem Nordischen. Bedeutung: kleiner Fürst. In Schweden: Elling. Abkürzungen: Erl, Lino.

**Ermenegildo:** ausgefallen und damit selten. In Italien bekannter. Aus dem Althochdeutschen. Bedeutung: groß, Lohn. Abkürzungen: Ermo, Gil, Gildo.

**Ernest:** lässig, moderner als der verwandte Name → Ernst. Vor allem in England und Frankreich gefragt. Aus dem Althochdeutschen. Bedeutung: Ernst. 20. Jh.: Ernest Hemingway, einer der erfolgreichsten und bekanntesten amerikanischen Schriftsteller. War auch Kriegsberichterstatter, Abenteurer, Großwildjäger und Hochseefischer. Schrieb Klassiker wie »Schnee auf dem Kilimandscharo« und »Der alte Mann und das Meer«. Kosename: Ernie.

**Ernesto:** munter, leicht. In Italien und Spanien aktuelle, viel beschwingtere Variante von → Ernst. Hergeleitet aus dem Althochdeutschen. Bedeutung: Ernst. Variante: Ernestino. Abkürzungen: Ernie, Toto.

**Erno:** unkompliziert. Verwandt mit → Arno. Aus dem Althochdeutschen. Bedeutung: Adler. Manche verstehen den Namen auch als Variante von → Ernst oder → Ernest.

**Ernst:** ein alter Name. Aus dem Althochdeutschen. Bedeutung: Ernst. 18./19. Jh.: Der Astronom und Unternehmer Ernst Abbe beschäftigte sich mit Mathematik, Physik, Philosophie und Sozialpolitik. Entwickelte zusammen mit Carl Zeiss und Otto Schott die Grundlagen moderner Optik. War Mitbegründer der Zeiss-Werke. 19./20. Jh.: Ernst Bloch war ein deutscher Philosoph. Ein Zitat von ihm: »Man muss ins Gelingen verliebt sein, nicht ins Scheitern!«

**Erol:** aus dem Türkischen. Bedeutung: Sei ein Mann.

**Errol, Erroll:** im englischsprachigen Raum gebräuchlicher. Bezieht sich auf einen schottischen Familien- oder Ortsnamen. 20. Jh.: Zu seiner Zeit ein großer Star am Hollywood-Himmel: Errol Flynn, Schwarm vieler Frauen.

**Erwin:** unkompliziert, handfest. Hergeleitet von Herwin. Aus dem Althochdeutschen. Bedeutung: Heer und Freund. 13./14. Jh.: Der deutsche Baumeister Erwin Steinbach wirkte wesentlich am Bau des Straßburger Münsters mit. Wurde von → Johann Wolfgang von Goethe in dessen Aufsatz »Von deutscher Baukunst« erwähnt. In England: Irwin, → Irvin. Abkürzungen: Erry, Win, Winn, Wyn.

**Eskild** oder **Eskil:** uralter, nordischer Name, in Dänemark schon immer gebräuchlich. Bedeutung: Gott und Helm. Abkürzungen: Eske, Ilia, Ilj, Kai, Kirk.

**Esmond:** verwandt mit → Osmund. Aus dem Germanischen/ Althochdeutschen. Bedeutung: Gott und Schutz. Abkürzungen: Eso, Esse, Mondo, Moni, Monti.

**Esra.** Auch **Ezra:** attraktiv und ungewöhnlich. Aus dem Hebräischen. Bedeutung: Hilfe.

**Ethan.** Auch **Etan:** schlicht, einfach. Ein biblischer Name. Aus dem Hebräischen. Bedeutung: Stärke. 20./21. Jh.: Ethan Hawke ist ein junger amerikanischer Schauspieler, der auch als Drehbuchautor und Schriftsteller Erfolg hat.

**Etzel:** unkompliziert. Originell. Ursprünglich Kurzform von Azilo. Bezieht sich auf den Namen → Attila. Im Nibelungenlied heißt der Hunnenkönig Etzel. 19./20. Jh.: Ein Roman des deutschen Schriftstellers Jakob Wassermann hat den Titel »Etzel Andergast«.

**Eugen:** traditionell und zeitlos. Aus dem Griechischen. Bedeutung: der Wohlgeborene. 17./18. Jh.: Prinz Eugen von Savoyen schlug als erfolgreicher Feldherr das osmanische Heer vor den Toren Wiens und damit Europas in die Flucht. War auch ein begeisterter Sammler, Kunstmäzen und ein gewiefter Diplomat. 19./20. Jh.: Eugene O'Neill, bedeutender amerikanischer Dramatiker, schrieb mit viel Talent fürs Theater. In England: Eugene; in Frankreich: Eugène; in Griechenland: Evgenios; in Ungarn: Jenö.

**Eustach, Eustachius:** klassisch. Fern jeden Trends. Aus dem Griechischen. Bedeutung: der Fruchtbare. 1./2. Jh.: Der heilige Eustachius war ein beliebter römischer Heerführer. Er wollte der Legende nach während einer Jagd einen Hirsch erlegen. Als er den Bogen spannte, sah er zwischen dem Geweih ein Kruzifix und hörte die Stimme Jesu. Daraufhin ließ er sich taufen. Namenstag: 20. September. 11. Jh.: Eustach II., Graf von Boulogne, befehligte in der Schlacht bei Hastings einen Teil des normannischen Invasionsheeres, das England zu erobern versuchte. Die Normannen siegten schließlich. 18./19. Jh.: Johann Eustach Graf von Görtz war ein Politiker und Diplomat, der zuerst im Dienst König → Friedrich des Großen von Preußen stand, später bei seinem Nachfolger Friedrich Wilhelm II. In England: Eustace; in Frankreich: Eustache; in Italien: Eustachio.

**Evan:** leicht verständlich. Ansprechend. In Dänemark zu Hause. Hergeleitet von → Johannes. Aus dem Hebräischen. Bedeutung: Gott ist gnädig. In England: Ewen.

**Evangelist:** anspruchsvoll. Aus dem Griechischen. Bedeutung: eine frohe Botschaft verkünden. Im Griechenland von heute: Evangelos. 17./18. Jh.: Damals war der Name als Zweitname bekannt. 18. Jh.: Johann Evangelist Holzer malte wunderbare, lichte und lebensvolle Fresken im Rokokostil, noch heute in Kirchen wie der in Münsterschwarzbach zu bewundern. Abkürzungen: Evan, Evo.

**Evert.** Auch **Ewert:** bodenständig. Im Norden bekannte Variante von → Eberhard. Aus dem Althochdeutschen. Bedeutung: Eber und hart.

**Eylef, Eylev** oder **Eylif:** nordische Namen. Bedeutung: der ewig Lebende.

**Ezzo:** wohlklingend. Kurzform von Adolfo, der italienischen Variante von Adolf. Aus dem Althochdeutschen. Bedeutung: edel und Wolf.

## KOSENAMEN: MEHR ALS STREICHELEINHEITEN

Was treibt junge Eltern dazu, ihr geliebtes Kind mit einer Fülle von – aus Sicht anderer ziemlich albernen – Kosenamen zu umschmeicheln? Viele greifen auf allgemein gebräuchliche zurück wie etwa »Spätzchen« oder »Schäfchen«, wandeln diese Namen dann allerdings gerne noch ab und erfinden immer neue Endungen und Varianten wie etwa »mein Knuddelspätzchen« oder »mein Schmuseschäfchen«. Warum gibt es diese beliebten Spielchen mit Spitznamen? Ein möglicher Grund: Die besondere Vertrautheit zwischen Eltern und Kind, der Zusammenhalt gegen den Rest der Welt, soll durch einen speziellen Familiencode deutlich werden, und zu diesem Code zählen auch die oft recht infantilen Kosenamen. Ein weiterer Grund: Der richtige Name soll im Alltag nicht abgenutzt, sondern für besondere Gelegenheiten bewahrt werden – in vielen Fällen, um einer Aufforderung oder Ermahnung mehr Nachdruck zu verleihen.

**Fabian.** Auch **Fabius, Fabianus:** beliebter Klassiker mit Tradition. Aus dem Lateinischen. Hinweis auf ein römisches Geschlecht. 3. Jh. v. Chr.: Der kluge Stratege Fabius Maximus rettete Rom vor Hannibal. 3. Jh.: Papst Fabianus organisierte die Frühkirche, keine einfache Aufgabe in jener unruhigen Zeit. Starb als Märtyrer. Namenstag: 20. Januar. Abkürzungen: Abi, Bi, Bib, Bibby, Bibi, Ian, Jan.

**Fabien:** leicht, locker, eben französisch. Aus dem Lateinischen. Hinweis auf ein römisches Geschlecht.

**Fabio.** Auch **Fabiano:** fröhlich, munter. Nicht nur in Italien und Spanien populär. Verwandt mit → Fabian. Aus dem Lateinischen. Hinweis auf ein römisches Geschlecht.

**Fabre:** individuell. Aus dem Französischen. Bedeutung: der kleine Schmied. In Italien: Faroni.

**Fabricio, Fabrizio:** unbeschwerter als → Fabricius. Aus dem Lateinischen. Hinweis auf ein römisches Geschlecht. 20. Jh.: Der Schriftsteller Guiseppe Tomasi di Lampedusa machte durch seinen Roman »Der Leopard«, in dem Fürst Fabrizio Salina die Hauptrolle spielt, den Namen auch außerhalb Italiens bekannter. Abkürzungen: Fa, Fabio.

**Fabricius:** edel, zeitlos. Aus dem Lateinischen. Hinweis auf ein römisches Geschlecht. 3. Jh. v. Chr.: Konsul Gaius Fabricius Luscinus war ein römischer Staatsmann und Feldherr. Galt als rechtschaffen, tugendhaft und tapfer. In Frankreich: Fabrice. Abkürzungen: Fabio, Ric, Ricci.

**Falk, Falc.** Auch **Falko, Falco:** kurz, schlicht und einfach. Ein alter Name, der an die Zeit der Ritter und Falkner erinnert. Bedeutung: Falke. 6. Jh.: Falko, Bischof von Tondern, Maastricht, soll ein gelehrter Mann gewesen sein, ein Vorbild für seine Gemeinde. 20. Jh.: Falco, bürgerlich Johannes Hölzel, war ein charismatischer österreichischer Sänger. 20./21. Jh.: Falko Bindrich ist ein junger deutscher Großmeister im Schach.

**Farold, Farolt:** aus dem Althochdeutschen. Bedeutung: fahren und walten. Variante: Farald. Abkürzung: Faro.

**Faust, Faustus.** Auch **Faustinus:** aus dem Lateinischen. Bedeutung: der Glückliche. 4. Jh.: Faustus von Mileve war ein Kirchenmann und Gelehrter. 5./6. Jh.: Anicius Faustus Albinus Basilius war der letzte römische Konsul. Als der Ostgotenkönig Totila Rom eroberte, floh er mit anderen Aristokraten nach Konstantinopel. 16. Jh.: Vorbild für → Johann Wolfgang von Goethes Faust soll ein Mann gewesen sein, der durch die Lande zog, die Zukunft voraussagte, Possen riss und so viel Hokuspokus machte, dass die Leute sagten, er sei mit dem Teufel im Bunde. In Italien und Spanien: Faustino oder Fausto.

**Faustin:** individuell, selten. Verwandt mit → Faust. Aus dem Lateinischen. Bedeutung: der Glückliche.

**Federico, Federigo:** erinnert an Sonne und Süden. In Spanien und Italien übliche Ableger von → Friedrich. Aus dem Althochdeutschen. Bedeutung: Friede, mächtig, reich. 19./20. Jh.: Federigo Enriques, italienischer Mathematiker, Meister der algebraischen Geometrie. 20. Jh.: Federico Fellini zählt bis heute zu den bedeutendsten Filmregisseuren Italiens. Filme wie »La Strada« oder »Das Süße Leben« sind Klassiker geworden. Abkürzungen: Fedo, Fedu.

**Fedor, Feodor:** ansprechend. Besonders, aber nicht zu ausgefallen. In Deutschland übliche Kurzformen des russischen Namens → Fjodor, verwandt mit → Theodor. Aus dem Griechischen. Bedeutung: Geschenk von Gott. 19./20. Jh.: Fedor Alexis Flinzer, deutscher Autor, Pädagoge und Zeichner der Gründerjahre. Schuf vor allem Illustrationen für Kinder-, Jugend- und Bilderbücher.

**Felipe:** fröhlich, angenehm. In Spanien verbreitet. Verwandt mit → Philipp. Aus dem Griechischen. Bedeutung: Pferdefreund. Durch den spanischen Thronfolger Felipe, Prinz von Asturien, wieder weltweit ins Gespräch gekommen. Abkürzungen: Lippi, Lippo.

**Felix:** unkompliziert, charmant und seit langer Zeit äußerst beliebt. Ein biblischer Name. Aus dem Lateinischen. Bedeutung: der Glückliche. 3. Jh.: Felix von Nola, ein Priester und

Märtyrer wurde wegen seiner Gläubigkeit verehrt. Namenstag: 14. Januar. 5. Jh.: Papst Felix II., ein verheirateter Priester mit mehreren Kindern, trat für die Unabhängigkeit der Kirche vom Kaiser ein. 19. Jh.: Jakob Ludwig Felix Mendelssohn-Bartholdy war ein Komponist der Romantik. Entdeckte die Werke von → Johann Sebastian Bach wieder, der bis dahin dem breiten Publikum fast unbekannt war. So führte er mit großem Erfolg dessen Matthäuspassion auf. In Frankreich: Félicien, Félix; in Italien: Felice; in Russland: Feliks. Abkürzungen: Fedo, Lex, Lipp, Lix.

**Felizian, Felician:** edel, ansprechend. Verwandt mit → Felix. Aus dem Lateinischen. Bedeutung: der Glückliche. Abkürzungen: Fedo, Lex, Lipp, Lix, Zano.

**Ferdinand:** klassisch, passt immer. Jetzt wieder populärer. Aus dem Althochdeutschen. Bedeutung: Friede, gewagt, kühn. Ein Kaiser- und Königsname, vor allem bei den Habsburgern jahrhundertelang gefragt. 19./20. Jh.: Ferdinand von Richthofen, Forscher, Geograph und Weltreisender war vor allem an Amerika, Asien und China interessiert. Gab der »Seidenstraße« ihren Namen. Außerdem: Graf Ferdinand von Zeppelin, deutscher General und Flugpionier. Entwickelte den Zeppelin, ein voll funktionsfähiges Luftschiff. Nicht zu vergessen: Ferdinand Porsche, genialer Pionier unter den Autokonstrukteuren, wird noch heute bewundert für sein Können. Seine bekannteste Konstruktion war der VW Käfer. In Frankreich: Fernand. Ferrand; in Italien: Ferdinando, Ferrante, Ferranto, auch Fernando; in Spanien außerdem: Fernán, Fernández; in Ungarn: Nándor. Abkürzungen: Andi, Ando, Andy, Dino, Ferdi, Ferdie, Feri, Ferry, Nando, Nano, Nante.

**Ferenc:** originell. In Ungarn zu Hause. Verwandt mit → Franz. Bezieht sich auf den Heiligen Franz von Assisi.

**Fernandel:** Kosename aus Frankreich. Verwandt mit → Ferdinand. Aus dem Althochdeutschen. Bedeutung: Friede, gewagt, kühn. 20. Jh.: Fernandel, eigentlich Fernand Joseph Désiré Contandin, war ein französischer Schauspieler, Sänger und Komiker, bekannt durch seine Paraderolle des → Don Camillo in den gleichnamigen Filmen. Abkürzungen: Andi, Ando, Andy, Ferdi, Feri, Ferry, Nando.

**Ferry:** ursprünglich Kurzform von → Ferdinand. Aus dem Althochdeutschen. Bedeutung: Friede, gewagt, kühn.

**Fidelio:** aus Südeuropa. Hergeleitet von → Fidelius. Aus dem Lateinischen. Bedeutung: ehrlich, zuverlässig. 19. Jh.: »Fidelio«, die einzige Oper von → Ludwig van Beethoven, erinnert an diesen Namen. Wurde vom Komponisten selbst als Befreiungsoper gegen jede Form der politischen Unterdrückung bezeichnet und später besonders in Frankreich bejubelt. Abkürzungen: Fides, Fido, Lio.

**F**

**Fidelis, Fidelius:** ansprechend, selten. Aus dem Lateinischen. Bedeutung: ehrlich, zuverlässig. 16./17. Jh.: Der heilige Fidelis von Sigmaringen, Priester, Mönch und Missionar, geriet in Bauernkriegen zwischen die Fronten. Starb als Märtyrer. Namenstag: 24. April. Variante: Fidel. In Frankreich: Fidele. Abkürzungen: Fide, Fidel, Fidl, Fido, Fidus, Lios, Lius.

**Filibert, Filiberto:** angenehm. Verwandt mit → Philibert. Aus dem Althochdeutschen. Bedeutung: groß, glänzend. Wird auch als Variante von → Philipp begriffen. Aus dem Griechischen. Bedeutung: Pferdefreund. 19./20. Jh.: Der Italiener Rudolph Valentino, eigentlich Rodolfo Alfonso Raffaello Piero Filiberto Guglielmi di Valentina, war ein eindrucksvoller Tänzer, vor allem jedoch großer Stummfilmstar und Latin Lover in den Anfangszeiten von Hollywood. Ließ Frauenherzen höher schlagen. In Italien: Filiberto. Abkürzungen: Bert, Fil, Fili, Fill, Filli, Fily.

**Filip, Filipp:** in etlichen Ländern Europas übliche Form von → Philipp. Aus dem Griechischen. Bedeutung: Pferdefreund. Abkürzungen: Fili, Fill, Filli, Fily, Lippo.

**Filippo:** in Italien übliche Form von → Philipp. Aus dem Griechischen. Bedeutung: Pferdefreund. 14./15. Jh.: Filippo Brunelleschi war ein berühmter Architekt und Bildhauer der Frührenaissance. Sein Hauptwerk ist die Kuppel des Doms Santa Maria del Fiore in Florenz. Außerdem erfand er Maschinen und Apparate, die die Bauarbeiten erleichterten. 15. Jh.: Fra Filippo Tommaso Lippi – auch Fra Lippo Lippi genannt – arbeitete als Maler mit eigener Werkstatt in Florenz. War stark von Brunelleschi beeinflusst. Kosename: Filippino. Abkürzungen: Fil, Fili, Fill, Filli, Filly, Filko, Fily, Lippo, Pippo.

**Finley:** frisch, lässig. Aus dem Keltischen. Bedeutung: der Blonde, Helle. Abkürzungen: Finn, Lenny.

**Finn, Fynn:** licht, luftig, unkompliziert. Seit Jahren sehr beliebt. Verschiedene Wurzeln: Einmal aus dem Nordischen. Bedeutung: der aus Finnland. Dann aus dem Keltischen. Bedeutung: der Blonde, Helle.

**Fiore:** aus Italien. Verwandt mit → Florus. Aus dem Lateinischen. Bedeutung: der Blühende. Auch: Fiorello, Fiorenzo.

**Fiorenzo:** aus Italien. Verwandt mit → Florus. Aus dem Lateinischen. Bedeutung: Blume. Abkürzungen: Fio, Fiore, Renzo.

**Fjodor:** im Osten Europas üblicher als im Westen. Verwandt mit → Theodor. Aus dem Griechischen. Bedeutung: Geschenk von Gott. 19. Jh.: Fjodor Dostojewski war einer der größten russischen Schriftsteller, seine Werke zählen zur Weltliteratur.

**Flavio:** munter, fröhlich. Aus Italien. Hergeleitet vom edlen, klassischen Namen Flavius. Aus dem Lateinischen. Bezieht sich auf die römische Familie der Flavier, die mehrere Kaiser stellte. 1. Jh.: Der letzte Kaiser aus dieser Familie war Titus Flavius Domitianus. Wollte Ordnung in Rom schaffen und machte sich dabei viele Feinde. Abkürzungen: Fio, Flo, Lio.

**Florens, Florenz:** liebenswürdig, individuell. Hergeleitet von Florentius. Aus dem Lateinischen. Bedeutung: blühend. 2./3. Jh.: Quintus Septimus Florens Tertullianus, begabter Kirchenschriftsteller und lateinischer Theologe, erregte viel Aufmerksamkeit durch seine kritische Haltung der frühkatholischen Großkirche gegenüber. 18./19. Jh.: Ernst Florens Friedrich Chladni war ein Physiker, der die experimentelle Akustik begründete. Entdeckte die nach ihm benannten Klangfiguren. Außerdem betrieb er Meteoritenforschung. Erkannte als erster, dass die auf der Erde gefundenen Meteoriten aus dem Weltraum stammen. Abkürzungen: Flo, Flori, Flory, Renz, Renzo, Rezzo.

**Florent:** in Frankreich gefragt. Verwandt mit → Florens. Aus dem Lateinischen. Bedeutung: blühend.

**Florentin, Florentinus:** hergeleitet von Florentius. Aus dem Lateinischen. Bedeutung: blühend.

**Florestan:** romantisch. Wahrscheinlich aus Frankreich stammende Form von → Florens. Aus dem Lateinischen. Bedeutung: blühend. 19. Jh.: Berühmt geworden ist der Florestan aus der Oper »Fidelio«, die einzige, die → Ludwig van Beethoven schrieb.

**Florian, Florianus:** Klassiker. Immer passend und seit jeher sehr beliebt. Aus dem Lateinischen. Bedeutung: der Blühende. 2. Jh.: Marcus Annius Florianus ernannte sich selbst zum römischen Kaiser. Wurdc von seinem Gegner Marcus Aurelius Probus bald wieder entthront. 4. Jh.: Der heilige Florian wird als Schutzheiliger bei Feuergefahr verehrt. Namenstag: 4. Mai. 20./21. Jh.: Florian Graf Henckel von Donnersmarck, Filmregisseur, Drehbuchautor, Produzent, ist ein junger, schon gefeierter Oscargewinner. Variante des Namens: Flurin. In Griechenland: Floros. Abkürzungen: Flo, Flori, Florie, Florry, Flory, Linus.

**Florindo:** verwandt mit Florentius. Aus dem Lateinischen. Bedeutung: blühend. 18. Jh.: → Georg Friedrich Händel komponierte eine Oper von solchem Umfang, dass er zwei Werke daraus machte: »Daphne« und »Florindo«. Beide Opern gelten als verschollen. Jahrzehnte später: → Carlo Goldoni schrieb sein Theaterstück »Der Diener zweier Herren«. Darin spielt ein Florindo eine entscheidende Rolle. Variante: Florin. Abkürzungen: Flo, Rindo, Rino.

**Floris:** schlicht, wirkungsvoll. Verwandt mit → Florus. Aus dem Lateinischen. Bedeutung: der Blühende. 16. Jh.: Der Architekt und Bildhauer Cornelis Floris de Vriendt aus Antwerpen hinterließ hervorragende Bauwerke, die wir heute noch bewundern. Abkürzungen: Fio, Flo.

**Florus:** edel. Aus dem Lateinischen. Bedeutung: der Blühende.

**Folker:** aus dem Althochdeutschen. Bedeutung: Volk, Heer. In Friesland: Folko. → Volker.

**Fortunat:** ungewöhnlich. Individuell. Aus dem Lateinischen. Bedeutung: beglückt. 16. Jh.: Markgraf Eduard Fortunat von Baden machte Schulden in Fülle. Um Geld aufzutreiben, versuchte er sich in Alchemie und Falschmünzerei. In England: Fortune; in Frankreich: Fortuné; in Italien: Fortunio. Abkürzungen: Natus, Nuno, Unno.

**Francesco:** warm, angenehm wie die Sonne. Aus dem Italienischen. Bedeutung: der Französische. 14. Jh.: Francesco

Petrarca, Dichter, Geschichtsschreiber und Humanist. Ein Zitat von ihm: »Es ist ein großer Unterschied, ob ich etwas weiß, oder ob ich es liebe, ob ich es verstehe oder ob ich nach ihm strebe!« 20./21. Jh.: Francesco Caroli, Artist und Clown aus Italien, trat in allen großen Zirkusmanegen und manchmal auch im Film auf. War mit → Charlie Chaplin befreundet. Abkürzungen: Esco, Fran, Franco, Franjo.

**Francis:** lässig. In England aktuell. Verwandt mit → Francesco. Bedeutung: der Französische. 19. Jh.: Das englische Allroundtalent, Sir Richard Francis Burton, Konsul, Weltreisender, Orientalist, beherrschte etliche orientalische Sprachen. Führte ein aufregendes Leben: Reiste verkleidet nach Mekka – an einen für Christen verbotenen Ort, – übersetzte »Tausendundeine Nacht« und entdeckte den Tanganjikasee in Afrika. Abkürzungen: Cisko, Ciso, Cris, Fran, Franco.

**Frank, Franck:** einfache Schreibweise, klar und deutlich. Wahrscheinlich Ortsbezeichnung aus Franken. Vielleicht auch Hinweis auf von Steuern befreite Bauern, die im Spätmittelalter als »frank und frei« bezeichnet wurden. Für andere eine Kurzform von → Franziskus. 19./20. Jh.: Franklin Delano Roosevelt war der einzige amerikanische Präsident mit drei Amtszeiten. Führte vor dem zweiten Weltkrieg unter dem Schlagwort »New Deal« einschneidende Wirtschaftsreformen durch. Arbeitete noch in den Kriegsjahren an einer gerechten Nachkriegsordnung und trieb die Gründung der Vereinten Nationen voran. 20. Jh.: Frank Wedekind, eigentlich Benjamin Franklin, gründete die satirische Zeitschrift »Simplicissimus« mit. Auch mit seinen Theaterstücken provozierte er. Aus ganz anderem Holz: Der Schauspieler, Entertainer und Sänger Frank Sinatra, der sich mit seinen Liedern weltweit in die Herzen sang. Seine außergewöhnliche Stimme brachte ihm den Beinamen »The Voice« ein. Eine Variante: Franko. In Italien: Franco; in England: Franklin; in Spanien: Francisco.

**Franz:** knapp, eingängig. Überall verständlich. Deutsche Fassung von → Francesco. Aus dem Italienischen. Bedeutung: der Französische. 12./13. Jh.: Franz von Assisi wollte so glaubwürdig leben wie Jesus gelebt hatte. Gründete zusammen mit anderen den Franziskanerorden. Namenstag: 4. Oktober. 18./19. Jh.: Franz Schubert versuchte als Komponist Fuß zu fassen. Leider wurden seine Kompositionen erst nach seinem Tod wirklich geschätzt. 19. Jh.: Franz Liszt erregte dank seiner Virtuosität auf dem Klavier und als Komponist Aufsehen. War außerdem der Vater von Cosima, der späteren Ehefrau von → Richard Wagner. 19./20. Jh.: Franz Kafka, Jurist, Schriftsteller, regte mit Büchern wie »Der Prozess« oder »Das Schloss« seine Leser zum Nachdenken an. Ein Zitat von ihm: »Verbringe die Zeit nicht mit der Suche nach einem Hindernis – vielleicht ist keines da.« In Frankreich: Francois; in Osteuropa: Francisk, Franciszek, Franek, Frantek; in den Niederlanden und in Schweden: Frans; in Dänemark: Frants. Kosenamen: Cecco, Cisco, Cisko, Fran, Franc, Franco, Franjo, Frank, Paco, Pako, Pancho, Zisko. → Ferenc.

**Franziskus.** Auch **Franciscus:** Klassiker. Verwandt mit → Francesco. Aus dem Italienischen. Bedeutung: der Französische. In Südeuropa: Francisco.

**Fred.** Auch **Fredy** oder **Fredo:** Kurzformen von Namen wie etwa Frederich, → Alfred oder → Manfred.

**Frédéric:** französische Form von → Friederich. Aus dem Althochdeutschen. Bedeutung: Friede, Herrschaft, mächtig, reich. Abkürzungen: Fred, Freddy, Fredo, Rico.

**Frederick, Frederik.** Auch **Frederic:** im Norden und in England geschätzte Formen von → Friederich. Aus dem Althochdeutschen. Bedeutung: Friede, Herrschaft, mächtig, reich. Weitere Formen: Frederich, Fredrich, Fredrik, Frerich. Abkürzungen: Ferk, Fredo, Rick, Ricky.

**Frederico:** im Süden übliche Form von → Friedrich. Aus dem Althochdeutschen. Bedeutung: Friede, Herrschaft, mächtig, reich. Abkürzungen: Fred, Freddy, Fredo, Rico.

**Frido, Friddo:** angenehm. Passt immer und überall. Kurzform von → Friedrich. Aus dem Althochdeutschen. Bedeutung: Friede, Herrschaft, mächtig, reich. Auch Friedo.

**Fridolin.** Auch **Friedolin:** beschwingt, heiter, beliebt. Kurzform → Friedrich. Aus dem Althochdeutschen. Bedeutung: Friede, Herrschaft, mächtig, reich. 5./6. Jh.: Dem Missionar Fridolin von Säckingen soll der Legende nach im Traum eine Insel erschienen sein. Auf der Suche nach diesem »Paradies« kam er an den Rhein, wo er predigte und vielerorts Kirchen errichten ließ. Namenstag: 6. März. Abkürzungen: Frid, Fridl, Frido, Friddi, Frits, Fritz, Lino.

**Fridtjof.** Auch Frithjof: aus dem Nordischen. Bedeutung: Friede und wahrscheinlich Fürst. 19./20. Jh.: Die Lebensgeschichte von Fridtjof Nansen, Zoologe, Polarforscher und Staatsmann aus Norwegen, liest sich wie ein Abenteuerroman. Lief auf Skiern durch Grönland und legte dabei in zwei Monaten über 500 km zurück. Machte sich später mit Hundeschlitten und Kajak zum Nordpol auf. Musste auf dem Rückweg unter primitivsten Bedingungen auf einer Inselgruppe im Nordpolarmeer überwintern. Nach dem ersten Weltkrieg leitete er bei der ersten Zusammenkunft des Völkerbundes die norwegische Delegation und wurde im selben Jahr Hochkommissar des Völkerbunds für Flüchtlingsfragen.

## EINE RECHNUNG MIT VIELEN UNBEKANNTEN

Immer mehr Eltern meinen, der Vorname ihres Kindes solle weltweit ankommen, beispielsweise auch in Australien oder China verständlich sein. Deshalb haben einfache, kurze Namen wie etwa Bill oder Tom bei ihnen mehr Chancen. Traditionelle wie beispielsweise Sebald oder Bartholomäus dagegen sind aus dem Rennen. Andere knüpfen bewusst wieder an Traditionen an und greifen deshalb extra auf alte Namen zurück (Seite 129). Eine dritte Gruppe sucht nach dem einmaligen, ganz besonderen, noch nie da gewesenen Namen. Eins ist gewiss: Weil Vornamen Moden unterworfen sind und Moden schnell und häufig wechseln, gleicht die Suche nach einem geeigneten Vornamen oft einem Schachspiel mit tausend Möglichkeiten und Unbekannten. Weil dieses Spiel wiederum etlichen Namenssuchern zu anstrengend ist, bleiben diese lieber bei Namen wie Alexander oder Maximilian, die seit Jahren weit oben in den Hitlisten zu finden sind. Wer auf sie setzt, fühlt sich auf der sicheren Seite – jedenfalls in unseren Breitengraden.

Bekam für seine unermüdlichen Arbeiten in der Flüchtlingshilfe schließlich den Friedensnobelpreis verliehen. Abkürzungen: Frid, Jof.

**Fried, Frid:** prägnant. Überall verständlich. Kurzformen von Namen mit der Anfangssilbe »Fried«, wie etwa Friedhelm, Friedenand. Alle »Fried«-Namen stammen aus dem Althochdeutschen. Bedeutung: Frieden.

**Friedel, Fridel:** Kurzformen von männlichen Namen mit der Anfangssilbe »Fried«, wie etwa Friedhelm, Friedenand. Aus dem Althochdeutschen. Bedeutung: Frieden.

**Friedemann, Friedmann:** sympathisch. Aus dem Althochdeutschen. Bedeutung: Friede und Mann. 18. Jh.: Wilhelm Friedemann Bach, ältester Sohn von → Johann Sebastian Bach und der begabteste, sagen Kenner. Musste seinen Lebensunterhalt durch Kompositionen, Konzerte und Unterricht verdienen, was ihm nur mit großer Mühe gelang. Abkürzungen: Fried, Friedel, Frieder, Mannu, Manu.

**Friedenand:** ein alter Name. Verwandt mit → Ferdinand. Aus dem Althochdeutschen. Bedeutung: Friede, Schutz und mutig, kühn. Abkürzungen: Fried, Friedel, Frieder.

**Frieder, Frider:** ansprechend, unkompliziert. Kurzformen von Namen mit der Anfangssilbe »Fried«, wie etwa Friedhelm, Friedenand. Alle »Fried«-Namen stammen aus dem Althochdeutschen. Bedeutung: Friede. 19. Jh.: Ein Märchen der Brüder Grimm heißt »Frieder und das Katherlieschen«. 20./21. Jh.: Frieder Bernius, ein erfolgreicher Dirigent, gewann wichtige Musikpreise. Außerdem: Die deutsche Autorin Gudrun Mebs hat mit ihren Büchern von Frieder und seiner Oma Klassiker der Kinderliteratur geschrieben. »Oma! Schreit der Frieder« wird besonders von Kindergartenkindern geliebt.

**Friedger:** ein alter Name, fast vergessen. Passt überall. Aus dem Althochdeutschen. Bedeutung: Friede, Speer. Eine weiter Form: Fridiger. Abkürzungen: Fried, Friedo.

**Friedrich.** Auch **Friederich:** ein Klassiker. Mal mehr, mal weniger im Gespräch, aber immer präsent. Aus dem Althochdeutschen: Bedeutung: Friede, Herrschaft, mächtig, reich. Die Reihe berühmter Friedrichs ist lang. 12. Jh.: Friedrich I., römisch-deutscher Kaiser. Wegen seines roten Bartes Barbarossa genannt. 13. Jh.: Friedrich II., römisch-deutscher Kaiser, wird als hochintelligent beschrieben, fortschrittlich in seinem Denken. 18./19. Jh.: Friedrich Schiller, neben → Johann Wolfgang von Goethe der bedeutendste deutsche Dichter und Denker der Weimarer Klassik. Seine Werke werden noch heute gelesen und aufgeführt. Berühmt sind vor allem seine Balladen. Wer kennt sie nicht noch aus der eigenen Schulzeit – »Die Kraniche des Ibykus« oder »Die Bürgschaft«? Ein großer deutscher Lyriker, der heute noch gelesen wird: Friedrich Hölderlin. Eine weitere Namensform: Fridericus. In Polen: Fryderyk. Abkürzungen: Brisko (aus Russland), Ferry, Frek, Frerk, Friddo, Frido, Fried, Friede, Riek, Rik, Rix. Siehe Fritz. → Frédéric, → Frederic, → Frederico.

**Friso.** Auch **Frieso:** unaufdringlich, angenehm. Leicht verständlich. Anpassungsfähig. Ein alter Name, vor allem bei den Niederländern beliebt. Aus dem Althochdeutschen. Soll sich auf die Friesen beziehen. Ein Sohn von Königin Beatrix der Niederlande heißt mit zweitem Namen Friso.

**Fritz:** einfach, klar, schnörkellos und wieder gefragt. Kurzform von → Friedrich. Aus dem Althochdeutschen. Bedeutung: Friede, Herrschaft, mächtig, reich. 18. Jh.: Friedrich der Große, König von Preußen, genannt der »Alte Fritz«, war machtbewusst und oft unwirsch, aber auch gebildet und hochmusikalisch. Unter seiner Ägide wurde Preußen groß und stark. Bemühte sich um Offenheit und Toleranz. Ein Wahlspruch von ihm: »Jeder soll nach seiner Facon glücklich werden!« Ein anderer: »Ich bin der erste Diener meines Staates!« 20./21. Jh.: Fritz Walter war einer der weltweit besten Fußballer. Im Niederländischen: Frits.

**Frowin.** Auch **Frohwin:** fröhlich, unbeschwert, ein alter Name. Aus dem Althochdeutschen. Bedeutung: froh.

**Fulbert:** ein Name mit langer Geschichte. Wahrscheinlich verwandt mit Volkbert. Aus dem Althochdeutschen. Bedeutung: Volk, glänzend. 11. Jh.: In jener Zeit hieß der Bischof von Chartres Fulbert. Auf ihn geht der Bau der Kathedrale zurück. Abkürzung: Bert

**Fulvio, Fluvius:** in Italien üblicher. Aus dem Lateinischen. Bedeutung: der Rotgelbe.

**Gabor:** nicht alltäglich. Aus Ungarn. Verwandt mit → Gabriel. Aus dem Hebräischen. Bedeutung: Mann Gottes.

**Gabriel:** beliebt. Ein biblischer Name. Aus dem Hebräischen. Bedeutung: Mann Gottes. Andere Deutung: Gott zeigt sich stark. Der Erzengel Gabriel kommt als Gottes Bote mit dem Auftrag auf die Erde, Maria die Geburt des Gottessohnes zu verkünden. Namenstag: 29. September. 18. Jh.: Honoré Gabriel Victor de Riqueti, Marquis de Mirabeau, war ein Freigeist, der ein Wanderleben führte. Engagierte sich für die französische Revolution, ließ sich aber gleichzeitig vom König bezahlen. Später wurde er trotzdem zum Präsidenten der Nationalversammlung gewählt. 20./21. Jh.: Der kolumbianische Schriftsteller, Nobelpreisträger und Journalist Gabriel José Garcia Márquez engagiert sich auch politisch für seine Heimat Südamerika. In Italien: Gabriele, Gabriello, Gabrio; in Russland: Gavriil, Gawriil. Abkürzung: Gabo.

**Gaetan, Gaetano:** originell. Verwandt mit → Kajetan. Aus dem Lateinischen. Bedeutung: der aus Gaeta (in Italien). 18./19. Jh.: Der italienische Komponist Gaetano Donizetti wird bis heute gefeiert. Seine Opern »Lucia di Lammermoor« und »Don Pasquale« werden regelmäßig in allen Opernhäusern der Welt aufgeführt. Abkürzungen: Gajo, Tanno, Tano.

**Gaius, Gajus:** römischer Vorname. Bei uns selten. Aus dem Lateinischen. Mal mit G, mal mit C geschrieben. Verwandt mit → Caius, Cajus. Bedeutung ungeklärt.

**Gallus:** individuell. Aus dem Lateinischen. Bedeutung: der Gallier. 3. Jh.: Gallus Quintus Bonosus war ein früher Kosmopolit: Seine Mutter stammte aus Gallien, der Vater aus England, er selbst wurde in Spanien geboren. Machte sich selbst zum römischen Kaiser. Scheiterte schließlich an seinem Gegner, dem rechtmäßigen Herrscher Marcus Aurelius Probus. In Italien: Gallo.

**Gandolf, Gandolph.** Auch Gandulf: erinnert an alte Sagen. Aus dem Isländischen. Bedeutung: Werwolf, Wolf. 17. Jh.: In Salzburg hatte Erzbischof Maximilian Gandolph Graf von Kuenburg damals das Sagen. Unterstützte die Wiener während der Belagerung durch die Türken. Abkürzungen: Dolf, Gaddo, Gadi, Gado, Gard, Gary.

**Gard:** schlicht und einfach. Im hohen Norden bekannter. Hergeleitet von → Gerhard. Aus dem Althochdeutschen. Bedeutung: Speer, hart.

**Garett, Garrett:** vor allem in den USA bekannt. Verwandt mit → Gerhard. Aus dem Althochdeutschen. Bedeutung: Speer, hart. Abkürzungen: Garry, Gary.

**Garlef** oder **Garrelf:** alte Namen. Abgeleitet von Gerleib. Aus dem Althochdeutschen. Bedeutung: Speer, Nachlass. Abkürzungen: Gale, Lef, Lev.

**Garnett:** selten. Aus dem Altenglischen. Bedeutung: der Speerbewaffnete. Abkürzungen: Garry, Gary, Ned.

**Garrit:** erinnert an Meer und Küste. Verwandt mit → Gerhard. Aus dem Althochdeutschen. Bedeutung: Speer, hart. Andere Form: Garriet. Abkürzungen: Garry, Gary.

**Garwin:** alt, aber nicht altmodisch. Verwandt mit Gerwin. Aus dem Althochdeutschen. Bedeutung: Speer, Freund.

**Gary:** Kurzform von Namen wie → Garett und → Garrit. 20. Jh.: Bekannt geworden durch den amerikanischen Filmschauspieler Gary Cooper, der ein großer Hollywoodstar und dreifacher Oscargewinner war.

**Gaspar, Gaspare, Gaspard:** ungewöhnlich in unseren Breiten. Eher in Frankreich publik. Verwandt mit → Caspar. Persischen Ursprungs. Bedeutung: Schatzmeister. 18./19. Jh.: Gaspard Gustave de Coriolis war ein französischer Mathematiker und Physiker – so bedeutend, dass sein Name auf dem Eiffelturm in Paris verewigt wurde. In Italien: Gasparo. Abkürzungen: Gary, Paco.

**Gaston:** ein französischer Name. Bezieht sich wahrscheinlich auf einen flämischen Heiligen. 11. Jh.: Der Kreuzritter Gaston IV. von Béarn le Croisé nahm am 1. Kreuzzug teil und betrat nach dem Fall von Jerusalem als erster die Stadt. Setzte auf Verhandlungen statt auf Massaker. Baute später etliche Kirchen entlang des Jakobswegs. 19./20. Jh.: Der Franzose Gaston Maurice Julia war ein großer Mathematiker. In England: Foster. Abkürzung: Gap, Toni, Tony.

**Gaudenz:** schnörkellos. Ein alter Schweizer Name. Aus dem Lateinischen. Bedeutung: fröhlich sein. 18./19. Jh.: Johann Gaudenz von Salis-Seewis, Schweizer Dichter. Besuchte die Geistesgrößen seiner Zeit. War ein Günstling der französischen Königin Marie-Antoinette. Wegen seiner Empfindsamkeit wurde er von Dichterkollegen »Die Bündner Nachtigall« genannt. Abkürzungen: Dedo, Deno, Gaddo, Galdo.

**Gavin:** lässig. International. Früher vor allem in Irland ein Begriff. Aus dem Gälischen. Bedeutung: umstritten. Lange nur in Schottland üblich. Abkürzungen: Fin, Finn.

**Gaynor.** Auch **Gainer, Gainor:** alte irische Namen. Aus dem Gälischen. Bedeutung: Sohn des Blonden. Abkürzungen: Gail, Gary.

**Gebhard, Gebhardt:** früher häufig, heute selten. Aus dem Althochdeutschen. Bedeutung: Gabe, hart, stark. 18./19. Jh.: Gebhardt Leberecht von Blücher, Fürst von Wahlstadt, war als preußischer Generalfeldmarschall siegreich am Krieg gegen Napoleon beteiligt. Bekam schon zu Lebzeiten ein Denkmal, was eine Seltenheit ist! In Friesland: Gebbert. Abkürzungen: Gebbo, Gebo, Hardy, Hartl, Jerry.

**Gedeon:** individuell. Verwandt mit → Gidion. Ein biblischer Name. Aus dem Hebräischen. Bedeutung: ungewiss.

**Geoffrey:** in England recht häufig. Wohl hergeleitet von → Gottfried. Aus dem Althochdeutschen. Bedeutung: Gott und Friede. 14. Jh.: Geoffrey Chaucer, englischer Schriftsteller, schrieb in der Volkssprache. Damals sehr ungewöhnlich. 20./21. Jh.: Der Australier Geoffrey Rush macht sich als Charakterdarsteller und Oscargewinner in Hollywood einen Namen. Abkürzungen: Fred, Frey.

**Georg:** ein Klassiker. Seit Jahrhunderten immer aktuell. Passt überall. Aus dem Griechischen. Bedeutung: Landmann. 17./18. Jh.: Georg Friedrich Händel, Komponist von Opern, Oratorien, Vokal- und Instrumentalmusik, lebte weitgehend in London. Seine Musik wird heute noch geliebt. 19. Jh.: Georg Büchner, Schriftsteller, Naturwissenschaftler und Revolutionär, setzte sich für politische Freiheit ein. Wollte mit seinen Werken wachrütteln. Wurde von der Polizei verfolgt und floh ins Ausland, wo er sehr jung starb. In Frankreich: Georges; in Italien: Georgio, Giogio; in Spanien: Jorge; in Griechenland: Georgios, Giorgios; in Schweden: Göran, Jöran, Jorrit; in den Niederlanden: Geo. Kosenamen: Georgy, Gorch, Gorg, Göris, Görres, Görg, Görs, Gero, Gregg, Grigl, Jooris, Joris, Schoos, Schorsch.

**George:** aus England und Amerika. Verwandt mit → Georg. Aus dem Griechischen. Bedeutung: Landmann. 18. Jh.: George Washington kämpfte für die Unabhängigkeit der Vereinigten Staaten, war nach dem Sieg der erste Präsident der USA und gilt als eine der bedeutendsten Gestalten in der amerikanischen Geschichte. 20./21. Jh.: George Clooney, smarter Hollywood-Schauspieler, der sich auch politisch, vor allem gegen Krieg, engagiert.

**Gerald.** Auch **Gerold:** norddeutsche Namen. Aus dem Althochdeutschen. Bedeutung: Speer, walten. 10. Jh.: Gerald, Bischof von Ostia, war ein katholischer Heiliger. Namenstag: 7. Dezember. In Frankreich: Géraud, Giraud; in Italien: Giraldo. Abkürzungen: Aldo, Geddo, Geri, Gero, Jerry.

**Gerard:** schon etwas moderner als der verwandte Name → Gerhard. Aus dem Althochdeutschen. Bedeutung: Speer, hart. 20./21. Jh.: Der Schauspieler Gérard Depardieu zählt zu den ganz Großen in Frankreich. Abkürzungen: Gerd, Gero, Gerry, Gery; in Frankreich: Gérard.

**Gerbert:** weniger bekannt. Aus dem Althochdeutschen. Bedeutung: Speer, glänzend. 10./11. Jh.: Silvester II., bürgerlich Gerbert von Reims, war nicht nur Abt, Erzbischof und später erster französischer Papst, sondern auch Mathematiker. Im Niederdeutschen: Garbert, Gerbit. Abkürzungen: Gero, Gerry, Naldo.

**Gerd, Gert:** heute ziemlich aus der Mode gekommen. Norddeutsche Namen. Kurzformen von → Gerhard. Aus dem Althochdeutschen. Bedeutung: Speer, hart. Weitere Formen: Geerd, Geert. 20./21. Jh.: Gerd Müller war früher ein Weltklasse-Fußballspieler, Spitzname »der Bomber«. Seine Tricks und Traumpässe sind Legende. Kosename: Gerry.

**Gerhard, Gerhart:** heute fast vergessen. Aus dem Althochdeutschen. Bedeutung: Speer, hart. 18./19. Jh.: Gerhard Johann David von Scharnhorst reformierte das preußische Militär. Sorgte unter anderem dafür, dass die Prügelstrafe abgeschafft wurde. 19./20. Jh.: Der Schriftsteller Gerhart Hauptmann gilt als bedeutendster Vertreter des Naturalismus. Erhielt 1912 den Nobelpreis für Literatur. In Italien: Gherardo, Galdo, Galdino; in Spanien und Italien: Gerardo, Gaddo; in den Niederlanden: Gaard, Gevaart, Gevaert, Gevert, Gerardus; in Ungarn: Gellért. Abkürzungen: Gaddo, Galdo, Garrit, Gellert, Gerit, Gerke, Gerko, Gero, Hardy, Harry, Jerrit, Jerry.

**German:** traditionell. Aus dem Lateinischen. Bedeutung: der Germane. 5. Jh.: Der heilige German war ein Rechtsgelehrter, der erst spät zum christlichen Glauben kam. Wurde zunächst Priester, dann Bischof von Auxerre. Schenkte sein ganzes Geld der Gemeinde. Namenstag: 31. Juli. Eine Variante: Germanus. In England: Jerman, Jermyn; in Frankreich: Germain; in Italien: Germano; in Russland: Gera. Abkürzungen: Garry, Gary, Gero, Gerry, Gery, Mano.

**Germar:** selten. Aus dem Althochdeutschen. Bedeutung: Speer, berühmt. Variante: Germo. Abkürzungen: Gero, Gerry.

**Gernot:** traditionell. Aus dem Althochdeutschen. Bedeutung: Speer, Gefahr. Ein sehr alter Name, denn ein Gernot spielt schon in dem vor mehr als tausend Jahren entstandenen Heldenepos »Das Nibelungenlied« eine Rolle.

**Gero:** angenehmer Zweiklang. Modernere Kurzform von alten Namen wie etwa → Gerhart, Gerfried, Gerlach. Aus dem Althochdeutschen. Die Silbe »Ger« bedeutet: Speer. 10. Jh.: Der heilige Gero war Erzbischof von Köln. Namenstag: 28. Juni.

**Gerold:** früher nicht ungewöhnlich, heute selten. Abgeleitet von Gerwald. Aus dem Althochdeutschen. Bedeutung: Speer, herrschen. 12. Jh.: Gerold von Oldenburg/Lübeck war Bischof in Holstein. Verstand sich gut mit Heinrich dem Löwen, weniger gut mit den Holsteinern. Variante: Gerhold. Abkürzungen: Gero, Gerry, Ollie, Olly.

**Gerrik:** wie ein frischer Nordwind. In den Niederlanden und Friesland aktueller. Aus dem Althochdeutschen. Bedeutung: Speer, mächtig, reich. Weitere Form: Gerrich. Abkürzungen: Gero, Gerry, Rick, Riko.

**Gerrit:** aus Friesland. Verwandt mit → Gerhard. Aus dem Althochdeutschen. Bedeutung: Speer, hart. Weitere Formen: Gerit, Gerret, Gerriet. Abkürzungen: Gero, Gerry.

**Gerson:** ein alter Name, der neu klingt. Verwandt mit Gerschon. Bezieht sich auf eine biblische Figur.

**Gervas.** Auch **Gervasius:** schnörkellos. Aus dem Althochdeutschen. Bedeutung: Speer, heranwachsen. Andere Deutung: Speerknecht. 3. Jh.: Der Märtyrer Gervasius war ein bedeutender Heiliger. Namenstag: 19. Juni. In Frankreich: Gervase, auch Gervais; in England: Jervis; in Italien: Gervasio. Abkürzungen: Gerrit, Gerry, Gery.

**Gerwig:** aus dem Althochdeutschen. Bedeutung: Speer und Kampf. 16. Jh.: Während der Reformation war Gerwig Blarer von Giersberg, Abt der Klöster Weingarten und Ochsenhausen, in wichtigen geheimnisvollen Missionen als kaiserlicher Rat für Kaiser Karl V. unterwegs. Abkürzungen: Gerry, Wig, Wiggo, Wigo.

**Gerwin.** Auch **Gervin:** heute wenig aktuell. Aus dem Althochdeutschen. Bedeutung: Speer, Freund. 15. Jh.: Gerwin van Langenburg leitete die Bauarbeiten am Dom in Wesel. Abkürzungen: Gerry, Win, Winn.

**Geza, Géza:** vor allem in Ungarn gefragt. Ursprünglich ein aus dem Türkischen übernommener Ehrentitel für ungarische Herrscher. 20./21. Jh.: Der amerikanische Schauspieler Benjamin Geza Affleck, besser bekannt als Ben Affleck, gehört zu den Top-Schauspielern Hollywoods.

**Ghislain.** Auch **Gislain:** nicht alltäglich. Aus dem Französischen. 7. Jh.: Der Name bezieht sich auf den heiligen Gislenus, der hochverehrt von seinen Schülern in einem belgischen Kloster lehrte. Namenstag: 8. Oktober.

**Giacomo:** in Italien bekannter. Verwandt mit → Jakob. Aus dem Hebräischen. Bedeutung: der Fersenhalter. 19./20. Jh.: Der Italiener Giacomo Puccini war ein bedeutender Komponist der Spätromantik, der Musikliebhaber noch heute begeistert. Seine Opern wie »La Bohème«, »Manon Lescaut« oder »Turandot« gehören zum Standardrepertoire der großen Opernhäuser. Abkürzung: Como.

**Gian:** kommt aus dem Süden und klingt auch danach. Kurzform von → Giovanni, verwandt mit → Johannes. Aus dem Hebräischen. Bedeutung: Gott ist gnädig.

**Gianni:** luftig, leicht. Ein Name, der gute Laune macht. Beliebt in Italien. Verwandt mit → Johannes. Aus dem Hebräischen. Bedeutung: Gott ist gnädig.

**Gideon.** Auch **Gidon:** besonders, aber nicht abgehoben. Ein biblischer Name. Aus dem Hebräischen. Bedeutung wahrscheinlich: fällen. 18./19. Jh.: Gideon Algeron Mantell war ein englischer Arzt und leidenschaftlicher Forscher, der Fossilien sammelte und interpretierte. Entdeckte mehrere Arten von Sauriern. Musste sich gegen Zweifler und Konkurrenten zur Wehr setzen. Abkürzungen: Gido, Gy, Ono.

**Gil:** kurz und bündig. Passt überall. Kurzform von Ägilius/ → Ägidius. Aus dem Griechischen. Bedeutung: der Beschützende und Schildhalter. Variante: Gils.

**Gilbert:** in Frankreich und England keine Seltenheit. Verwandt mit Gisbert. Aus dem Althochdeutschen. Bedeutung: Geisel, glänzend. 19. Jh.: Sir George Gilbert Scott war ein englischer Architekt, der Bauwerke im neugotischen Baustil hinterlassen hat. 20./21. Jh.: Gilbert und George sind ein Londoner Künstlerpaar, das durch seine Performance- und Körperkunst bekannt wurde. Inszenieren sich auch meisterhaft selbst. Variante: Gilbrecht. In Italien: Gilberto. Abkürzungen: Bert, Berto, Gil, Gill, Gilles.

**Gildo:** vor allem in Italien beliebter klangvoller Name. Ursprünglich Abkürzung von Ermenegildo. Aus dem Althochdeutschen. Bedeutung: groß, Lohn.

**Gillian:** lässig. International. Ist besonders in England gefragt. Bezieht sich auf die Namen Ägilius/→ Ägidius. Aus dem Griechischen. Bedeutung: der Beschützende und Schildhalter. Nebenformen: Gilles, Giles.

**Gino:** vor allem in Italien beliebt. Kurzform von allen Namen mit den Anfangsbuchstaben »Gi« wie etwa → Giacomo oder → Giovanni. Variante: Gion.

**Giovanni:** in erster Linie in Italien ein Begriff. Verwandt mit → Johannes. Aus dem Hebräischen. Bedeutung: Gott ist gnädig. 18. Jh.: Bei uns ist der Name bekannt geworden durch die Mozart-Oper »Don Giovanni«.

**Giraldo:** moderner, ansprechender als das deutsche Pendant → Gerald. Aus dem Althochdeutschen. Bedeutung: Speer, walten. Abkürzungen: Aldo, Gio, Naldo.

**Gisbert.** Auch **Giesbert:** alte Namen, vor allem in Norddeutschland bekannt. Verwandt mit Giselbert, Gieselbrecht. Aus dem Althochdeutschen. Bedeutung: Geisel, glänzend. Abkürzungen: Bert, Giso.

**Giuseppe:** vor allem in Italien aktuell. Verwandt mit → Joseph. Aus dem Hebräischen. Bedeutung: Gott möge hinzufügen. Abkürzungen: Giu, Seppe, Seppo.

**Glen, Glenn:** in England schon lange gebräuchlich. Bezieht sich auf eine alte Familienbezeichnung. 20. Jh.: Der Komponist Glenn Miller mischte die Musikszene auf. Sein erster Hit »Moonlight Serenade« wird noch heute gern gehört. Mitte des vergangenen Jahrhunderts war er in Amerika eine feste Größe. Außerdem: Der Kanadier Glenn Gould, Pianist, Komponist, Organist und Musikautor. Seine Bachinterpretationen sind unvergessen.

**Gobert:** aus dem Althochdeutschen. Bedeutung: Gott und glänzend. Abkürzungen: Bert, Gobbo, Gorch, Gorg.

**Godwin:** traditionell. Verwandt mit Gottwin. Aus dem Althochdeutschen. Bedeutung: Gott und Freund. 11. Jh.: Der englische König Eduard, in der normannischen Heimat seiner Mutter aufgewachsen, wollte den Engländern die normannische Lebensart aufzwingen. Dagegen wehrten sich die angelsächsischen Adligen, allen voran sein Schwiegervater Godwin von Wessex. Abkürzungen: Win, Winn, Winnie.

**Gösta:** klingt nach Skandinavien und kommt auch aus Schweden. Kurzform von → Gustav. Aus dem Altschwedischen. Bedeutung: Gott und Stütze. 19. Jh.: Gösta Berling ist der Titelheld des gleichnamigen Romans der Schriftstellerin und Nobelpreisträgerin Selma Lagerlöf.

**Götz:** knapp und verständlich. Passt überall. Kurzform von Namen mit der Anfangssilbe »Gott« wie etwa → Gottfried,

Gottwin, Gotthard. 15./16. Jh.: Götz von Berlichingen war als schwäbischer Reichsritter und Haudegen in zahlreiche Landesfehden verwickelt. Während der Bauernkriege führte er gezwungenermaßen einen Trupp Bauern an, wofür ihm nach Kriegsende der Prozess gemacht wurde. Die Strafe: lebenslanger »Hausarrest« auf seiner Burg. Später begnadigte ihn der Kaiser, weil er seine Erfahrungen im Krieg gegen die Türken brauchte. → Johann Wolfgang von Goethe nahm ihn als Vorbild für sein Schauspiel »Götz von Berlichingen«.

**Golo:** ansprechender Zweisilber. Kurzform von → Angelus. Aus dem Lateinischen. Bedeutung: Engel. 20. Jh.: Durch Golo Mann, Historiker und Publizist, ins Gespräch gekommen.

**Gontard:** zeitlos. Vor allem in Frankreich bekannte Form von Gunthard. Aus dem Althochdeutschen. Bedeutung: Kampf und hart. Abkürzungen: Gol, Golo.

**Gorch.** Auch **Gorg:** Im Norden bekannte Form von → Georg. Aus dem Griechischen. Bedeutung: Landmann.

**Gorden.** Auch **Gordon:** aus dem Altenglischen. Ursprünglich ein Familienname. 20./21. Jh.: Der Afroamerikaner Gordon Parks war ein erfolgreicher Fotograf, Filmregisseur, Schauspieler, Schriftsteller und Komponist von Filmmusik. Abkürzungen: Dani, Dany, Gol, Golo, Gorm.

**Gordian:** klassischer Name, bislang unabhängig von Trends. Aus dem Lateinischen. Erinnert an die Stadt Gordium. 2./3. Jh.: Gordian I. wurde gegen seinen Willen vom römischen Senat zum Kaiser ausgerufen. 20./21. Jh.: Gordian Troeller war ein weltweit engagierter Journalist und Dokumentarfilmer. Hat für sein Lebenswerk den Adolf-Grimme-Preis erhalten. Abkürzungen: Gol, Goran.

**Gosbert,** auch **Gozbert:** traditionell. Aus dem Althochdeutschen. Bedeutung: die Goten, glänzend. 9. Jh.: Unter Abt Gozbert entstand die berühmte Bibliothek in St. Gallen. Kosename: Gosling. Abkürzung: Bert, Gos.

**Gottfried:** aus dem Althochdeutschen. Bedeutung: Gott und Friede. 19. Jh.: Gottfried Keller, großer Schweizer Dichter des Realismus. In England: Geoffrey, Jeffrey; in Frankreich: Geoffroi; in den Niederlanden: Govert. Abkürzungen: Fried, Gode, Godo, Goff, Gov.

## NAMENTLICHE ZUKUNFTSTRÄUME

Je mehr Geoffreys und Kevins auf die Welt kommen, desto entschiedener gehen viele Eltern auf Gegenkurs und greifen wieder bewusst auf klassische Namen zurück. Johannes, Jakob und Robert sind solche Beispiele für Namen, die schon immer hier verwurzelt waren und nicht über den Ozean aus Amerika zu uns herübergeschwappt sind oder aus Thailand und Japan mitgebracht wurden. Natürlich wird es in Zukunft nicht ewig bei Paul und Jonas, Alexander und Maximilian bleiben, selbst wenn sich bei den Spitzenreitern in der Namenshitparade seit Jahrzehnten recht wenig verändert hat. Irgendwann werden sich wieder neue Trends ergeben. Die spannende Frage heißt: Was wird in zwanzig Jahren in Mode sein? Vielleicht doch wieder Heimfried und Gerwald, Eberhard und Grimbert? Oder werden unsere Kinder Apfel und Pfirsich heißen, wie es beispielsweise in Amerika erlaubt ist? Oder gar Salamander und Bärchen? Wir werden sehen!

**Gottlieb:** aus dem Althochdeutschen. Bedeutung: Gott und Sohn. Kam im 17./18. Jh. als Vorname auf. 18./19. Jh.: Johann Gottlieb Fichte, Philosoph und Erzieher, setzte sich für den deutschen Idealismus ein. Außerdem: Gottlieb Daimler war ein Ingenieur, Konstrukteur und Unternehmer. Baute das erste Kraftfahrzeug modernen Typs. Abkürzungen: Godo, Odo.

**Gratian.** Auch **Grazian:** verwandt mit Gratianus. Aus dem Lateinischen. Bedeutung: Anmut. 4. Jh.: Der römische Kaiser Gratianus, eigentlich Flavius Gratianus, musste vor seinen Feinden nach Lyon fliehen. In Frankreich: Gratien; in Italien: Graziano; in Spanien: Graciano. Abkürzung: Gri.

**Gregor:** zeitlos. Gleichbleibend gefragt. Aus dem Griechischen. Bedeutung: der Wachsame. Ein Papstname. 6. Jh.: Papst Gregor I., der Große genannt, war einer der bedeutendsten Päpste der Spätromantik. Auf ihn gehen die gregorianischen Gesänge zurück. 17. Jh.: Johann Gregor Memhardt, ein großer Baumeister. Gab Berlin mit seinen Prachtbauten für den preußischen Hof einst ein Gesicht. 19. Jh.: Gregor Mendel, Mönch, vor allem Naturwissenschaftler. Entdeckte die Regeln der Vererbung und legte damit den Grundstein zur Genetik. In Frankreich: Grégoire; in England: Gregory; in Italien: Gregorio; in Schweden: Göran; in Dänemark: Greger; in den Niederlanden: Gregoor; in Russland: Griogrij, Grischa (ein Kosename); in Griechenland: Gregorios. Abkürzungen: Gore, Gorius, Gorjes, Greg, Jörn, Jooris, Joris, Jorit, Jorn.

**Günter.** Auch **Günther:** aus dem Blickfeld geraten. Aus dem Althochdeutschen. Bedeutung: Kampf und Heer. 18./19. Jh.: Johann Günther Friedrich Cannabich, Pfarrer, Pädagoge, vor allem mit Begeisterung Geograph. Schrieb ein geographisches Standardwerk, von dem sogar Napoleon schon gehört hatte. Kein Schüler der Geographie kam um sein Lehrbuch herum. 20./21. Jh.: Günter Grass, mit dem Nobelpreis für Literatur ausgezeichneter Schriftsteller, hat die Literatur in Deutschland in den vergangenen Jahrzehnten wesentlich geprägt. Alles begann mit dem Roman »Die Blechtrommel«. In Dänemark: Gunder; in Frankreich: Gontier. → Gunnar.

**Guido:** fröhlicher, ursprünglich italienischer Name. Verwandt mit dem Namen → Wido. Aus dem Althochdeutschen. Bedeutung: Wald. 19. Jh.: Hans Guido von Bülow, Pianist, Kapellmeister, später Chefdirigent der Berliner Philharmoniker. In Frankreich: Guide; in England: Guy. Abkürzungen: Dodi, Gino, Gol, Guy, Ido.

**Guillaume:** in Frankreich bekannte Form von → Wilhelm. Aus dem Althochdeutschen. Bedeutung: Wille und Helm. 19./20. Jh.: Guillaume Apollinaire war ein französischer Dichter und Kunstkritiker. In Spanien: Guillermo.

**Gundolf:** traditionell. Fern jeden Trends. Aus dem Althochdeutschen. Bedeutung: Kampf und Wolf. Abkürzungen: Dolf, Gunno, Guno.

**Gunnar.** Auch **Gunar:** ein nordischer Name, bei uns längst eingeführt. Verwandt mit dem Namen → Günter. Aus dem Althochdeutschen. Bedeutung: Kampf und Heer.

**Guntbert:** aus dem Althochdeutschen. Bedeutung: Kampf und glänzend. Eine verwandte Form: Gombert, Gompert. Abkürzungen: Bert, Bertel, Bertl.

**Gunter.** Auch **Gunther:** aus dem Althochdeutschen. Bedeutung: Kampf und Heer. Im Nibelungenlied steht Siegfried seinem Schwager Gunther, Bruder seiner Frau Kriemhild, zur Seite. Später geraten die beiden im Ränkespiel um politischen Einfluss, um Macht und Vorteile heftig aneinander. 20./21. Jh.: Gunter Sachs, Erbe, Fotograf, Autor und nicht zuletzt Ex-Ehemann von Brigitte Bardot hat den Namen bekannter gemacht.

**Guntram:** vor Jahrzehnten beliebt. Jetzt fast vergessen. Aus dem Althochdeutschen. Bedeutung: Kampf und Rabe.

**Gustaf, Gustav:** früher sehr beliebt, dann fast verschwunden. Ob der Name wieder entdeckt wird? Ursprünglich schwedisch. Bedeutung: Gott und Stütze. 16./17. Jh.: Gustav II. Adolf. Eine schillernde Persönlichkeit. Machte Schweden zur Großmacht. Spielte im Dreißigjährigen Krieg eine große Rolle. Führte aber nicht nur Krieg, sondern reformierte die Verwaltung und das Bildungswesen. 18./19. Jh.: Gustav Kalixt von Biron, Herzog von Kurland, war Offizier in der russischen Armee, nachdem Kurland Teil Russlands geworden war. Ließ sich später in Schlesien nieder. Diente in der preußischen Armee und nahm erfolgreich an den Feldzügen gegen Napoleon teil. 19. Jh.: Der französische Schriftsteller Gustave Flaubert hatte mit seinem ersten Roman »Madame Bovary« einen Skandalerfolg. Er zählt mit Stendhal und → Honoré de Balzac zu den großen realistischen Erzählern Frankreichs. 20. Jh.: Gustav Heinemann, in den Siebzigerjahren Politiker, wurde später der 3. Bundespräsident der Bundesrepublik Deutschland. Weitere Formen: Gustaaf, Gustavus. In England und in Frankreich: Gustave; in Italien und Spanien: Gustavo. Abkürzungen: Goesta, Gösta, Gus, Guss, Juss, Jussi, Staf, Stav.

**Guy:** früher vor allem in England und Frankreich aktuell, heute international. Kurzform von → Guido, verwandt mit → Wido. Aus dem Althochdeutschen. Bedeutung: Wald. 19. Jh.: Guy de Maupassant – eigentlich Henry René Albert Guy de Maupassant – französischer Schriftsteller, Journalist, hat wunderbare Geschichten geschrieben, die das alte Frankreich lebendig werden lassen.

**Hademar.** Auch **Hadmar:** ein alter, fast vergessener Name. Aus dem Althochdeutschen. Bedeutung: Kampf und berühmt.

**Hadrian:** ganz selten. Eine frühe Form von → Adrian. Aus dem Lateinischen. Bedeutung: Mann aus Adria. Abkürzungen: Adi, Ado, Ady, Hardy, Rino.

**Hagen:** traditionell, schlicht. Einfach in der Schreibweise. Passt immer. Aus dem Althochdeutschen. Bedeutung: Hag, Einfriedung. Die Gudrunsage ist das zweite große Heldenepos neben dem Nibelungenlied. Darin wird auch vom »wilden Hagen« erzählt, der von Greifvögeln entführt wird. Schließlich kann er sie besiegen und kommt per Schiff in seine Heimat zurück, wo er die schöne Prinzessin Hilde heiratet. Der Hagen aus dem Nibelungenlied ist weit weniger angenehm: Von Anfang an misstraut Hagen von Tronje → Siegfried, dem Helden der Sage. Schließlich tötet er ihn heimtückisch, als er erfährt, wo sich die einzige verletzliche Stelle an seinem Körper befindet. Abkürzungen: Hardy, Hark, Harko, Heijo, Heio, Heyjo.

**Haiko.** Auch **Haike:** verwandt mit → Heiko, Kurzform von → Heinrich. Aus dem Althochdeutschen. Bedeutung: Einfriedung, reich, mächtig.

**Haimo, Haymo:** verwandt mit → Heimo. Kurzformen von Namen mit der Anfangssilbe »Heim«, wie etwa Heimrad. Aus dem Althochdeutschen. Bedeutung: Haus.

**Hainer:** besondere Variante von → Heiner, Kurzform von → Heinrich. Bedeutung: Einfriedung, reich, mächtig.

**Hajo, Hayo.** Auch **Haje:** nordische Klänge. Verwandt mit → Hagen. Aus dem Althochdeutschen. Bedeutung: Hag, Einfriedung.

**Hakan:** aus dem Türkischen. Bedeutung: Herrscher.

**Hakon.** Auch **Haakon:** sehr männlich klingender nordischer Name, abgeleitet von → Hagen. Aus dem Althochdeutschen.

Bedeutung: Hag, Einfriedung. In den vergangenen Jahrhunderten hießen viele norwegische Könige Haakon. 20./21. Jh.: Der jetzige norwegische Kronprinz heißt Haakon Magnus. Abkürzungen: Hak, Hako, Hark, Kono.

**Haldo, Haldor,** auch **Halldór:** ungewöhnlich. Aus dem Nordischen. Bedeutung: Fels, Donnergott. 20. Jh.: Der isländische Dichter Halldór Kiljan Laxness wurde mit dem Nobelpreis für Literatur ausgezeichnet.

**Hanfried, Hannfried:** aus den Namen → Hans und → Friedrich zusammengesetzter Doppelname. Abkürzungen: Fried, Hanno, Hano, Hans.

**Hanjo:** ein angenehmer Zweiklang. Aus den Namen → Hans und → Jochen zusammengesetzter Doppelname. Abkürzungen: Hanno, Jo, Jojo.

**Hanko:** Kurzform entstanden aus → Johann. Aus dem Hebräischen. Bedeutung: Gott ist gnädig. Weitere Formen: Hank, Hanke.

**Hannes:** schnörkellos. Leicht verständlich. Passt immer und ist einfach beliebt. Kurzformen von → Johannes. Aus dem Hebräischen. Bedeutung: Gott ist gnädig.

**Hanno:** ansprechender Zweiklang, unkompliziert. Gilt als Kurzform von → Johannes. Aus dem Hebräischen. Bedeutung: Gott ist gnädig. Auch Kurzform von Hannibal. 20. Jh.: Im Roman »Die Buddenbrooks« von → Thomas Mann ist ein Hanno die zentrale Figur.

**Hans.** Auch **Hanns:** seit dem Mittelalter immer präsent. Überall bekannt. Ursprünglich Kurzform von → Johannes. Aus dem Hebräischen. Bedeutung: Gott ist gnädig. 15./16. Jh.: Hans Baldung, genannt Grien, war ein besonders guter Zeichner, Maler und Kupferstecher zur Zeit → Albrecht Dürers. 15./16. Jh.: Zwei berühmte Maler dieses Namens: Hans Holbein der Ältere, der im Stil der Renaissance arbeitete, und sein Sohn Hans Holbein der Jüngere, einer der besten Renaissance-Maler seiner Zeit. 20./21. Jh.: Hans-Georg Gadamer, Philosoph, der unser Denken ein Stück weitergebracht hat. Kosenamen: Haio, Hajo, Hanjo.

**Hape:** Kurzform entstanden aus → Hans und → Peter. 20./21. Jh.: Hape Kerkeling, als Komödiant und Entertainer im deutschen Fernsehen eine feste Größe, hat den Namen ins Gespräch gebracht. Ist auch als Autor sehr erfolgreich.

**Harald:** traditionell. Früher vor allem in Skandinavien gefragt. Verwandt mit Herwald. Aus dem Althochdeutschen. Bedeutung: Heer und herrschen. 10. Jh.: Harald I. Blauzahn, christlicher König von Dänemark, wurde von seinem heidnischen Sohn aus dem Land vertrieben. 11. Jh.: Vor der Eroberung durch die Normannen herrschte in England der angelsächsische König Harald II. Seine kurze Regentschaft war durch den Machtkampf mit → Wilhelm dem Eroberer geprägt. In Italien: Eraldo. Abkürzungen: Hard, Hardi, Hardo, Hardy, Hari, Haro, Harri, Harro, Harry, Lary.

**Hardi, Hardy:** Kurzform von Namen wie → Hartmann, → Hartmut, → Gerhard. Weitere Formen: Hardo, Harder.

**Harding:** zärtlich, freundlich. Aus dem Altenglischen. Bedeutung: Sohn des Tapferen. Abkürzungen: Hark, Hary.

**Hark:** kommt vor allem in Friesland vor. Hergeleitet von Namen mit der Anfangssilbe »Har«, wie etwa Haribert oder Harolf. Bedeutung: Heer. Varianten: Harke, Harko.

**Harold:** angenehm. Ein klassischer, alter englischer Name, auch in Deutschland bekannt. Verwandt mit → Harald. Aus dem Althochdeutschen. Bedeutung: Heer, walten. 20./21. Jh.: Harold Pinter, englischer Theatermann, Stückeschreiber, Regisseur und Nobelpreisträger für Literatur, engagiert sich vor allem für politisch und sozial Unterdrückte und gegen Krieg. Abkürzungen: Hardy, Hark, Harko, Haro, Harro, Harry, Hasko, Hasso.

**Harper:** ungewöhnlich. Individuell. Aus dem Altenglischen. Bedeutung: Harfenspieler. Abkürzungen: Haro, Harp, Harro.

**Harro.** Auch **Haro:** einfach, einprägsam. Kurzformen von Namen mit der Anfangssilbe »Hart«, wie etwa Hartberg, Hartlieb. Aus dem Althochdeutschen. Bedeutung: hart.

**Harry, Harri:** beliebt und unkompliziert. International. Kurzformen von → Heinrich. Aus dem Althochdeutschen. Bedeutung: Einfriedung, reich, mächtig. 20./21. Jh.: Dank Prinz Harry, Spross aus dem englischen Königshaus, wieder aktueller. Mehr noch durch den Zauberlehrling Harry Potter, Titelheld der weltweit erfolgreichen Fantasy-Romanreihe der englischen Schriftstellerin Joanne K. Rowling. Außerdem: Harry Belafonte, amerikanischer Sänger, seit Jahrzehnten beliebt. Abkürzung: Hal.

**Hartmann:** aus dem Althochdeutschen. Bedeutung: hart und Mann. 12. Jh.: Der Ritterdichter Hartmann von Aue hinterließ wunderbare Verse, unvergesslich bis heute. 15./16. Jh.: Hartmann Schedel, Arzt, Humanist und Historiker. Hat Meisterwerke der Buchkunst hinterlassen, wie die einmalige »Schedel'sche Weltchronik«. In Frankreich: Armand, Armant; in Italien und Spanien: Armando. Abkürzungen: Hark, Harm, Harry, Hart, Mano, Manu.

**Hartmut:** noch Mitte des vergangenen Jahrhunderts beliebt, dann fast vergessen. Aus dem Althochdeutschen. Bedeutung: hart und Mut. 13. Jh.: In der Gudrunsage, dem spannenden mittelalterlichen Heldenepos, bemüht sich Hartmut von Ormanie um die begehrenswerte Kudrun. Die weigert sich jedoch standhaft ihn zu heiraten, auch als er sie entführt. Abkürzungen: Hardy, Hark, Harko, Haro, Harri, Harro, Harry, Hasko, Hasso, Mutje.

**Hasso.** Auch **Hesso:** kernig, männlich. Aus dem Althochdeutschen. Hinweis auf Hessen. Kosename: Hasko.

**Hauk, Hauko:** originell. Ursprünglich friesische Formen von → Hugo. Aus dem Althochdeutschen. Bedeutung: Geist, Verstand. Varianten: Haug, Hauke.

**Hector, Hektor:** ein Klassiker. Aus dem Griechischen. Bedeutung: beschirmen. In der Sage um Troja kämpft Hector, ältester Sohn des trojanischen Königs, als mutiger Held, wird jedoch von → Achill besiegt. 19. Jh.: Hector Louis Berlioz, französischer Komponist und Autor, war ein Vertreter der Romantik und in ganz Europa erfolgreich. In Italien: Ettore; in Portugal: Heitor. Abkürzungen: Henk, Toni, Tony.

**Heider:** außergewöhnlich. Kurzform von Heiderich. Aus dem Althochdeutschen. Bedeutung: Wesen, mächtig, reich.

**Heio, Heijo:** aus dem Norden. Verwandt mit → Hagen. Aus dem Althochdeutschen. Bedeutung: Hag, Einfriedung.

**Heiko:** aus Friesland. Verwandt mit → Heinrich. Aus dem Althochdeutschen. Bedeutung: Einfriedung, reich, mächtig. Varianten: Heike, Heyko. Haiko.

**Heim, Heimo.** Auch **Heimito:** ursprünglich Kurzformen von Namen mit der Anfangssilbe »Heim«, wie etwa Heimeran, Heimbrecht oder Heimfried. Aus dem Althochdeutschen. Bedeutung: das Heim. 19./20. Jh.: Der österreichische Schriftsteller Heimito von Doderer brachte den Namen ins Gespräch. Abkürzungen: Heijo, Heio.

**Hein, Heino:** Kurzformen von → Heinrich. Aus dem Althochdeutschen. Bedeutung: Einfriedung, reich, mächtig.

**Heiner:** vor einer Generation noch beliebter als heute. Wie andere Namen mit der Anfangssilbe »Hein« aus dem Althochdeutschen. Bedeutung: Einfriedung. 20. Jh.: Heiner Müller, erfolgreicher Dramatiker, Lyriker, Schriftsteller, Intendant und Regisseur, brachte Leben in die Berliner Theaterszene. 20./21. Jh.: Heiner Lauterbach ist ein beliebter deutscher Schauspieler. Variante: Heinar. Abkürzungen: Heijo, Hein, Heinz, Heio, Helm, Henk, Hinz.

**Heinrich:** ein Klassiker. Aus dem Althochdeutschen. Bedeutung: Einfriedung, reich, mächtig. Wieder im Kommen? 11. Jh.: Heinrich III., einer aus der langen Reihe berühmter Heinrichs. Galt als hochgebildet und schön. Wurde erst deutscher König, dann römisch-deutscher Kaiser. Engagierte sich für Kirche und Staat gleichermaßen. 18./19. Jh.: Heinrich von Kleist, preußischer Schriftsteller, dessen Werke noch heute gelesen und aufgeführt werden – allen Theaterliebhabern ein Begriff: »Der zerbrochene Krug« oder »Das Käthchen von Heilbronn«. Später: Heinrich Heine, Dichter, Journalist, Satiriker und Essayist. Wusste mit der Sprache elegant umzugehen. Konnte dabei auch sehr polemisch sein und hatte deshalb viele Feinde. Außerdem: Johann Heinrich Pestalozzi, Pädagoge, Politiker und Schulreformer. Förderte die Familienerziehung, wollte Kinder zur Selbstständigkeit erziehen. Viele seiner Ideen findet man in der modernen Pädagogik wieder. 19. Jh.: Heinrich Schliemann, Kaufmann, Archäologe, vor allem Abenteurer und Reisender. Hat die antiken Reste Trojas entdeckt. Kosename: Heintje. In Schweden und Dänemark: Henrich; in Italien: Enrico, Arrigo; in Spanien: Enrique; in Russland: Jendrik, Jendrick oder Jendrich; in Tschechien: Jindrich; in Norddeutschland: Endric, Endrich,

Endrik, Enrik, Haiko, Haike, Heio, Heijo, Heiko, Heinko, Hinderk, Hinnerk, Hinrich, Hinrik. Abkürzungen: Eno, Enzio, Enzo, Hein, Heiner, Heino, Heintje, Heinz, Henk, Reitz, Rick, Ricki, Ricko, Ricky, Rik, Riko, Rique. → Henri.

**Heinz:** vor hundert Jahren in Mode gekommen. Ursprünglich Kurzform von → Heinrich. Aus dem Althochdeutschen. Bedeutung: Einfriedung, reich, mächtig. 20. Jh.: Heinz Rühmann, beliebter deutscher Schauspieler, hatte jahrzehntelang ein begeistertes Publikum. Der Schauspieler, Komiker, Entertainer und Dichter Heinz Erhardt nicht minder. Weitere Namensform: Hinz.

**Helge, Helgo:** aus dem Nordischen. Bedeutung: gesund. In Russland: Oleg. Weitere Formen: Helgar, Helger.

**Helios, Helio:** Raritäten. Aus dem Griechischen. Der Name weist auf den Sonnengott Helios aus der griechischen Mythologie hin, der den Sonnenwagen über den Himmel lenkt. Abkürzungen: Leo, Lio.

**Helmer.** Auch **Helmar:** eher die Ausnahme als die Regel. Aber noch im Gespräch im Gegensatz zu den Ursprungsnamen, wie etwa Helmold und Helmbald. Aus dem Althochdeutschen: Bedeutung: Helm. 20./21. Jh.: Helmar Krupp, Physiker und Wissenschaftspolitiker, hat sich für die Forschung und die Fraunhofer-Institute starkgemacht. Ähnliche Namen: Helme, Helmo, Helmke, Helmko. Abkürzungen: Helm, Henk, Larry, Lary.

**Helmut, Helmuth.** Auch **Hellmut, Hellmuth:** früher hochgeschätzt, heute weitgehend vergessen. Aus dem Althochdeutschen. Bedeutung entweder: Gesundheit und Mut. Oder: Kampf und Mut. 20. Jh.: Helmuth James Graf von Moltke war ein Widerstandskämpfer, der in Plötzensee von den Nationalsozialisten hingerichtet wurde. Außerdem: Helmut Schön, deutscher Bundestrainer. Die Nationalelf hatte ihm großartige Erfolge zu verdanken. Holte 1974 mit ihm den Weltmeistertitel. Auch ein Name für ehemalige Bundeskanzler: Helmut Schmidt, großer Politker der SPD und Helmut Kohl, CDU-Politiker, in dessen Amtszeit die deutsche Wiedervereinigung fiel. Abkürzungen: Helm, Helmke, Helmko, Helmo, Hemmo, Henk, Mutje.

**Hendrik, Hendryk** oder **Henrik, Henryk:** moderner als der Ursprungsname → Heinrich. Aus dem Althochdeutschen. Bedeutung: Einfriedung, reich, mächtig. 13. Jh.: Der englische König Hendrik III. musste als Neunjähriger den Thron besteigen und um sein Land kämpfen. 19./20. Jh.: Der Norweger Henrik Ibsen schrieb sozialkritische, für die damalige Zeit fast revolutionäre Stücke fürs Theater. Weil er sich in seiner Heimat nicht wirklich anerkannt fühlte, führte er lange Jahre ein Wanderleben quer durch Europa. Sein Stück »Peer Gynt« wurde von → Edvard Grieg vertont. 20./21. Jh.: Der Journalist und Schriftsteller Henryk Broder setzt sich seit Jahrzehnten engagiert für die Demokratie ein. Andere Formen: Hendrick, Endric, Endrich, Enrik. Abkürzungen: Hein, Heineke, Heinko, Heino, Heintje, Henk, Henke, Riek, Rik, Rix.

**Henk:** modern. Kurzform von → Heinrich. Aus dem Althochdeutschen. Bedeutung: Einfriedung, reich, mächtig.

**Henner:** norddeutsch, hergeleitet von → Heinrich. Bedeutung: Einfriedung, reich, mächtig. Erst im 20. Jh. als Vorname populärer geworden. Abkürzungen: Hein, Henk.

**Hennig** oder **Henning:** norddeutsch. Verwandt mit → Heinrich. Aus dem Althochdeutschen. Bedeutung: Einfriedung, reich, mächtig. Abkürzungen: Hein, Henk.

**Henny:** speziell. Kurzform von → Heinrich. Aus dem Althochdeutschen. Bedeutung: Einfriedung, reich, mächtig.

**Henri, Henry:** internationaler, schnörkelloser Vorname – als Kurzform von → Heinrich schon immer gefragt. Aus dem Althochdeutschen. Bedeutung: Einfriedung, reich, mächtig. Bis heute beliebt. 19./20. Jh.: Henri Julien Félix Rousseau, französischer Maler, war der bedeutendste Vertreter der naiven Malerei und ein Wegbereiter des Surrealismus. Seine Bilder zeigen eine faszinierende Mischung aus Wirklichkeit und Fantasie. Am bekanntesten sind seine exotischen Dschungelbilder. Noch berühmter: Henri Matisse, Südfranzose, Maler, Zeichner, Grafiker und Bildhauer, der uns wunderbare Kunstschätze hinterlassen und der modernen Malerei wichtige Impulse gegeben hat. 20. Jh.: Der Journalist Henri Nannen spielte in der Presseszene jahrzehntelang eine große Rolle, unvergessen bis heute.

**Herald, Herold:** traditionell. Verwandt mit Herwald. Aus dem Althochdeutschen. Bedeutung: Heer und herrschen. Abkürzungen: Aldo, Larry, Lary.

**Herbert, Heribert:** Anfang bis Mitte des vorigen Jahrhunderts aktuell, danach fast von der Bildfläche verschwunden. Aus dem Althochdeutschen. Bedeutung: Herr, glänzend. 8. Jh.: Heribert von Laon war der Großvater mütterlicherseits von Karl dem Großen. Viel mehr weiß man von ihm allerdings nicht. 10./11. Jh.: Heribert von Köln war unter Kaiser Otto III. Erzbischof und gleichzeitig Erzkanzler (Hofgeistlicher) von Deutschland und Italien. Hatte großen Einfluss. Namenstag: 20. August. 20. Jh.: Herbert von Karajan, weltweit verehrter österreichischer Dirigent: ein großer Könner. 20./21. Jh.: Herbert Grönemeyer ist einer der populärsten deutschen Sänger und Musiker. Andere Formen: Herbot, Haribert. In Frankreich: Aribert; in Spanien: Heriberto; in Italien: Eriberto. Abkürzungen: Bert, Berti, Bertl, Berto, Herb, Herbie.

**Hermann:** heute eher auf dem Abstellgleis. Aus dem Althochdeutschen. Bedeutung: Heer und Mann. 11. Jh.: Hermann IV. von Schwaben war der Stiefsohn von Kaiser Konrad II. 12./13. Jh.: Hermann von Salza machte als gewitzter Politiker, Hochmeister des Deutschen Ordens, Vertrauter Friedrichs II. und Vermittler zwischen Papst und Kaiser Geschichte. 19. Jh.: Hermann von Helmholtz, Physiker, Physiologe, brachte der Naturwissenschaft zahlreiche grundlegende Erkenntnisse. In Italien: Armando, Ermanno, Erminio; in Frankreich: Armand, Armant; in den Niederlanden, Schweden, England: Herman; in Friesland: Hemmo. Abkürzungen: Ermo, Harm, Harmen, Harro, Herm, Hermo, Herms, Hero, Mano.

**Hermes:** edel, ausgefallen. Aus dem Griechischen. In der Mythologie ist Hermes Sohn des Zeus und beredter Götterbote. Abkürzungen: Herm, Hermo.

**Hermien, Hermin:** moderne Form von → Hermann. Aus dem Althochdeutschen. Bedeutung: Heer und Mann. Abkürzungen: Herm, Hermi, Herms, Hero.

**Herward:** zeitlos, bislang keiner Mode unterworfen. Aus dem Althochdeutschen. Bedeutung: Heer und Hüter. In Skandinavien: Hervard: Abkürzungen: Herm, Hermi, Hermo, Herms.

**Hias:** lässt aufhorchen. Kurzform von → Matthias. Aus dem Griechischen. Bedeutung: Geschenk Gottes.

**Hieronymus:** anspruchsvoll. Aus dem Griechischen. Bedeutung: der mit dem heiligen Namen. 4./5. Jh.: Der Legende nach traf Hieronymus auf einer Wallfahrt ins Heilige Land mit einem hinkenden Löwen zusammen. Statt zu fliehen, entfernte er dem Löwen einen schmerzenden Dorn. Namenstag: 30. September. 15./16. Jh.: Die Bilder und Visionen des Malers Hieronymus Bosch beeindrucken heute wie damals. 18. Jh.: Lügenbaron Münchhausen, der behauptete, er könne auf einer Kanonenkugel durch die Lüfte reiten, hatte neben seinen »gewöhnlichen« Vornamen Karl und Friedrich noch den Namen Hieronymus. In England: Gerome, Hierom, Hierome; in Italien: Geronimo, Girolamo. Abkürzungen: Gary, Garry, Gero, Gerry, Hinz, Jero, Jerrit, Jerry, Nino, Ono, Rino.

**Hilmar, Hilmer.** Auch **Hjalmar:** besonders. Verwandt mit Hildmar. Aus dem Althochdeutschen. Bedeutung: Kampf und berühmt. Abkürzungen: Hinz, Mano.

## VORNAME UND NACHNAME – EINE EINHEIT

Wenn Sie den Vornamen Ihres Kindes auswählen, sollten Sie immer gleichzeitig seinen Nachnamen im Hinterkopf haben: Beide Namen sollten im Schriftbild, in Klang und Stil zusammenpassen.

- Ein kurzer Vorname passt am besten zu einem etwas längeren Nachnamen und umgekehrt, wie etwa Nico Langendorf oder Maximilian Berg.
- Der letzte Buchstabe des Vornamens sollte nicht der erste Buchstabe des Nachnamens sein: »Karl Lehmann« spricht sich zum Beispiel schwer.
- Ein anspruchsvoller Vorname passt in der Regel am besten zu seinem ebenso anspruchsvollen oder aber möglichst schlichten Familiennamen.
- Zu aufgesetzt, zu geschnörkelt sollte die Kombination keinesfalls klingen. So sind Marc-Aurel Schröder oder Antonius Maier kaum das Wahre. Markus bzw. Marc Schröder oder Anton Maier klingen schon wesentlich besser.

**Hilpert:** außergewöhnlich. Moderner als der Ursprungsname Hildemar. Aus dem Althochdeutschen. Bedeutung: Kampf und glänzend.

**Hinnerk:** klingt nach Norden und Meeresküste. Weitere Form: Hinderk. Verwandt mit → Heinrich. Aus dem Althochdeutschen. Bedeutung: Einfriedung, reich, mächtig. Abkürzungen: Derk, Hinni.

**Hinrik, Hindrik.** Auch **Hinrich:** in Friesland bekannt. Hergeleitet von → Heinrich. Aus dem Althochdeutschen. Bedeutung: Einfriedung, reich, mächtig.

**Hiob:** fast vergessen, vielleicht auch, weil Hiob aus der Bibel so viel Leid erfahren musste, bis er auf seine Frage nach dem Warum und dem Sinn dieses Leidens eine Antwort finden konnte. Aus dem Hebräischen. Bedeutung: der Angefeindete. Kosenamen: Bob, Bobby, Job.

**Hippolyt:** selten, ausgefallen. Aus dem Griechischen. Bedeutung: der die Pferde ausspannt. 2. Jh.: Hippolyt III., ein römischer Kirchenschriftsteller, erklärte sich zum Gegenpapst, weil er mit dem gewählten Papst Kalixt nicht einverstanden war. Namenstag: 13. August. In Frankreich: Hippolyte. Abkürzungen: Hipo, Hipp, Oli, Olli.

**Hoimar:** originell, verträgt sich gut mit den meisten Familiennamen. Ein friesischer Name, wahrscheinlich in der Bedeutung: Verstand und berühmt. Abkürzung: Malo.

**Holger.** Auch **Holdger:** schwedisch, dänisch, seit Langem auch im deutschsprachigen Raum bekannt. Bedeutung: Insel und Speer. Abkürzung: Holm.

**Honoré:** edel und französisch. Ziemlich ausgefallen. Hergeleitet von Honorius. Aus dem Lateinischen. Bedeutung: der Geehrte. 18./19. Jh.: Honoré de Balzac, der nach langen Anlaufschwierigkeiten einer der wichtigsten französischen Schriftsteller wurde, zeichnete in seinen Werken gekonnt das Frankreich seiner Zeit nach. In Italien: Onorio. Abkürzungen: Honey, Nono, Onno.

**Horaz.** Auch **Horatius:** klassisch, anspruchsvoll. Aus dem Lateinischen. Ein Familienname. 1. Jh.: Horaz, eigentlich Quintus Horatius Flaccus, berühmter Dichter im alten Rom, war ein Schützling und Freund des Adligen Maecenas, der

Künstler förderte. 18./19. Jh.: Ein See- und Romanheld der britischen Marine, der Napoléon Bonaparte das Fürchten lehrt: Horatio Hornblower, tapfer, intelligent, entschlossen und so mutig, dass sein Erfinder Cecil Scott Forester elf Bände brauchte, um von seinen Abenteuern zu erzählen. In den Niederlanden: Horats; in England: Horatio, Horace; in Frankreich: Horace; in Spanien: Horacio. Abkürzungen: Rasso, Tino, Titus.

**Horst:** heute selten. Aus dem Mittelhochdeutschen. Bedeutung: Gebüsch.

**Hubert.** Auch **Hubertus:** traditionell. Nicht nur unter Jagdbegeisterten bekannt. Hergeleitet von Hugbert, Hugubert. Aus dem Althochdeutschen. Bedeutung: Gedanke und glänzend. 7./8. Jh.: Hubertus von Lüttich lebte fromm und wohltätig am Hof Kaiser Pippins des Mittleren. Der Legende nach soll er einen Hirsch mit Kruzifix zwischen dem Geweih gesehen haben. Namenstag: 3. November. In England: Howard; in Spanien: Huberto; in Italien: Oberto oder Uberto. Abkürzungen: Bert, Berto, Hub, Hubi, Huby.

**Hugo:** ein schlichter Zweisilber. Unkompliziert. Als Kurzform von Namen mit der Anfangssilbe »Hug« entstanden, wie etwa Hugbald. Aus dem Althochdeutschen. Bedeutung: der Verstand. 19./20. Jh.: Der österreichische Dramatiker, Lyriker und Librettist Hugo von Hofmannsthal gilt als bedeutender Repräsentant der »Wiener Moderne« und eleganter Charmeur. Außerdem: Hugo Junkers, Ingenieur, Unternehmer, vor allem jedoch Erfinder. Konnte eine Fülle von Patenten vorweisen. Engagierte sich für Architektur (Bauhaus). Gründete unterschiedliche Unternehmen, darunter auch eine Fluggesellschaft.

**Humbert, Humbrecht:** aus dem Althochdeutschen. Bedeutung: junges Tier, junger Bär und glänzend. In England: Humphrey; in Schweden: Humfrid. Abkürzungen: Bert, Bertel, Berto. → Umberto.

**Hyazint, Hyazinth.** Auch **Hyacinth:** aus dem Griechischen. Erinnert an eine Sage von einem Jüngling und einer Hyazinthe. In Frankreich: Hyacinthe; in Spanien: Jacinto; in Polen: Jacek. Abkürzungen: Zintho, Zinto.

**Ian:** schottisch. Neu bei uns. Verwandt mit → Johannes. Aus dem Hebräischen. Bedeutung: Gott ist gnädig.

**Ibbo, Ibo:** aus Friesland. Vielleicht verwandt mit → Ivo. Aus dem Englischen. Bedeutung: Eibe.

**Ibrahim:** in Arabien und der Türkei aktuell. Aus dem Hebräischen. Bedeutung: Vater der Menge

**Ico** oder **Iko:** selten. Aus dem hohen Norden: Kosename von Isaac. Aus dem Hebräischen. Bedeutung: Gott lächelt. 17. Jh.: Ico von Frydag, Offizier, Diplomat, kämpfte im Dreißigjährigen Krieg auf Seite der Protestanten und Schweden. Heiratete später trotzdem eine Katholikin.

**Ignaz.** Auch **Ignatius:** im Süden bekannter als im Norden. Aus dem Lateinischen. Bedeutung: feurig. 15./16: Jh: Ignatius von Loyola las während seiner Genesungszeit nach einer Kriegsverletzung theologische Werke statt der bislang geliebten Rittergeschichten. Gab sein Leben als Edelmann auf. Studierte, wurde Priester und gründete den Jesuitenorden. Namenstag: 31. Juli. In Tschechien; Ignatz; in Spanien: Ignacio. Abkürzungen: Igo, Natus, Naz.

**Igor:** russisch, abgewandelt von Ingvar. Aus dem Nordischen. Bezieht sich auf den germanischen Gott Ingwio. 19./20. Jh.: Igor Strawinski war Komponist und Kosmopolit, ein wesentlicher Vertreter der »Neuen Musik«. Abkürzungen: Atze, Igo, Naaz, Naz, Naze, Nazzo.

**Ilia, Ilja:** seit dem Mittelalter gebräuchlicher biblischer Name. Bezieht sich auf den Propheten Eilja aus dem Alten Testament. In Italien: Elia; in Russland: Ilja.

**Ilko:** verwandt mit → Ilia. Bezieht sich auf den Propheten Eilja aus dem Alten Testament.

**Immanuel:** ein biblischer Name. Aus dem Hebräischen. Bedeutung: Gott mit uns. 18. Jh.: Unvergessen ist Immanuel Kant, Begründer einer modernen Philosophie. Arbeitete erst als Hauslehrer, später als Universitätslehrer. Mit zäher Ausdauer wartete er auf genau den Lehrstuhl an der Universität in Königsberg, den er haben wollte, und lehrte dann, als er sein Ziel erreicht hatte, Logik und Metaphysik. Außerdem: Immanuel Johann Gerhard Scheller legte wichtige Grundlagen für alle nachfolgenden Lateinschüler: Als Altphilologe und Lexikograf sorgte er dafür, dass endlich brauchbare und fundierte lateinische Wörterbücher entstanden. Abkürzungen: Imo, Immo, Manne, Manuel. Abkürzungen: Imo, Mano, Manuel, Mendel. → Emanuel.

**Imo, Immo:** unkompliziert. Passt überall. Verwandt mit Namen der Anfangssilbe »Irm«, wie etwa Irmbert. Aus dem Althochdeutschen. Bedeutung: allumfassend, gewaltig. 11. Jh.: Abt Immo von Gorze führte auf der Insel Reichenau im Bodensee ein strenges Regiment.

**Imre:** frisch, unverbraucht. Aus Ungarn. Verwandt mit → Emmerich. Bezieht sich auf den Stamm der Amaler. Außerdem aus dem Althochdeutschen. Bedeutung: mächtig. 20./21. Jh.: Imre Kertész, Schriftsteller, Übersetzer, Nobelpreisträger, war in Auschwitz und Buchenwald. Seine Romane basieren vor allem auf seinen Erfahrungen aus der Zeit in den Konzentrationslagern.

**Ingmar:** erinnert an Meer und nördliche Landschaften. Aus Island und dem Nordischen. Bezieht sich auf den germanischen Gott Ingwio. Die zweite Silbe »mar« bedeutet: berühmt. 20./21. Jh.: Ingmar Bergman war ein großer schwedischer Schriftsteller, Drehbuchautor und Regisseur. Alte Namensform: Ingemar. Abkürzungen: Inger, Ingo.

**Ingo:** Kurzformen von Namen mit der Anfangssilbe »Ing«, wie etwa Ingobert, Ingbert, Ingebert. Alle Namen beziehen sich auf den germanischen Gott Ingwio. 6./7. Jh.: Damals gab es einen frommen Einsiedler namens Ingbert. Die Stadt St. Ingbert im Saarland erinnert an ihn. Namenstag: 22. Oktober. Verwandte Namensform: Inko.

**Innozenz:** traditionell, ausgefallen. Heute wenig aktuell. Aus dem Lateinischen. Bedeutung: Unschuldiger. 5. Jh.: Innozenz I. soll ein politisch engagierter Papst gewesen sein, der die vorrangige Stellung der Bischöfe von Rom betonte.

Namenstag: 28. Juli. 17./18. Jh.: Claudius Innozenz du Paquier erhielt das kaiserliche Privileg zur Herstellung von Porzellan: Gründete eine Manufaktur in Wien. Abkürzungen: Inno, Izo, Izzo, Nonno, Nono, Zenz.

**Ion.** Auch **Ioan:** ungewöhnlich. Aus dem Slawischen. Verwandt mit → Johannes. Aus dem Hebräischen. Bedeutung: Gott ist gnädig.

**Irenäus** oder **Ireneus:** ein besonderer Name. Aus dem Griechischen. Bedeutung: der Friedliche. 20./21. Jh.: Irenäus Eibl-Eibesfeldt, österreichischer Ethnologe und Verhaltensforscher, hat uns eine Menge über unser Verhalten beigebracht. Abkürzungen: Ino, Renz.

**Iring.** Auch **Irinc:** frisch und klar. Herkunft, Bedeutung ungewiss. 20./21. Jh.: Durch den Politikwissenschaftler Iring Fetscher ist der Name ins Gespräch gekommen.

**Irmin, Irmo:** Kurzformen von Irmfried. Aus dem Althochdeutschen. Bedeutung: groß.

**Irving.** Auch **Irvin, Irwin:** lässig, unbeschwert. Modern und international. In England beliebt. Verwandt mit → Erwin, sagen die einen. Aus dem Althochdeutschen. Bedeutung: Heer, Freund. Andere meinen, der Name gehe auf eine schottische Ortsbezeichnung zurück.

**Isaac, Isaak:** zeitlos. International. Ein biblischer Name. Aus dem Hebräischen. Bedeutung: Gott lacht. Nach der Bibel war Isaak Sohn Abrahams und Saras. 17./18. Jh.: Isaac Newton, Mathematiker, Physiker und Astronom, gilt wegen seiner Leistungen auf den Gebieten der Mathematik und Physik als einer der größten Wissenschaftler aller Zeiten. 20./21. Jh.: Der Violinist Isaac Stern sammelte Erfolge. Ein Zitat von ihm: »Wer Musik macht, lernt nicht zu hassen. Wer Musik macht, lernt zuzusehen, zuzuhören und zu denken!« Abkürzungen: Isko, Iso.

**Isidor:** ein freundlicher Dreiklang. Zeitlos. Seit Jahrhunderten bekannt. Aus dem Griechischen. Erinnert an die ägyptische Göttin Isis. 6./7. Jh.: Isidor, Bischof von Hispale (heute Sevilla), wird bewundert. Die Gelehrten streiten darüber, ob er der letzte Schriftsteller der Spätantike war, der das Wissen aus der Antike ordnete, oder ob er eher als erster Schriftsteller des Frühmittelalters gelten sollte. Namenstag: 4. April. In Italien: Isidoro; in Griechenland: Isidoros. Abkürzungen: Dorius, Dorus, Iso.

**Ismael, Ishmael:** ein biblischer Name. Aus dem Hebräischen. Bedeutung: Gott erhörte. War der Sohn Abrahams und Stammvater der Ismaeliter. Für verschiedene Religionen von Bedeutung. In Arabien: Ismail.

**Ismar:** aus dem Althochdeutschen. Bedeutung: Eisen und berühmt. Abkürzung: Iso.

**István:** individuell. Selten. Aus Ungarn. Verwandt mit → Stephan. Aus dem Griechischen. Bedeutung: Krone. 20./21. Jh.: István Szabo ist ein bekannter ungarischer Regisseur.

**Ivan, Iwan:** russisch. In vielen Ländern beliebt. Abgeleitet von → Johannes. Aus dem Hebräischen. Bedeutung: Gott ist gnädig. 16. Jh.: Ein alles andere als vorbildlicher Iwan: Iwan IV., Zar von Russland, der die Macht des Zaren ausdehnte und den Beinamen »der Schreckliche« trug. 19. Jh.: Iwan Turgenjew, einer der wichtigsten russischen Autoren, ein meisterhafter Stilist, lebte lange in Frankreich und Deutschland. Kosenamen: Vanja, Wanja.

**Ivar** oder **Iwar:** individuell. Verwandt mit Ingvar. Aus dem Nordischen. Bezieht sich auf den germanischen Gott Ingwio. Varianten: Ivon, Iwe, Iwo. In Schweden: Iver.

**Ive, Ivo:** einfach und gut verständlich. Passt immer. Aus dem Norden. Ursprünglich ein alter englischer Name. Bedeutung: Eibe. Wird auch als männliche Form des weiblichen Namens Ivonne verstanden. Varianten: Ivor, Ifor.

## WER REDET ALLES MIT?

Als ob es für die werdenden Eltern nicht schon schwierig genug wäre, sich zu zweit auf einen passenden Vornamen für ihren Sohn zu einigen! Doch meist reden auch noch Freunde und Verwandte mit und geben bei jedem Vorschlag ihre (durchaus widersprüchlichen) Kommentare ab: »zu altmodisch«, »zu ungewöhnlich«, »das erinnert mich ja an den Soundso« … Es spricht daher viel dafür, dass die Eltern den Namen erst einmal nur unter sich diskutieren.

**Jaap:** lässig. Bei uns nicht alltäglich. Aus dem Niederländischen. Verwandt mit → Jakob. Aus dem Hebräischen. Bedeutung: Fersenhalter. Eine Variante: Jaak.

**Jack.** Auch **Jake:** kurz. Rund um den Erdball verständlich. Aus dem Englischen. Kurzform von J-Namen wie etwa → Jakob oder → Johannes. 19./20. Jh.: Jack London, erfolgreicher amerikanischer Schriftsteller. Solidarisierte sich zeitlebens mit sozial Schwachen. 20./21. Jh.: Jack Nicholson, amerikanischer Schauspieler, mehrfacher Oscarpreisträger, begeistert immer wieder mit Charisma und Können.

**Jacques:** in Frankreich beliebte Form von → Jakob. Aus dem Hebräischen. Bedeutung: Fersenhalter. 18. Jh.: Jean-Jacques Rousseau, Schriftsteller, Pädagoge und Philosoph, gilt als einer der geistigen Väter der französischen Revolution. 19. Jh.: Jacques Offenbach, Komponist und Cellist, schenkte uns die Operette. 20. Jh.: Jacques Tati, Drehbuchautor, Regisseur, Filmschauspieler, hat mit viel Pantomime, Slapstick und Komik sein Publikum begeistert und Filmgeschichte gemacht. 20./21. Jh.: Jacques Chirac, französischer Politiker, war 12 Jahre lang Frankreichs Staatspräsident. Wurde von → Nicolas Sarkozy abgelöst. Abkürzungen: Jack, Jaco, Jako, Jaquo.

**Jacquino:** aus dem Italienischen. Kosename von → Jacques. Abgeleitet von → Jakob. Aus dem Hebräischen. Bedeutung: Fersenhalter. Abkürzungen: Jack, Jaquo.

**Jago:** verwandt mit → Jakob. Aus dem Hebräischen. Bedeutung: Fersenhalter. 16./17. Jh.: Berühmt geworden ist der Jago aus → William Shakespeares Theaterstück »Othello«. In Spanien: Iago, Yago, Thiago, Tiago. → Yago.

**Jaime:** aus Spanien. Selten. Verwandt mit → Jakob. Aus dem Hebräischen. Bedeutung: Fersenhalter.

**Jaimie:** aus England. Auch bei uns gefragt. Kurzform von → Jakob. Aus dem Hebräischen. Bedeutung: Fersenhalter.

**Jakob.** Auch **Jacob:** beliebter Klassiker. Ein biblischer Name. Aus dem Hebräischen. Bedeutung: Fersenhalter. Der alttestamentarischen Erzählung nach hielt sich Jakob bei seiner Geburt an der Ferse seines Zwillingsbruders Esau fest. 15./16. Jh.: Jakob Fugger war ein unglaublich erfolgreicher Geschäftsmann aus Augsburg, der nicht nur Königshäuser finanzierte, sondern auch die Kirche. Kein Wunder, dass er auch großen politischen Einfluss besaß. 16./17. Jh.: Jakob VI., Sohn Maria Stuarts. Nach ihrem Tod bereits als Baby König der Schotten. Wurde später, nach Elisabeth I., König von England und Irland. 18./19. Jh.: Jacob Ludwig Grimm, Literaturkenner und Sprachforscher, sammelte mit seinem Bruder → Wilhelm Grimm deutsche Märchen. Varianten: Jakobus, Jacobus. In Italien: Giacomo, Giacobbe, Jacopo; in Russland: Jakow. Abkürzungen: Jaak, Jaap, Jack, Jackel, Jaco, Jacobo, Jago, Jaki, Jako, Jascha, Jock, Jocke, Jockel.

**James:** zeitlos, traditionell, international, Ein alter englischer Name. Verwandt mit → Jakob. Aus dem Hebräischen. Bedeutung: Fersenhalter. 19. Jh.: James Nasmyth, schottischer Ingenieur, Unternehmer, vor allem Erfinder, gründete in Manchester eine Firma, die Dampfmaschinen produzierte. Seine wichtigste Erfindung: der Dampfhammer. Da er sich für Astronomie interessierte, baute er auch Teleskope. 19./20. Jh.: Der eigenwillige Schriftsteller und Ire James Joyce wurde mit dem Roman »Ulysses« berühmt. 20. Jh.: James Dean ist eine Schauspielerlegende. Abkürzungen: Jack, Jaimie, Jim.

**Jan.** Auch **Jaan:** äußerst beliebte Kurzformen von → Johannes. Aus dem Hebräischen. Bedeutung: Gott ist gnädig. In vielen Ländern beliebt. 17./18. Jh.: Jan Dismas Zelenka war ein berühmter Barockkomponist am Dresdner Hof. Varianten: Jann, Janns, Jannich. In Polen: Janek, Janusz. Kosenamen: Janusch, Janni, Janning, Jannis, Jannek, Janno, Janny, Jenning. Weitere Formen: Yan, Yann.

**Janis:** attraktiv und entsprechend gefragt. Aus den Niederlanden, auch dem Baltikum. Hergeleitet von → Johannes. Aus dem Hebräischen. Bedeutung: Gott ist gnädig.

**Janko:** in Friesland bekannte Form von → Jakob. Aus dem Hebräischen. Bedeutung: Fersenhalter.

**Jannes.** Auch **Jannis:** aus den Niederlanden stammende Formen von → Johannes. Aus dem Hebräischen. Bedeutung: Gott ist gnädig. Abkürzungen: Jan, Jann.

**Jannik, Jannick.** Auch **Janick:** neueren Datums. Längst beliebt. Vielleicht aus Friesland stammende Form von → Jann, verwandt mit → Johannes. Aus dem Hebräischen. Bedeutung: Gott ist gnädig. In Osteuropa: Janik. Abkürzungen: Jan, Jann, Nick, Nik. → Yannik.

**János:** aus Ungarn stammende Form von → Johannes. Aus dem Hebräischen. Bedeutung: Gott ist gnädig. Variante: Janosch. 20./21. Jh.: Janosch, eigentlich Horst Eckert, deutscher Kinderbuchautor und Illustrator. Sehr beliebt sind: »Post für den Tiger« oder »Oh, wie schön ist Panama!«.

**Janus:** ungewöhnlich und attraktiv. Bezieht sich auf den römischen Gott von Anfang und Ende. Davon hergeleitet auch der Monatsname Januar.

**Jared:** im englischen Sprachraum beliebt. Wahrscheinlich aus dem Hebräischen. Bedeutung ungewiss.

**Jaromir:** ein alter slawischer Name. Bedeutung: mutig, stolz. → Jesko. Abkürzungen: Jago, Jaro.

**Jason:** guter Zweiklang. Ein biblischer Name, heute in vielen Ländern beliebt. Aus dem Griechischen. Bedeutung: der Heilende. Jason ist ein griechischer Sagenheld, der mit 50 Gefährten auszog, um das Goldene Vlies zu rauben. Sie wurden nach ihrem Schiff, der Argo, Argonauten genannt. Abkürzungen: Jap, Jassie, Jay, Sunny.

**Jasper:** international. Besondere Form von → Kaspar. Aus dem Persischen. Bedeutung: Schatzmeister. 20./21. Jh.: Jasper Johns, amerikanischer Maler, Bildhauer, Bühnen- sowie Kostümbildner, ist ein vielseitiger Künstler und Vertreter der Pop-Art. Varianten: Jaspar, Jaspert. In Dänemark: Jesper. Abkürzungen: Jaap, Jap.

**Javier:** Variante von → Xaver. Aus dem Spanischen. Bezieht sich auf Schloss Javier bei Pamplona. Kosename: Jascha.

**Jean:** schlicht, prägnant. Aus dem Französischen, verwandt mit → Johannes. Aus dem Hebräischen. Bedeutung: Gott ist gnädig. 18./19. Jh.: Der Name erinnert an den Dichter Jean Paul. Eine weitere Größe aus dem 19./20. Jh.: Jean Cocteau, französischer Dichter, Grafiker, Regisseur, geistreich und exzentrisch. Ein Zitat von ihm: »Stil ist die Fähigkeit, komplizierte Dinge einfach zu sagen – nicht umgekehrt.« Später: Jean-Paul Sartre, französischer Schriftsteller, Philosoph, Existenzialist, war politisch sehr engagiert. Gilt als bedeutendster französischer Intellektueller des 20. Jh. Hatte eine lebenslange »offene« Beziehung mit der großen Simone de Beauvoir. Kosename: Jeannot.

**Jeffrey:** verwandt mit → Geoffrey und → Gottfried. Aus dem Althochdeutschen. Bedeutung: Gott und Friede. In Frankreich: Geoffroi. Abkürzungen: Jeff, Jerry.

**Jens:** ursprünglich ein dänischer Name. Inzwischen in vielen Ländern gefragt. Geht auf den Namen → Johannes zurück. Aus dem Hebräischen. Bedeutung: Gott ist gnädig. 20./21. Jh.: Jens Christian Skou, Biophysiker und Mediziner aus Dänemark, bekam den Nobelpreis für Chemie.

**Jeremias.** Auch **Jeremia:** ein Klassiker und ein biblischer Name. Aus dem Hebräischen. Bedeutung: Gott richtet auf. Jeremia, wichtiger Prophet des Alten Testaments, wollte das Volk Israel bekehren. Sagte den Untergang Jerusalems voraus. 18./19. Jh.: Der Schriftsteller Jeremias Gotthelf war wie → Conrad Ferdinand Meyer ein Schriftsteller des Realismus. Er kämpfte in seinen Romanen gegen die Ausbeutung von Kindern. Erzählte vom ärmlichen Leben der Bauern. Ganze Schülergenerationen erinnern sich an sein Buch »Die schwarze Spinne« – ein Muss im Deutschunterricht. Abkürzungen: Jerry, Jesse, Mio.

**Jeremy.** Auch **Jeremie:** aus England. Heute auch bei uns aktuell. Verwandt mit → Jeremias. Aus dem Hebräischen. Bedeutung: Gott richtet auf. Abkürzungen: Jerry, Jesse, Jessy.

**Jerome, Jérome:** in England und Frankreich bekannte Formen von → Hieronymus. Aus dem Griechischen. Bedeutung: der mit dem heiligen Namen. Auch Jeromin. In der Schweiz: Jeronimo, Jeronimus; in Italien: Geronimo, Girolamo; in Spanien: Jeronimo; in den Niederlanden: Jeroen. Abkürzungen: Jero, Jerry, Jessie, Jessy.

**Jerry:** neueren Datums. Aus England überlieferte Kurzform von → Jeremy. Verwandt mit → Jeremias. Aus dem Hebräischen. Bedeutung: Gott richtet auf.

**Jesko:** ausgefallen. Kurzform von → Jaromir. Aus dem Slawischen. Bedeutung: mutig, stolz.

**Jesse:** unkompliziert. Wirkt neu, ist aber ein alter biblischer Name. Aus dem Hebräischen. Bedeutung: Mann aus … 19. Jh.: Jesse James war ein berühmter amerikanischer Western-Bandit, auch vielfach Thema in Hollywoodfilmen.

**Jillis, Jill:** außergewöhnlich. Verwandt mit → Ägid. Aus dem Griechischen. Bedeutung: der Beschützende, Schildhalter.

**Jim, Jimmy, Jimi:** unkompliziert, unbeschwert. Kurzformen von → Jakob. Aus dem Hebräischen. Bedeutung: Fersenhalter. 20. Jh.: James Maury »Jim« Henson, amerikanischer Regisseur und Fernsehproduzent, erlangte als der Erfinder der »Muppets« weltweiten Ruhm. Ihm haben wir Ernie und Bert, Kermit den Frosch und etliche andere liebenswerte Figuren zu verdanken. 20./21. Jh.: James »Jimmy« Carter, 39. Präsident der USA. Erhielt 2002 den Friedensnobelpreis. Ein »echter« Jimi (keine Abkürzung): Jimi Blue Ochsenknecht, deutscher Jungschauspieler und Sänger. Vor allem als Hauptdarsteller der beliebten Jugendfilme »Die wilden Kerle« bekannt. Andere Form: Jimmi.

**Joachim:** traditionell. Aus dem Hebräischen. Bedeutung: Gott richtet auf. Joachim soll der Mann von Anna, Marias Mutter, gewesen sein. Namenstag: 26. Juli. 17. Jh:. Joachim von Sandrart war ein angesehener Kupferstecher, Maler und Kunstgeschichtler. Nach ausgedehntem Wanderleben ließ er sich in Nürnberg nieder. 18. Jh.: Johann Joachim Winckelmann war ein kunstbeflissener, kenntnisreicher Archäologe, Schriftsteller und Bibliothekar. Beaufsichtigte in Rom die antiken Schätze. Neuere Namensformen: Jochen, Jochem, Jochim, Jokim. In Norwegen: Akim, Akkim, Joacim, Joakim, Jocum, Jochum, Jokum; in Dänemark: Jokum; in Schweden: Jocke, Jockum; in Italien: Gioachino; in Spanien: Joaquin; in Portugal: Joaquim; in Brasilien: Joaquim. Abkürzungen: Achim, Aki, Akim, Jiri, Jo, Jockel, Joe, Joggi, Jojo, Joke, Jokim, Jos, Kim.

**Joasch, Joas:** ein biblischer Name. Aus dem Hebräischen. Bedeutung: Gott ist stark. Kurzformen: Jo, Joe, Jojo.

**Jobst:** salopp, angenehm. Kurzform von → Jodocus. Keltisch. Bedeutung: Kämpfer, Krieger. 14./15. Jh.: Jobst von Mähren, gescheiter Politiker, machtbewusst, gebildet, interessiert, aber auch als geizig und gewinnsüchtig beschrieben, schaffte es, nach etlichen Ränkespielen zum römisch-deutschen König gewählt zu werden. Starb, kurz nachdem er sein Ziel erreicht hatte. Kosenamen: Jo, Joe, Jojo, Jos.

**Jochen, Jochem, Jochim:** vor Jahrzehnten beliebte Kurzformen von → Joachim. Aus dem Hebräischen. Bedeutung: Gott richtet auf. Abkürzungen: Jo, Joe, Jojo.

**Jockel:** im Süden bekannter als im Norden. Hergeleitet von → Jakob. Aus dem Hebräischen. Bedeutung: Fersenhalter.

**Joducus, Jodukus.** Auch **Jodok, Jodocus:** zeitlos. Keltisch. Bedeutung: Kämpfer, Krieger. 7. Jh.: Der heilige Jodok lebte in Nordfrankreich. War wohl Sohn eines Königs oder Fürsten. Verzichtete auf alle Herrschaftsansprüche und wurde Priester, Einsiedler und Gründer eines Klosters. Namenstag: 13. Dezember. 16./17. Jh.: Jodocus Hondius, Fläme, Verleger, vor allem jedoch Kartograph, begann als Kupferstecher. Stellte Karten und Globen her. Veröffentlichte einen Atlas, der Aufsehen erregte. In England: Jocey, Joyce. Abkürzungen: Jo, Job, Jobst, Jockel, Joe, Joggi, Jojo, Joos, Joost, Jost.

**Joe:** Klassiker in England. Kurzform von → Joseph. Aus dem Hebräischen. Bedeutung: Gott möge hinzufügen.

**Joel:** heute in vielen Ländern beliebt. Aus dem Hebräischen. Bedeutung: Jehova ist Gott. In der Bibel spielt Joel als früher Prophet eine Rolle. Ein anderer Joel war Oberhaupt der Leviten, einer der zwölf Stämme Israels. Abkürzungen: Jo, Joe, Jojo, Joke.

**Johann, Johan, Johannes.** Auch **Johanno:** gefragte Klassiker, gleichermaßen beliebt seit Jahrhunderten. Aus dem Hebräischen. Bedeutung: Gott ist gnädig. Das vierte Buch des Neuen Testaments, das Johannesevangelium, soll der Apostel Johannes zur Zeit Christi verfasst haben. 1. Jh.: Johannes der Täufer war als Prediger, Prophet und Asket bekannt. 15. Jh.: Johannes Gutenberg entwickelte die entscheidende Technik für den Buchdruck. 17./18. Jh.: Johann Sebastian Bach, begeisterte als Komponist des Barock. Hat die spätere Musik maßgeblich beeinflusst. 19. Jh.: Johannes Brahms, Komponist, Pianist, Dirigent, litt trotz seiner Erfolge unter heftigen

Selbstzweifeln. Dann: Johann Georg Halske. Maschinenbauer, Unternehmer, gründete in technischen Aufbruchzeiten zusammen mit → Werner von Siemens eine Telegraphen-Bau-Anstalt. In Skandinavien: Johan, Jöns, Hasse; in Italien: Gian, Gianni, Giannino, Giovanni; in Spanien: Juan; in Dänemark: Evan, Iven; in Tschechien: Hanus, Huschke; in Slowenien: Jovan. Abkürzungen: Gian, Gianni, Hanke, Hanko, Hannes, Hanno, Hannu, Hans, Hanse, Hanus, Hasse, Jahn, Jais, Jan, Janek, Janis, Janko, Jannes, Janning, Jes, Jess, Jo, Jockel, Joe, Jöns, Joggi, John, Johnny, Jojo, Joke, Jon, Jonny, Joos, Jorn, Jussi.

**John:** unkompliziert. International. Kurzform von → Johannes. Aus dem Hebräischen. Bedeutung: Gott ist gnädig. 12./13. Jh.: In England macht König John Lackland (ohne Land) von sich reden: kein besonders starker König. 20. Jh.: John Lennon war Musiker, Komponist, Autor und Mitglied der unvergessenen britischen Musikgruppe »The Beatles«. Schrieb die meisten Songs zusammen mit → Paul McCartney. Kosenamen: Johnny, Jonny.

**Jona, Jonah:** ein wunderbarer Zweiklang, der bei vielen ankommt. Verwandt mit → Jonas. Aus dem Hebräischen. Bedeutung: Taube. 19./20. Jh.: Jona Freiherr von Ustinov, Vater von Schauspieler → Peter Ustinov, deutscher Diplomat, arbeitete während des Naziregimes für den britischen Geheimdienst. Italien: Giona. Abkürzungen: Jojo, Jon, Jos.

**Jonas:** ganz oben unter den Spitzenreitern. In vielen Ländern beliebt. Ein biblischer Name. Das Buch Jona ist eine Schrift des Alten Testaments. Aus dem Hebräischen. Bedeutung: Taube. Abkürzungen: Jo, Jojo, Jon, Jos.

**Jonathan:** zeitlos und sehr beliebt. Heute in vielen Ländern gebräuchlich. Aus dem Hebräischen. Bedeutung: Gott hat gegeben. In der Bibel taucht der Name häufiger auf. Ein Jonathan ist Sohn König Sauls und bester Freund Davids. 17./18. Jh.: Jonathan Swift, englisch-irischer Schriftsteller, machte sich einen Namen als gewitzter und scharfer Satiriker. Außerdem gibt es einen beliebten Roman von Richard Bach mit dem Titel »Die Möwe Jonathan«. Kurzformen: Jo, Jojo, Jon, Nathan.

**Jordan:** ein alter Name, der modern wirkt. Aus dem Germanischen. Bedeutung: Erde, kühn. Manchmal wird der Name auch mit dem palästinensischen Fluss Jordan in Verbindung gebracht. In Italien: Giordano; in Frankreich: Jourdain. Abkürzungen: Dan, Don, Jo, Jojo.

**Jordi:** französische Kurzform von → Georg. Aus dem Griechischen. Bedeutung: Landmann.

**Jörg, Joerg.** Auch **Jorg:** kurz. Lange beliebt. Verwandt mit → Georg. Aus dem Griechischen. Bedeutung: Landmann. 20./21. Jh.: Jörg Immendorff war ein bekannter deutscher Maler, Bildhauer und Aktionskünstler.

**Joris, Jooris:** aus Friedland stammende Namen, verwandt mit → Gregor. Aus dem Griechischen. Bedeutung: der Wachsame. Abkürzungen: Jo, Jojo.

**Jorit, Jorrit:** attraktiv, nicht alltäglich. Friesische Kurzformen von → Eberhart. Aus dem Althochdeutschen. Bedeutung: Eber und hart. Abkürzungen: Joki, Josch, Joschie.

**Jork:** attraktiv, originell. Ursprünglich aus Friesland. Verwandt mit dem Namen → Georg. Aus dem Griechischen. Bedeutung: Landmann. → York.

**Jörn:** verwandt mit → Jürgen/→ Georg. Aus dem Griechischen. Bedeutung: Landmann. Eine weitere Form: Yörn.

**Jos, Joss:** kurz und modern. Dabei eigentlich alt: Schon lange verselbständigte Kurzform von Namen wie → Jodukus, → Jobst oder → Jost.

**Josef, Joseph:** traditionell, vor allem im Süden beliebt. Ein biblischer Name. Aus dem Hebräischen. Bedeutung: Gott möge hinzufügen. Unter den vielen berühmten Josephs ein durch die Zeiten bewunderter aus dem 18./19. Jh.: Joseph Haydn, Komponist der Wiener Klassik. Mit → Wolfgang Amadeus Mozart befreundet. Arbeitete erst für die Musikkenner der Familie Esterhazy in Wien, später erfolgreich in London. Außerdem: Joseph Karl Benedikt Freiherr von Eichendorff, Dichter und Romantiker. Kannte viele Größen seiner Zeit. In Italien: Giuseppe; in Frankreich: José, Josèphe; in Russland: Ossip, Josip. Abkürzungen: Bepp, Bepperl, Beppo, Jo, Joffe, Jojo, Jos, Josch, Joschi, Joschka, Josel, Joshi, Joshy, Josip, Jossel, Sepp, Sepperl, Seppl.

**Josh, Joshka:** seit einiger Zeit eingebürgert. Aus dem Ungarischen. Kurz- und Koseform von → Josef, Joseph. Aus dem Hebräischen. Bedeutung: Gott möge hinzufügen. Kosenamen: Josch, Jossi.

**Joshua, Josua:** ein beliebter biblischer Name. Aus dem Hebräischen. Bedeutung: Gott hilft. Der Name taucht in der Bibel immer wieder auf. So hieß der Nachfolger von → Moses Josua. Namenstag: 1. September. Abkürzungen: Jo, Jojo, Jos, Josch, Joschi, Joshi, Joshy.

**Josias.** Auch **Josia, Josiah:** ein biblischer Name. Aus dem Hebräischen. Bedeutung: Gott heilt. Erinnert an den Josias aus dem Alten Testament, Sohn und Nachfolger des Königs Amon von Juda. Abkürzungen: Jo, Jojo, Jos, Josch, Joschi, Joschka, Joshi, Joshka, Joshy.

**Jost, Joost:** individuell, einprägsam. Aus den Niederlanden. Geht wohl auf → Jodocus zurück. Aus dem Keltischen. Bedeutung: Kämpfer, Krieger. Oder auf → Josua. Aus dem Hebräischen. Bedeutung: Gott hilft. 16./17. Jh.: Jost Bürgi war ein genialer Uhrmacher, Instrumentenbauer, später auch Hofastrologe am Hof des Landgrafen Wilhelm IV. von Hessen, danach in Prag bei Kaiser Rudolf II. 16./17. Jh.: Jost Andreas von Randow kämpfte zusammen mit Gleichgesinnten für die Reform und Pflege der deutschen Sprache und gegen die Übermacht des Lateinischen. Kosenamen: Jo, Jojo, Jos, Josch.

**Julian:** ein romantischer und heute populärer Name mit römischer Vergangenheit. Aus dem Lateinischen. Bezieht sich auf ein römisches Geschlecht. 3./4. Jh.: Der heilige Julian soll als Missionar in Frankreich unterwegs gewesen sein. Wurde erster Bischof von Le Mans. 4. Jh.: Der römische Kaiser Flavius Claudius Julianus, bekannt als Julian Apostata, förderte die römischen und griechischen Kulte, wollte das Christentum zurückdrängen. 4./5. Jh.: Julian von Tarsus, als Christ verfolgt, musste mit wilden Tieren kämpfen, wurde schließlich getötet. In Frankreich: Julien. Abkürzungen: Jul, July, Just, Lano, Lilus, Lio, Lius.

**Julius:** zeitlos, unabhängig von Moden, sehr beliebt. Aus dem Lateinischen. Bezieht sich auf ein römisches Geschlecht. 1. Jh.

v. Chr.: Gaius Julius → Caesar, der große römische Feldherr und Staatsmann – ein Begriff für jeden, der sich mit römischer Geschichte befasst hat. Später auch ein Papst-Name. 18./ 19. Jh.: Julius Eduard Hitzig, Jurist, Buchhändler, Verleger und Schriftsteller. Kümmerte sich intensiv um juristische Fachliteratur, war aber auch Mitglied in literarischen Gesellschaften. 19. Jh.: Julius Robert von Mayer, Forscher, Mediziner und Physiker aus Leidenschaft. Arbeitete auch als Schiffsarzt. Wurde durch das Leben auf See zu physikalischen Überlegungen angeregt. In England: Giles; in Frankreich: Jules; in Italien: Giulio, Luglio; in Spanien: Julio. Abkürzungen: Jul, Jus, Just, Lio, Liu, Lius.

**Jürgen, Juergen:** norddeutsch. Gerade nicht im Hoch. Abgeleitet von dem Namen → Georg. Aus dem Griechischen. Bedeutung: Landmann. 20./21. Jh.: Jürgen Klinsmann ist ein weltbekannter ehemaliger deutscher Fußballspieler, der heute als Trainer Erfolg hat. Als Fußballbundestrainer brachte er die deutsche Nationalmannschaft bei der WM 2006 auf den dritten Platz. Variante: Jürg. In Dänemark: Jörgen; in Osteuropa: Jirko; in Polen: Jerzy; in Schweden: Göran, Jöran, Jorrit. Abkürzungen: Jörn, Jürg, Jürn, Just. → Jörn.

**Juri, Jurij:** ansprechend, interessant. Aus Russland. Inzwischen eingebürgert. Hergeleitet von → Georg. Aus dem Griechischen. Bedeutung: Landmann.

**Jurian:** ein alter niederländischer Name, schon im 18. Jh. bekannt. Heute eher selten. Abkürzungen: Jan, Juri.

**Jurik.** Auch **Jurek:** aus Polen. Hergeleitet von → Georg. Aus dem Griechischen. Bedeutung: Landmann.

**Justus.** Oder **Justin:** heute international und weit oben in der Beliebtheitsskala. Aus dem Lateinischen. Bedeutung: der Gerechte. Gilt auch als Kurzform von → August. Aus dem Lateinischen. Bedeutung: der Erhabene. 17. Jh.: Justus Georg Schottelius, Lehrer, Sprachforscher und Dichter, war um die deutsche Sprache bemüht. 18. Jh.: Johann Nikolaus von Hontheim schrieb unter dem Decknamen Justinus Febronius eine Kritik an der päpstlichen Kurie in Rom, nachdem er als Priester und Gelehrter in der katholischen Kirche Karriere gemacht hatte. Das kam in Rom nicht gut an – Hontheim musste seine Kritik zurücknehmen. 18. Jh.: Justus Möser, Staatsmann, Jurist, Literat und Historiker. Seine Vielseitigkeit prägte sein Leben. Mal kümmerte er sich um Verwaltung, mal schrieb er über Politik, Literatur, Geschichte und Theater. 19. Jh.: Justus Liebig war ein Chemiker, dessen Entwicklungen von Mineraldünger über den Silberspiegel bis hin zu Backpulver und Babynahrung reichen. Weitere Formen: Justinus, Justinian, Justinianus. In Frankreich: Juste; in Spanien: Justo. Abkürzungen: Jus, Just, Tino.

## _WAS HILFT BEI DER NAMENSWAHL?

Die meisten Eltern entscheiden sich schon vor der Geburt für den Namen ihres Kindes. Manche haben allerdings so ihre Schwierigkeiten damit. Hier ein paar Tipps für die richtige Namenswahl.

1. In der Familie suchen. Vielleicht finden Sie einen Onkel oder Urgroßvater – irgendjemanden aus ihrem näheren Umfeld, der sein Leben gemeistert hat und ein Kind, das denselben Namen trägt, mit Stolz erfüllen kann. Der Brauch, einem Jungen den Namen des Vaters oder eines Paten zu geben, ist nicht ganz zu verachten, denn schließlich sind Orientierungsgrößen ganz automatisch die großen Vorbilder für die Kleinen – vorausgesetzt natürlich, der Name ist nicht zu veraltet oder ausgefallen.

2. In der Geschichte suchen. Halten Sie Ausschau nach einem Mann, der in der Politik, in der Kunst – wo auch immer – eine positive Rolle gespielt hat, zum Vorbild taugt und dazu einen Vornamen trägt, mit dem Sie sich und später Ihr Sohn identifizieren können.

3. In der eigenen Lebensgeschichte suchen. Welche Bücher, welche Filme, Lieder, Orte bedeuten Ihnen viel? Manchmal ergibt sich auch aus diesen Überlegungen ein passender Name.

4. Einfach auf das Baby warten. Vielen Eltern ist spätestens beim Anblick ihres Sprösslings klar, welcher Name zu ihm passt.

**Kai, Kay:** im Norden beliebter als im Süden. Aus dem Nordischen. Bedeutung liegt im Dunkeln. Vielleicht: der Kampf. Weitere Namensformen: Kaj, Kaie. Kaye. → Cai.

**Kajetan:** zeitlos. Aus dem Lateinischen. Bedeutung: einer aus Gaeta (in Italien). 15./16. Jh.: Kajetan von Thiene, Dr. jur., ließ sich zum Priester weihen, wurde Mitbegründer des Ordens der Theatiner und ein Heiliger. Namenstag: 7. August. Abkürzungen: Kai, Kaj, Tanno, Tano. → Cajetan.

**Kajo:** unkompliziert. Neueren Datums. Erweiterung von → Kai, vielleicht auch von → Karl oder → Joachim.

**Kalle:** aus Skandinavien importierter Ableger von → Karl. Aus dem Althochdeutschen. Bedeutung: freier Mann. 20./21. Jh.: Kalle Blomquist, schlau, gewitzt und ziemlich abenteuerlustig, ist die Hauptfigur im gleichnamigen Kinderbuch der schwedischen Autorin Astrid Lindgren. Wird seit Generationen von Kindern geliebt.

**Kamil, Kamill.** Auch **Kamillus:** klassisch, zeitlos. Aus dem Lateinischen. Bedeutung: edel geboren. Oder: der Opferdiener. 16./17. Jh.: Der heilige Kamillus von Lellis verspielte sein gesamtes Hab und Gut. Zum Glauben bekehrt, widmete er sein Leben später den Kranken. Gründete mit Gleichgesinnten den Orden der Kamillianer. Namenstag: 14. Juli. Weitere Form: Kamillo. Abkürzungen: Kalle, Millo, Milo. → Camill.

**Karel:** besonders, aber nicht zu ausgefallen. Passt immer. Verwandt mit → Karl. Aus dem Althochdeutschen. Bedeutung: freier Mann. 20./21. Jh.: Karel Gott, in Deutschland noch immer beliebter tschechischer Schlagersänger, ist schon seit Jahrzehnten im Geschäft. Kosenamen: Kalle, Kallo. → Carel.

**Karl:** früher ein Renner und heute wieder beliebt. Aus dem Althochdeutschen. Bedeutung: freier Mann. 8./9. Jh.: Karl der Große, lateinisch Karolus Magnus, wurde in Rom zum Kaiser gekrönt. Stammte aus dem Geschlecht der Karolinger. Wurde

schon zu Lebzeiten als »der Große« bezeichnet, weil er ein
riesiges Reich mitten in Europa schuf, das er nach innen und
nach außen einte. 16. Jh.: Karl V. war als Karl I. König von
Spanien, später Kaiser des Heiligen Römischen Reiches.
Dank der neuen Eroberungen in Amerika herrschte er über
ein Reich, »in dem die Sonne nie unterging«. 18./19. Jh.: Karl
Reichsfreiherr vom und zum Stein machte sich als Staatsmann daran, die Wirtschaft, die Verwaltung und die Bildung
in Preußen zu reformieren. Sein politischer Freund, auch
Widersacher: Karl August Fürst von Hardenberg, preußischer Staatsmann. Entwarf zusammen mit Stein eine preußische Verfassung, bei der ihnen → Alexander von Humboldt assistierte. 19./20. Jh.: Karl Valentin, Schauspieler,
Autor und Produzent. Weit über Bayern hinaus bekannt und
heute noch bewundert. In Ungarn: Karoly. → Carl.

**Karlos:** angenehm. Verwandt mit → Carl. Aus dem Althochdeutschen. Bedeutung: freier Mann. Mit C oder K? Die
Schreibweise wechselt bei diesem Namen häufiger. → Carlos.

**Karol:** bekannt, aber nicht alltäglich. Passt immer. Vor allem
in Osteuropa gefragt. Verwandt mit → Karl. Aus dem Althochdeutschen. Bedeutung: freier Mann. 20./21. Jh.: Der
Name erinnert an den von vielen bewunderten Papst Karol
Woytila, besser bekannt als Papst Johannes Paul II. → Carol.

**Karsten.** Auch **Kersten:** norddeutsch. Abgeleitet von → Christian. Aus dem Lateinischen. Bedeutung: zu Christus gehörend. 14./15. Jh.: Der Hamburger Bürgermeister Kersten
Miles ist bis heute bekannt. Er soll dem Seeräuber → Klaus
Störtebeker zugesagt haben, diejenigen seiner Kameraden zu
verschonen, an denen Störtebeker nach seiner Enthauptung
kopflos vorbeirennen würde.

**Kasimir:** international. Aus dem Slawischen. Bedeutung: verkünden und Friede. Mehrere Könige Polens hießen Kasimir.
Aber auch bei uns wurde der Name bereits im 17./18. Jh. aktuell: Johann Kasimir Kolbe von Wartenberg hatte am preußischen Hof als Minister großen Einfluss. 20. Jh.: In dem
Volksstück von → Ödön von Horváth »Kasimir und Karo-
line« geht es um eine Liebe, die sich mit der Zeit verändert.
Abkürzungen: Kass, Miro. → Casimir.

**Kaspar:** zeitlos, ansprechend. Persischen Ursprungs. Bedeutung: Schatzmeister. 19. Jh.: Kaspar Hauser – ein junger Mann, der verwahrlost in Nürnberg aus dem Nichts auftauchte, nicht richtig sprechen konnte und recht sonderbar war, hat Forschern, die sich des »Findeljungen« annahmen, Rätsel aufgegeben. Außerdem: Der »Suppenkaspar« aus dem bekannten Buch »Struwwelpeter« von Heinrich Hoffmann. Wesentlich munterer: das Kasperle aus dem Kasperletheater. In England: Gaspar; in Frankreich, Spanien: Gaspard; in Italien: Gasparo. Abkürzungen: Cass, Gary, Gass, Kaschba, Koschba, Paro. → Caspar.

**Kassian.** Auch **Kassius:** anspruchsvoll. Aus dem Lateinischen. Hinweis auf ein altrömisches Geschlecht. 3./4. Jh.: Kassian von Imola soll erster Bischof in Südtirol gewesen sein. Wurde zum Märtyrer und später ein Heiliger. Namenstag: 13. August. → Cassius. Abkürzungen: Ian, Jan, Yan.

**Kastor:** individuell, besonders. Aus dem Griechischen. 1. Jh. v. Chr.: Kastor von Rhodos. War Geschichtsschreiber. Hat festgehalten, was uns heute interessiert. → Castor.

**Keith:** aus dem Englischen. 20./21. Jh.: Ein etwas zerknitterter, verwitterter Keith, der immer noch munter um die Welt tourt, obwohl er inzwischen über 60 ist: Keith Richards, Lead-Gitarrist der Rolling Stones.

**Keld, Kield, Kjeld** oder **Kjell:** eher in Norddeutschland bekannt. Bedeutung: Helm. In Schweden: Kjüll.

**Kelvin:** ein irischer Name. Aus dem Gälischen. Bedeutung: vom nahen Fluss. Abkürzungen: Kell, Ken.

**Kemal:** aus dem Türkischen. Bedeutung: Vollkommenheit. 19./20. Jh.: Mustafa Kemal Atatürk war der Begründer der modernen Türkei und erster Präsident der Republik Türkei, die nach dem Ersten Weltkrieg aus dem Osmanischen Reich hervorgegangen ist. Führte weitreichende gesellschaftliche Reformen durch. → Cemal.

**Ken:** Kurzform von Kenneth. Aus dem Keltischen. Wahrscheinliche Bedeutung: aus Feuer geboren.

**Keno:** klingt frisch und modern. Ist aber ein alter Name. Aus dem Friesischen. Variante der alten deutschen Namen → Kuno/→ Konrad. Bedeutung: kühn, tapfer, Ratgeber.

**Kent:** kurz und knackig. International. Passt überall. Aus dem Altenglischen. Bedeutung: Küste, Grenze. Oder auch: strahlend weiß. 20./21. Jh.: Kent Nagano, amerikanischer Dirigent japanischer Abstammung, der glücklicherweise viel in Europa arbeitet und sein Publikum beglückt.

**Kevin:** international. Aus dem Gälischen. Besonders in England und Amerika beliebt. Bedeutung: hübsch. 20./21. Jh.: Zutreffend für Kevin Costner, in jungen Jahren besonders gut aussehender amerikanischer Hollywoodschauspieler, Regisseur und Filmproduzent. Abkürzungen: Fin, Vinno.

**Kilian:** charmant, attraktiv und damit aktuell. Ein irisch/schottischer Name. Aus dem Keltischen. Bedeutung: Krieg. 7. Jh.: Schon damals war ein Iroschotte namens Kilian in Europa unterwegs. Er sollte im Auftrag des Papstes den Germanen den Glauben bringen. Vermittelte außerdem Kenntnisse in Ackerbau, Viehzucht und Holzwirtschaft, was gut ankam. Abkürzungen: Kill, Kim, Lino.

**Kim:** Kurzform von so unterschiedlichen Namen wie etwa Kimberley oder Kimball oder auch von → Joachim. Aus dem Hebräischen. Bedeutung: Gott richtet auf.

**Kjell.** Auch **Kjeld:** aus Norwegen, Dänemark. Inzwischen auch bei uns beliebt. Aus dem Altnordischen. Wahrscheinliche Bedeutung: Helm.

**Klaas.** Auch **Klas:** Kurzformen von → Nikolaus. Aus dem Griechischen. Bedeutung: Sieg und Volk. → Claas.

**Klaudius:** attraktiv. Ausgefallen, aber nicht übertrieben. Männliche Form von Klaudia. Aus dem Lateinischen. Ein Familienname. Abkürzungen: Dino, Dio, Klaus.

**Klaus:** früher beliebter. Kurzform von → Nikolaus. Aus dem Griechischen. Bedeutung: Sieg und Volk. 14./15. Jh.: Ein wilder Klaus, bis heute sagenumwoben: Klaus Störtebeker, berühmtester aller Seeräuber, der mit den Hansestädten im Dauerclinch lag. Seine Geschichte liest sich wie ein spannender Krimi (→ Karsten). 20. Jh.: Klaus Mann, Sohn von → Thomas Mann, kämpfte gegen den Nationalsozialismus und als Schriftsteller um Erfolg. → Claus.

**Klemens** oder **Klemenz:** Klassiker. Aus dem Lateinischen. Bedeutung: gütiges, sanftes Wesen. 18./19. Jh.: Klemens Wenzel Lothar von Metternich, Staatsminister des österreichischen Kaiserreichs, stellte wichtige Weichen. Förderte die Heirat der österreichischen Erzherzogin Marie-Luise mit Napoléon. Engagierte sich später im Befreiungskrieg gegen ihn und hatte beim Wiener Kongress den Vorsitz. Auch: Klement. Abkürzungen: Kleve.

**Knut, Knud:** aus dem Nordischen. Unklare Bedeutung. 11. Jh.: Knud der Große war nicht nur König Dänemarks, sondern auch König Englands. 19./20. Jh.: Knut Hamsun war einer der bedeutendsten norwegischen Schriftsteller des frühen 20. Jh. Erhielt den Nobelpreis für Literatur.

**Kolbert:** ein alter Name. Aus dem Altenglischen und Althochdeutschen. Bedeutung: quellen und glänzend. In Frankreich: Colbert. Abkürzungen: Bert, Kool.

**Kolja:** aus Russland. Kurzform von → Nikolaus. Aus dem Griechischen. Bedeutung: Sieg, Volk. Kosename: Kolinka.

**Kolman, Koloman:** ausgefallen. Verwandt mit → Kolumban. Aus dem Lateinischen. Bedeutung: Taube. Abkürzungen: Gol, Golo, Kol, Kollo.

**Kolumban:** ungewöhnlich. Aus dem Lateinischen. Bedeutung: Taube. Abkürzungen: Kollo, Olli, Olly. → Columban.

**Konrad:** attraktiver Klassiker. Aus dem Althochdeutschen. Bedeutung: kühn, tapfer, Ratgeber. Die Liste bedeutender Namensträger ist lang. 10./11. Jh.: Konrad II., König von Italien, Kaiser des Heiligen Römischen Reiches, gelang es, sein Reich auf einigermaßen friedliche Weise zusammenzuhalten. 15. Jh.: Konrad Witz, bedeutender Maler, Vertreter der oberrheinischen Spätgotik. 19. Jh.: Der am Daumen lutschende Konrad aus dem Kinderbuch »Struwwelpeter« von Heinrich Hoffmann wird berühmt: »Konrad, sprach die Frau Mama …«19./20. Jh.: Konrad Adenenauer war der erste Bundeskanzler der Nachkriegszeit, er wurde dreimal wiedergewählt. Weitere Form: Konradin. Abkürzungen: Kon, Kone, Kono, Konni, Konno, Konny, Konz, Koort, Kord, Kort, Kuno, Kunz, Kurd, Kurt. → Conrad.

**Konstantin:** ein Klassiker. Aus dem Lateinischen. Bedeutung: der Standhafte. Unzählige Herrscher trugen diesen Namen, angefangen in der Antike bis ins 20. Jh. Darunter fanden sich

Kaiser, Patriarchen und Könige von Schottland bis Griechenland. 20./21. Jh.: Konstantin Landa ist ein russischer Schachspieler, der es zum Schachgroßmeister gebracht hat. Außerdem: Konstantin Wecker, Musiker, Liedermacher und Autor, seit Jahrzehnten eine kritische Stimme gegen Rechts und ein bekanntes Gesicht vor allem im süddeutschen Raum. In Osteuropa: Kostadin, Kostatin, Kosta; in Griechenland: Kostas. Abkürzungen: Dino, Konno, Konny, Kono, Konstans, Konsti, Kosta, Kostja, Kunz, Tino, Tintin. → Constantin.

**Korbinian:** vor allem in Süddeutschland gefragt. Aus dem Althochdeutschen. Bedeutung: kleiner Rabe. 7./8. Jh.: In Bayern wird der heilige Korbinian gefeiert. War als Missionar tätig und sorgte für Sitte und Anstand. Wird seither vor allem in München und Freising verehrt. Namenstag: sowohl am 8. September als auch am 20. November. 19./20. Jh.: Korbinian Brodmann, berühmter Histologe und Psychiater, brachte die Hirnforschung ein ordentliches Stück weiter. Abkürzungen: Bi, Bibi, Korbe, Korby, Korwe. → Corbinian.

**Kord:** schlicht, einfach. Niederdeutsch. Verwandt mit → Conrad. Aus dem Althochdeutschen. Bedeutung: kühn, tapfer, Ratgeber. → Cord.

**Kornel:** heute international. Verwandt mit → Cornelius. Aus dem Lateinischen. Hinweis auf ein römisches Geschlecht. Abkürzungen: Kon, Konni. → Cornel.

**Kornelius:** ein Klassiker. Aus dem Lateinischen. Hinweis auf ein römisches Geschlecht. In den Niederlanden: Korneel. Abkürzungen: Kees, Kon, Konni, Konno, Korneel, Kornel, Lius, Nelson, Niels, Nils. → Cornelius.

**Kosimo:** angenehm. Bekannter mit dem Anfangsbuchstaben C. Aus Italien, ursprünglich aus dem Griechischen. Bedeutung: Ordnung, Zier. → Cosimo.

**Kosmas:** nicht alltäglich, nicht zu ausgefallen. Aus dem Griechischen. Bedeutung: Ordnung, Zier. Im 11./12. Jh. schreibt Kosmas von Prag eine bedeutende Chronik des Mittelalters – eine Geschichte Böhmens. → Cosmas.

**Kostja:** ursprünglich ein russischer Kosename für → Konstantin. Aus dem Lateinischen. Bedeutung: der Standhafte. Variante: Kosta.

**Krispin, Krispinian** oder **Krispinus:** Aus dem Lateinischen. Bedeutung: kraushaarig. In den Niederlanden: Krispijn, Krisijn. Abkürzungen: Kriss, Pino. → Crispin.

**Kristian:** die schwedische Schreibweise von → Christian. Ein biblischer Name. Aus dem Lateinischen. Bedeutung: zu Christus gehörend. Weitere Formen: Krister, Krischan. In Island: Kristjan; in Friesland: Karsten, Kersten, Karsjen, Kasjen. Abkürzungen: Jan, Kren, Kris, Kristo.

**Kristof, Kristoffel,** auch **Kristoffer:** in Skandinavien beliebt. Aus dem Griechischen. Bedeutung: Christus tragend. Abkürzungen: Kris, Kristo, Stoffel, Stoffer. → Christoph.

**Kuno:** ein voller Zweiklang. Ursprünglich Abkürzung von → Konrad. Aus dem Althochdeutschen. Bedeutung: kühn, tapfer, Ratgeber. 16./17. Jh.: Kuno von Alvensleben, Domherr von Magdeburg, wurde als evangelischer Domherr nach der Zerstörung Magdeburgs durch Kaisertruppen vertrieben und durch einen katholischen ersetzt. Später waren dann wieder die Protestanten am Zuge. → Cuno.

**Kunz:** ehemalige Kurzform von → Konrad. Aus dem Althochdeutschen. Bedeutung: kühner Ratgeber.

**Kurt:** heute ziemlich im Abseits. Ursprünglich Kurzform von → Konrad. Aus dem Althochdeutschen. Bedeutung: kühn, tapfer, Ratgeber. 19./20. Jh.: Kurt Tucholsky war ein deutscher Journalist und Schriftsteller. Er zählte wegen seiner zeitkritischen Satiren, Kabarett- und Liedertexte zu den bedeutendsten Autoren der Weimarer Republik. Emigrierte vor der Machtergreifung des NS-Regimes nach Schweden. 20./21. Jh.: Ein beliebter amerikanischer Schauspieler trägt diesen Namen: Kurt Russell, bekannt geworden vor allem für seine Rolle in dem Actionfilm »Die Klapperschlange«. → Curt.

**Kyrill:** aus dem Griechischen. Bedeutung: der rechte Herr. In Bulgarien: Kiril. → Cyrill.

**Kyros:** alter persischer Königsname. 7. Jh.: Kyros II. eroberte einst große Teile Griechenlands und des heutigen Afghanistans, nahm Babylon ein und baute so ein mächtiges altpersisches Königreich auf. Herodot, griechischer Historiker, pries die kulturelle und religiöse Toleranz dieses Herrschers. → Cyrus.

**Ladislaus:** ungewöhnlich. Aus dem Slawischen. Bedeutung: Macht, Ruhm. Ungarische, böhmische und polnische Herrscher trugen diesen Namen vom 12. Jh. an. 15./16. Jh.: Ladislaus Sunthaym, Historiker, Genealoge, Geograph und Geistlicher, arbeitete hauptsächlich in Wien, reiste viel, um sowohl in Klöstern als auch in weltlichen Archiven Geschichtsschreibung zu betreiben. Durch die topographischen Details in seinen Werken sind diese eine wichtige Quelle für Österreichs Landeskunde und Wirtschaftsgeschichte, aber auch für Teile Deutschlands. Abkürzungen: Adi, Addi, Klaus, Ladi, Lado.

**Lajos:** interessant, nicht zu ausgefallen. In Ungarn populär. Verwandt mit → Ludwig. Aus dem Althochdeutschen. Bedeutung: berühmt und Kampf. Abkürzung: Josch.

**Lambert.** Auch **Lampert:** zeitlos. Fern jeden Trends. Aus dem Althochdeutschen. Bedeutung: Land, glänzend. In Namensregistern taucht dieser Name bereits im 16. Jh. auf. 18./19. Jh.: Lambert Joseph von Babo war ein bedeutender Agronom und Vinologe, der sich vor allem mit Bodenkunde, Ackerbau, Wiesenkultur und natürlich Weinbau beschäftigte. Abkürzungen: Bert, Lambi, Lampi.

**Lancelot, Lanzelot:** originell, anspruchsvoll. Aus dem Altenglischen. Bezieht sich auf die Sage von König Artus oder → Arthur. Darin spielt Lancelot, Held und Ritter der berühmten Tafelrunde, eine wichtige und tragische Rolle. Variante: Lambertus. Abkürzungen: Lanz, Lenz, Zeno.

**Lando:** ansprechender Zweisilber. Ziemlich unbekannt. Passt immer. Kurzform von Namen wie Landerich, Landewin, Landfried. Die Anfangssilbe »Land« stammt aus dem Althochdeutschen. Bedeutung: Land. Eine Figur in der weltberühmten Science-Fiction-Saga »Star Wars« ist Lando Calrissian, Administrator der Wolkenstadt auf einem Planeten, der auf der »guten Seite« der Macht steht. Abkürzung: Lano.

**Landolin, Landelin:** freundlich, eigentlich Kosenamen, hergeleitet von → Lando. Kurzformen von vergessenen Namen wie Landerich, Landewin, Landfried. Die Anfangssilbe »Land« stammt aus dem Althochdeutschen. Bedeutung: Land. Abkürzungen: Lano, Lino.

**Larry:** modern, schnörkellos. Kurzform von Laurence. Aus dem Englischen und Lateinischen. Bedeutung: Ortsangabe oder der Lorbeergeschmückte.

**Lars:** kurz, unkompliziert. Immer aktuell. Ein schwedischer Name. Inzwischen in vielen Ländern bekannt. Aus dem Lateinischen. Bedeutung: der Lorbeergeschmückte. 6. Jh. v. Chr.: Bei den Etruskern gab es den Namen bereits. So regierte damals ein Lars Porsenna, König von Clusium, der als sehr geschickt galt. 15./16. Jh.: Lars Petersson wurde zum Erzbischof der schwedischen Kirche gewählt, legte ein Papier vor, das die Reformation vorbereitete. 20./21. Jh.: Bei Kindern beliebt: Lars, der kleine Eisbär, Hauptfigur aus den Kinderbüchern von Hans de Beer. Seine Abenteuer sind auch in Form von Hörspielkassetten und Filmen äußerst gefragt.

**Laslo:** ansprechend. International, aber vor allem in Ungarn populär. Passt überall. Verwandt mit → Ladislaus. Aus dem Slawischen. Bedeutung: Macht, Ruhm. Abkürzung: Lo.

**Lasse:** Frisch, fröhlich und wahrscheinlich deshalb so beliebt. Im hohen Norden populär. Klingt nach Astrid-Lindgren-Geschichten. Kosename von → Lars. Aus dem Lateinischen. Bedeutung: der Lorbeergeschmückte.

**Laurens.** Auch **Laurenz:** ein Klassiker. Angenehm und schmückend. Aus dem Lateinischen. Bedeutung: der Lorbeergeschmückte. 3. Jh.: Der Heilige Laurentius wird heute noch verehrt. Weil alljährlich um seinen Gedenktag der Sternschnuppenschwarm der Perseiden auftritt, wird diese Himmelserscheinung »Laurentiustränen« genannt. Namenstag: 10. August. 19./20. Jh.: Der Amerikaner Laurens Hammond, Geschäftsmann und Tüftler, erfand die Hammondorgel. Weitere Namensformen: Laurentius, Laurent. In den Niederlanden und Norwegen: Lavrans; in Dänemark: Laurids; in Schweden: Laurits oder Lavranz; in Frankreich: Laurent; in England: Laurence, Lawrence, auch Laurel; in Italien: Lorenzo.

Andere Namensformen: Lauritz, Lewerenz, Loris (vor allem in der Schweiz). Abkürzungen: Enz, Lars, Lasse, Laurel, Lauri, Laurie, Lauro, Lenz, Lorry, Renz, Renzo, Rick, Rik.

**Laurin:** gute Ausstrahlung. Passt immer. 13. Jh.: Der Name bezieht sich auf die Dietrichsage. Daraus ist die Geschichte von König Laurin bekannt, der Zauberkräfte besaß und einen sagenhaften Rosengarten hoch in den Alpen, der in der Dämmerung rot glühen konnte (Alpenglühen). Trotz seiner Kräfte unterlag er im Kampf mit Dietrich von Bern. Abkürzungen: Ino, Laurel, Liu, Rino.

**Laurits, Lauritz.** Auch **Laurids:** aus Dänemark. Hergeleitet von → Laurenz. Aus dem Lateinischen. Bedeutung: Ortsangabe oder der Lorbeergeschmückte. 19./20. Jh.: Bekannter wurde der Name durch den Roman »Die Aufzeichnungen des Malte Laurids Brigge« von → Rainer Maria Rilke.

**Lazar, Lasar:** ungewohnt und interessant. Verwandt mit dem Namen Lazarus. Aus dem Hebräischen. Bedeutung: dem Gott hilft. Ein biblischer Lazarus: Bruder von Marta und Maria, der von Jesus wieder zum Leben erweckt wurde. Namenstag: 17. Dezember.

**Leander, Leandros:** liebenswert, angenehm. Aus dem Griechischen. Bedeutung: Mann und Volk. Oft besungen, oft beklagt, zuerst von hellenistischen Dichtern, später von Ovid und anderen: die tragische Liebesgeschichte von Leander und Hero, die, durch das Meer getrennt, nicht zueinanderkommen konnten. 20./21. Jh.: Leander Adrian Paes, indischer Tennisspieler, ehemalig Nummer 1 auf der Doppel-Weltrangliste. In Italien: Leandro; in Frankreich: Léandre. Abkürzungen: Andi, Andy, Len, Lenny, Leo.

**Leberecht, Lebrecht:** altertümlich. Bedeutung: vielleicht lebe richtig. 18./19. Jh.: Der zweite Name des berühmten preußischen Generalfeldmarschalls → Gebhard Leberecht von Blücher, der wegen seiner draufgängerischen Art den Spitznamen »Marschall Vorwärts« trug. 19./20. Jh.: Der Roman »Leberecht Hühnchen« von Heinrich Seidel macht einfach gute Laune. Leberecht beherrscht die Kunst, aus kleinen Dingen Glück zu ziehen. Wer hätte nicht gerne ein Stück seines Frohsinns? Abkürzungen: Bert, Brecht.

**Leif:** interessant. International. Aus dem Nordischen. Bedeutung: Erbe. Kosename: Leffe.

**Lelio:** verspielt, heiter. In Italien bekannt. Aus dem Lateinischen. Hinweis auf ein altrömisches Geschlecht.

**Len, Lenn.** Auch **Lenny:** Kurzformen von Namen wie etwa → Lennard, → Lennert, → Leonhard. Aus dem Lateinischen/Althochdeutschen. Bedeutung: der Löwenstarke.

**Lennard, Lennart.** Auch **Lennert:** ansprechend. Modernere Variante von → Leonhard. Aus dem Lateinischen und Althochdeutschen. Bedeutung: der Löwenstarke. 19./20. Jh.: Gustav Lennart Nicolaus Paul Bernadotte, Graf Wisborg, verwandelte die Insel Mainau im Bodensee in ein Blumenparadies. Weitere Schreibweisen: Lenard, Lenhard, Lenert. Abkürzungen: Len, Lenn, Lenny.

**Lenz:** einprägsam, individuell und schnörkellos. Kurzform von vielen Namen. Unter anderem von → Laurenz und → Lorenz. Aus dem Lateinischen. Bedeutung: Ortsangabe oder der Lorbeergeschmückte. 19. Jh.: Bekannt durch »Lenz«, ein Novellenfragment von → Georg Büchner.

**Leo.** Auch **Leon:** Spitzenreiter auf der deutschen Namenshitliste. Unkompliziert. Angenehm im Klang. Aus dem Lateinischen und Althochdeutschen. Bedeutung: der Löwenstarke. Ein Papst- und Kaisername. 9./10. Jh.: Der byzantinische Imperator Leo VI., der Weise genannt, hat nicht nur Kriege geführt, sondern soll der Überlieferung nach auch die Philosophie gefördert haben. 8. Jh.: Es heißt, Leo oder Leon von Catania sei wegen seines geradlinigen, glaubwürdigen Lebens zum Bischof bestimmt worden. In Frankreich: Léon; in Italien: Leone; in Russland: Lew, Leonid. Kosenamen: Len, Lenni, Lenny, Lenz.

**Leonard:** ein Klassiker. Immer modern. Immer beliebt. Verwandt mit → Leonhard. Aus dem Lateinischen und Althochdeutschen. Bedeutung: der Löwenstarke. 15./16. Jh.: Der Italiener Leonardo da Vinci, Maler, Bildhauer, Architekt, Musiker und Wissenschaftler, war ein Universalgenie, wird seit Jahrhunderten bewundert. 19. Jh.: der französische Mathematiker Emile Léonard Mathieu entdeckte die Differenzialgleichungen, die nach ihm benannt wurden. 20. Jh.: Der

Amerikaner Leonard Bernstein, hochgelobter Dirigent, Komponist, Pianist, hat Musikgeschichte geschrieben. Komponierte unter anderem die Musik zur »West Side Story«, ein Musical, das auch verfilmt wurde. 20./21. Jh.: Leonard Cohen, kanadischer Schriftsteller, vor allem jedoch als Folksänger und Songwriter bekannt. In Italien: Leonardo, Lenardo; in Frankreich: Léonard; in Schweden auch Linnart. Abkürzungen: Len, Lenni, Lenny, Lenz, Leo.

**Leonhard, Leonhart:** zeitlos. Aus dem Lateinischen und Althochdeutschen. Bedeutung: der Löwenstarke. 18. Jh.: Leonhard Euler, Mathematiker, schuf elementare Grundlagen. Sein Wirken ging weit über die Mathematik hinaus. Weitere Form: Leonidas. Abkürzungen: Hard, Hardy, Hartl, Len, Lenny, Lenz, Leo, Leon.

**Leonid:** wohlklingend, ansprechend. In Russland populär. Aus dem Griechischen. Bedeutung: Löwe. Abkürzungen: Leo, Lev, Lew.

**Leopold:** ein Klassiker. Passt überall. Aus dem Althochdeutschen. Bedeutung: Volk, kühn. Beliebter Königs- und Fürstenname. 17./18. Jh.: Leopold von Anhalt Köthen, Kunstkenner und Musikfreund, holte → Johann Sebastian Bach an den Köthener Hof. Blieb ihm lebenslang freundschaftlich verbunden. 18./19. Jh.: Leopold von Ranke, Historiker, Wissenschaftler und Mitglied der Akademie der Wissenschaften. Kümmerte sich um die Weltgeschichte. Wird als Begründer moderner Geschichtswissenschaft gesehen. Alte Namensform: Luitpold. In Frankreich: Léopold; in Italien: Leopoldo. Abkürzungen: Len, Lenz, Leo, Leon, Poidl, Pol, Polde, Poldi, Poldo, Polle, Pollo.

**Lester:** lässig, international. Aus dem englischen Sprachraum. Ursprünglich ein Familienname. In alten Königsdramen stößt man auf diesen Namen. Abkürzung: Les.

**Levent:** aus dem Türkischen. Bedeutung: junger Held.

**Levi:** ein biblischer Name. Aus dem Hebräischen. Bedeutung: zugetan. 19./20. Jh.: Levi Strauss, in Deutschland geborener amerikanischer Unternehmer, gilt als Erfinder der Blue Jeans. In Zeiten des Goldrausches kam ihm die Idee, für die zahlreichen Abenteurer strapazierfähige Hosen zu produzieren.

**Levin.** Auch **Lewin:** bei vielen beliebt. Aus dem Niederdeutschen. Abgeleitet von dem in Vergessenheit geratenen Namen Liebwin. Aus dem Althochdeutschen. Bedeutung: lieb und Freund. 19. Jh.: Ein erfolgreicher, einst gefragter Literat war Levin Schücking. Abkürzungen: Levi, Vin, Win.

**Lew.** Auch **Lev:** in Russland gebräuchlich, verwandt mit → Leo. Aus dem Lateinischen. Bedeutung: der Löwe. 19./ 20. Jh.: Der Schriftsteller Lew Nikolajewitsch Graf Tolstoi wurde im deutschsprachigen Raum meist Leo genannt. Wichtigste Werke: »Krieg und Frieden« und »Anna Karenina«.

**Lewis:** vor allem in England zu Hause. Variante von → Ludwig. Aus dem Althochdeutschen. Bedeutung: berühmt und Kampf. Abkürzungen: Lev, Lew, Lou, Louie.

**Lewold** oder **Levold:** aus dem Niederdeutschen, zurückzuführen auf den Namen Liebhard. Aus dem Althochdeutschen. Bedeutung: lieb, hart. Abkürzungen: Lu, Olli, Olly.

**Lex:** unkompliziert. International. Hergeleitet von → Alexander. Aus dem Griechischen. Bedeutung: schützen und Mann. 20. Jh.: Der amerikanische Schauspieler Lex Barker wurde durch seine Rolle als »Tarzan« bekannt. Später spielte er vor allem in deutschen Filmen mit. War besonders als Old Shatterhand in den Karl-May-Verfilmungen beliebt.

**Liam:** ziemlich beliebt. Neueren Datums. Kurzform von → William und → Wilhelm. Aus dem Althochdeutschen. Bedeutung: Wille und Helm.

**Liborius:** aus dem Lateinischen mit unklarer Bedeutung. 4. Jh.: Liborius, Bischof von Le Mans, ließ Gotteshäuser erbauen. Außerdem soll er Notleidenden geholfen und Wunderheilungen vollbracht haben. Namenstag: 23. Juli. 16./ 17. Jh.: Liborius Wagner, Sohn protestantischer Eltern, arbeitete als katholischer Priester in Würzburg – in Zeiten des Dreißigjährigen Krieges keine leichte Aufgabe. Namenstag: 9. Dezember. Abkürzung: Boris.

**Linnert:** vor allem in Schweden üblich. Verwandt mit → Lennart. Aus dem Lateinischen und Althochdeutschen. Bedeutung: der Löwenstarke.

**Lino:** angenehm. In Italien und Kroatien häufiger. Vielleicht eine Kurzform von Lionardo, verwandt mit → Leonard. Aus dem Lateinischen und Althochdeutschen. Bedeutung: der Löwenstarke. Oder mit anderen Namen mit der Silbe »lino«, wie etwa → Angelino. Aus dem Lateinischen. Bedeutung: Engel.

**Linus:** schnörkellos, einfach in der Schreibweise. Gut zu merken. Passt immer und ist wohl deshalb so beliebt. Herkunft unklar. Vielleicht Kurzform von Namen wie etwa Paulinus. 1. Jh.: Der Heilige Linus war Nachfolger von Petrus, Bischof von Rom. Namenstag: 23. September. 20. Jh.: Eine Figur der »Peanuts« aus dem weltweit erfolgreichen Comic von Charles M. Schulz heißt Linus – der mit der Schmusedecke. Kosenamen: Linn, Lino.

**Lion:** aus der Kurzform von → Lionel entstanden. Aus dem Lateinischen. Bedeutung: kleiner Löwe. 19./20. Jh.: Der erfolgreiche Schriftsteller Lion Feuchtwanger, vor den Nationalsozialisten erst nach Frankreich, dann in die USA geflohen, war einer der bekanntesten Namensträger.

**Lionel, Lyonel:** edel und anspruchsvoll. International. Aus dem Lateinischen. Bedeutung: kleiner Löwe. 19./20. Jh.: Der deutsch-amerikanische Karikaturist und Maler Lyonel Feininger war eng dem Bauhausstil verbunden. Kosename in Italien: Lionello. Abkürzungen: Lenz, Linn, Lino.

**Livius:** klassisch. Aus dem Lateinischen. Abgeleitet von einem Familiennamen. 3. Jh. v. Chr.: Der Dichter Livius Andronicus übersetzte die Odyssee. Es heißt, dass erst mit ihm die lateinische Literatur begänne. In Italien: Livio. Abkürzungen: Fiu, Fius, Lif, Liv, Lui, Vio.

**Lloyd:** exklusiv. Aus dem Englischen und Walisischen. Bedeutung: grau. 20./21. Jh.: Andrew Lloyd Webber ist ein englischer Komponist und Produzent. Komponierte Musicals wie »Cats«, »Phantom of the Opera« oder »Starlight Express« – allesamt Dauerbrenner auf den Theaterbühnen.

**Lois:** unkompliziert und lässig. Kurzform von → Louis/ → Ludwig. Aus dem Althochdeutschen. Bedeutung: berühmt und Kampf.

**Lorenz, Lorenzo:** zeitlos, angenehm. Zuerst in Italien beliebt. Verwandt mit → Laurenz. Aus dem Lateinischen. Bedeutung: Ortsangabe oder der Lorbeergeschmückte. 14./15. Jh.: Der mächtige, begabte und hochgebildete Lorenzo de Medici aus Florenz, »il Magnifico« genannt, war ein kluger Politiker, der die Machtverhältnisse in Italien geschickt ausbalancierte, dazu ein großzügiger, engagierter Förderer der Künste. 19. Jh.: Lorenz von Stein, Staatsrechtler, Nationalökonom und Soziologe. Ihm haben wir den Begriff »Klassenkampf« zu verdanken. In Dänemark: Lorens. Abkürzungen: Laurel, Lenz, Renz, Renzo, Rienzo.

**Loris:** angenehm und modern. Aus Italien. Vielleicht verwandt mit → Lorenz. Aus dem Lateinischen. Bedeutung: der Lorbeergeschmückte.

**Lothar:** heute im Abseits. Aus dem Althochdeutschen. Bedeutung: berühmt, Heer. Früher in Deutschland verbreitet. 9. Jh.: Lothar I. kämpfte mit seinem Halbbruder → Karl um die Kaiserkrone. Der Papst mischte bei diesen Machtspielen ordentlich mit. 11./12. Jh.: Lothar von Süpplingenburg wurde überraschend zum König gewählt, später zum Kaiser. Ob er wollte oder nicht – er musste um seine Macht kämpfen, obwohl er sich nach Frieden sehnte. Wurde später als Friedenskönig bezeichnet. 20./21. Jh.: Lothar Matthäus, ehemaliger deutscher Fußballstar und Nationalspieler, heute Trainer

## WAS GESTERN PASSÉ WAR, IST HEUTE WIEDER GEFRAGT

Karl – nicht gerade ein Name, bei dem man ein goldiges Baby vor Augen hat; eher kommt einem ein Großvater in den Sinn! Irgendwann im vergangenen Jahrhundert war dieser Vorname ein Renner, um später wieder sang- und klanglos zu verschwinden. Und nun taucht er plötzlich immer öfter auf, ja, er scheint sogar auf dem Vormarsch zu sein, wie etliche andere alte Namen auch. Benedikt, Robert, Richard, gestern noch ziemlich daneben, klingen auf einmal wieder akzeptabel oder sogar richtig gut in unseren Ohren: unverbraucht, frisch, wie neu. Dass alte Namen aus dem Umfeld oft besser zu unseren ebenso alten Familiennamen passen als die aus England und Amerika importierten Kevins oder Justins empfinden heute wieder viele Eltern so.

und Kommentator, der es immer wieder aufs Neue versteht, sich selbst ins Rampenlicht zu bringen. Abkürzung: Lutz.

**Louis:** hochaktuell. Ein Hit. Verwandt mit → Ludwig. Aus dem Althochdeutschen. Bedeutung: berühmt und Kampf. 18./19. Jh.: Ein besonders schöner Louis unter den vielen gleichnamigen Prinzen und Königen, strahlend und begabt: Preußenprinz Louis Ferdinand, ein General, der musikalisch und politisch engagiert war. Bestärkte Königin Luise darin, Napoléon entgegenzutreten. Dann: Louis Bonaparte, Bruder von Kaiser Napoléon I., wurde von ihm als König nach Holland geschickt. Sein Sohn Charles Louis Napoléon regierte später als Kaiser Napoléon III. Kosenamen: Lois, Lou, Louison, Lulu.

**Lovis, Lowis:** im Niederdeutschen bekannte Form von → Ludwig. Aus dem Althochdeutschen. Bedeutung: berühmt und Kampf. Berühmt im 19./20. Jh.: Der deutsche Maler Lovis Corinth, Vertreter des Impressionismus. In seinen Spätwerken vermischen sich Impressionismus und Expressionismus.

**Lowik:** kernig, gleichzeitig ansprechend. Gut verständlich. Aus den Niederlanden. Verwandt mit → Ludwig. Aus dem Althochdeutschen. Bedeutung: berühmt und Kampf. Variante: Lodewik. Abkürzungen: Lo, Lou, Wik, Wiko.

**Luc:** in Frankreich aktuell. Hergeleitet von → Lukas. Aus dem Lateinischen. Bedeutung: der Lucanier oder bei Tagesanbruch geboren. 20. Jh.: Der französische Regisseur Jean-Luc Godard hat Filmgeschichte gemacht.

**Luca.** Auch **Luka:** äußerst beliebt. Die italienische Variante von → Lukas. Auch als weiblicher Name bekannt. Aus dem Lateinischen. Bedeutung: der Lucanier oder bei Tagesanbruch geboren. 15./16. Jh.: Luca Pacioli, Franziskaner, Mathematiker und berühmter Professor, war mit → Leonardo da Vinci befreundet. Abkürzungen: Lu, Lui.

**Lucas, Lukas:** ein Hit. Ein biblischer Name. Aus dem Lateinischen. Bedeutung: der Lucanier oder bei Tagesanbruch geboren. Das dritte Buch des Neuen Testaments wird Lukas zugeschrieben. Namenstag: 18. Oktober. 15./16. Jh.: Lukas Cranach der Ältere, berühmter Maler der Renaissance, befreundet mit den Reformatoren → Philipp Melanchthon und

→ Martin Luther, schuf mit seinen Helfern mehr als 5000 Gemälde. Lukas Cranach der Jüngere, Sohn des Älteren, wurde ein gefragter Portraitist der Renaissance. In Irland: Lucan. Abkürzungen: Luc, Luck, Lucky, Lui.

**Lucian, Luzian:** ein Klassiker. Immer im Gespräch, immer passend. Aus dem Lateinischen. Bedeutung: der Lucanier oder bei Tagesanbruch geboren. Variante: Lucianus. 20./21. Jh.: Lucian Freud ist nicht nur ein berühmter Maler, sondern auch der Enkel des Psychoanalytikers Sigmund Freud. Abkürzungen: Ian, Jan, Luc, Luck, Lucky.

**Luciano.** Auch Lucio, Luzio: international, vor allem in südlichen Ländern beliebt. Italienische Form von → Lucian. Aus dem Lateinischen. Bedeutung: der Lucanier oder bei Tagesanbruch geboren. 20./21. Jh.: Der italienische Tenor Luciano Pavarotti wurde weltweit gefeiert und verehrt.

**Lucius, Luzius.** Auch Luzio: zeitlos, fern jeder Mode. Aus dem Lateinischen. Bedeutung: der Lucanier oder bei Tagesanbruch geboren. Auch bei den alten Römern bekannt. 2. Jh. v. Chr.: Lucius Acilius war ein berühmter Rechtsgelehrter. Etwa gleichzeitig wollte Lucius Cornelius Sulla das römische Reich stärken, erreichte mit seinen autoritären Versuchen jedoch das Gegenteil. 5./6. Jh.: Einst war Lucius von Chur als Missionar in der Schweiz unterwegs. Der Legende nach soll er einen wilden Bären bezwungen haben. Namenstag: 3. Dezember. In Frankreich: Lucien. Abkürzungen: Cio, Ian, Jan, Luc, Luck, Lucky, Zio.

**Ludger.** Auch Luitger, Luidger: traditionell, nicht im Mainstream. Aus dem Althochdeutschen. Bedeutung: Volk, Speer. In Friesland: Lutjer, Lüder, Lüer, Lübbers, Lübbert, Lübbo, Lübe, Lüdeke, Luideke, Lükko oder Lüko. Abkürzungen: Gerry, Lu, Luck, Ludo, Lugge, Lutz.

**Ludo:** entstanden als Kurzform von Namen wie etwa Ludbert, Ludolf, Ludwin.

**Ludwig:** zeitlos. Lange uninteressant, jetzt wieder aktueller. Aus dem Althochdeutschen. Bedeutung: berühmt und Kampf. 17./18. Jh.: Ludwig XIV., König von Frankreich, Vertreter des Absolutismus, fasste seinen immensen Machtanspruch in einem Satz zusammen: »L'Etat, c'est moi!« (»Der

Staat bin ich!«) Kümmerte sich nicht ausschließlich um sich selbst, sondern förderte auch die Wissenschaft, die Künste, die Verwaltung. Brachte die französische Kultur zur Blüte. 18./19. Jh.: Ludwig van Beethovens musikalisches Talent zeigte sich früh. Er bekam eine gründliche Ausbildung, wurde Komponist und ging später nach Wien. Seine Musik galt als eigenwillig, ungewöhnlich und genial. Die Tragik seines Lebens: Er wurde schwerhörig. Dann: Ludwig Tieck, Dichter, Schriftsteller und Übersetzer. Förderte die Romantik. Wurde in einer späteren Schaffensperiode Realist und schrieb viele Novellen. In Schweden: Ludvig; in Italien: Lodovico, Lodowico, Ludovico; in Osteuropa: Ludvik, Ludwik. Abkürzungen: Lois, Louis, Lu, Luck, Ludo, Lugge, Luggi, Luik, Lutz, Vico, Wick, Wicke, Wickl, Wigg, Wiggerl.

**Luigi:** eingängig, fröhlich und munter. Vor allem in Italien präsent. Verwandt mit → Ludwig. Aus dem Althochdeutschen. Bedeutung: berühmt und Kampf. 18. Jh.: Luigi Galvani aus Bologna war ein berühmter Arzt, Anatom und Biophysiker, der wichtige Erfindungen machte und die Grundlagen der Elektrizität erforschte. 20./21. Jh.: Luigi Colani gab Motorrädern, Flugzeugen, Möbeln und Brillen als Designer eine neue Form. Variante des Namens: Luggi.

**Luis, Luiz:** besonders in Spanien und Portugal populäre Formen von → Ludwig, längst auch in Deutschland ein Hit. Aus dem Althochdeutschen. Bedeutung: berühmt und Kampf. → Louis.

**Lutz:** beliebte Kurzform von → Ludwig. Aus dem Althochdeutschen. Bedeutung: berühmt und Kampf.

**Lysander:** elegant, anspruchsvoll und romantisch. Aus dem Griechischen. Bedeutung: der Freigelassene. 4./5. Jh. v. Chr.: Der Staatsmann und Feldherr Lysander aus Sparta verhandelte geschickt mit den Persern und sorgte so einigermaßen für Ruhe. 16./17. Jh.: In → William Shakespeares »Ein Sommernachtstraum« spielt ein verliebter Lysander eine entscheidende Rolle und muss um seine Geliebte kämpfen. In Italien: Lisandro. Abkürzungen: Lyo, Sander, Sandro.

**Magnus:** ein Klassiker. Aus dem Lateinischen. Bedeutung: der Große. Im hohen Norden seit Langem ein Königsname. 7./8. Jh.: Damals soll der heilige Magnus als Glaubensbote im Allgäu unterwegs gewesen sein. Der Legende nach vertrieb er mit seinem Hirtenstab Schlangen und Bären, kämpfte sogar mit einem Drachen. Namenstag: 6. September. 11./12. Jh.: Magnus von Schottland, aus altem Adelsgeschlecht, machte seinen Landsleuten als Räuber das Leben schwer. Nach seiner Taufe stellte er seine Raubzüge ein und verhielt sich nun vorbildlich. Er wurde ermordet und als Märtyrer heilig gesprochen. Namenstag: 16. April. 20./21. Jh.: Hans Magnus Enzensberger begleitet als Schriftsteller, Herausgeber, Übersetzer und Redakteur schon seit Jahrzehnten die kulturelle Entwicklung in Deutschland. In Norwegen: Magne, Magnar oder Mogens. Abkürzungen: Gus, Maans.

**Maint:** hergeleitet von Mainart. In Friesland bekannt. Aus dem Althochdeutschen. Bedeutung: Kraft und hart.

**Malcom:** aus England und dem Gälischen. Eine Ortsbezeichnung. Auch ein Königsname. 16./17. Jh.: In → William Shakespeares »Macbeth« wird ein Malcom, Sohn des schottischen Königs Duncan, in das Königsdrama verwickelt. Abkürzungen: Con, Conny, Mal, Mel.

**Malik:** aus dem Arabischen. Bedeutung: Kaiser. Variante: Malek. Abkürzungen: Lik, Liko.

**Malte.** Auch **Molte:** angenehm in Klang und Schreibweise. Aus Dänemark. Verwandt mit Helmold. Aus dem Althochdeutschen. Bedeutung: Helm, walten. 18./19. Jh.: Fürst Wilhelm Malte I. zu Putbus, schwedischer Gouverneur in Pommern, ließ den Ort Putbus auf Rügen erbauen. 20. Jh.: Der Name ist auch durch den Roman von → Rainer Maria Rilke »Die Aufzeichnungen des Malte → Laurids Brigge« bekannt geworden. Abkürzungen: Teo, Teu.

**Malvin, Malwin:** attraktiv. Verwandt mit → Melvin. Aus dem Englischen. Bezieht sich wohl auf einen schottischen Familiennamen. Abkürzungen: Fin, Mal, Win.

**Manès:** aus dem Französischen. Bedeutung ungewiss. 20. Jh: Manès Sperber machte sich einen Namen als Schriftsteller, Philosoph und Sozialpsychologe.

**Manfred:** heute einfach »out«. Hergeleitet von Manfried. Aus dem Althochdeutschen. Bedeutung: Mann, Frieden. Abkürzungen: Fred, Freddie, Freddy, Fried, Mano, Manto.

**Manuel:** freundlicher Singsang. Kurzform von → Emmanuel. Aus dem Hebräischen. Bedeutung: Gott mit uns. Bereits im Mittelalter gab es zwei Kaiser in Byzanz namens Manuel. 15./16. Jh.: Dom Manuel regierte in Portugal. Unter seiner Ägide wurde der Seeweg nach Indien entdeckt und damit ein erster Schritt zum Kolonialreich getan. In Spanien: Manolo, Monlito; in Italien: Manuele. Abkürzungen: Lolo, Lolu, Mano, Manto, Manu, Nuno.

**Marbert:** ein alter Name. Aus dem Althochdeutschen. Bedeutung: Pferd und glänzend. Abkürzung: Bert.

**Marcel:** immer recht weit oben auf der Beliebtheitsskala. Hergeleitet von → Marcellus. Aus dem Lateinischen. Weist auf einen Familiennamen hin. Vielleicht auch ein Hinweis auf den Gott Mars. 20./21. Jh.: Marcel Reich-Ranicki, lange der Papst unter den Literaturkritikern, hatte in der Szene das Sagen. Abkürzungen: Mano, Manu.

**Marcellus, Marzellus:** aus dem Lateinischen. Weist auf einen Familiennamen hin. Vielleicht auch ein Hinweis auf den Gott Mars. 3./4. Jh.: Damals soll es einen Papst namens Marcellinus und einen zweiten namens Marcellus gegeben haben. Namenstag: 16. Januar. Weitere Namensformen: Marcell, Marzell, Marcelin, Marcellin, Marzellin. In Italien: Marcello, Marcellino. Abkürzungen: Mano, Manu, Maurus.

**Marcin:** aus Polen. Verwandt mit → Martin. Aus dem Lateinischen. Bedeutung: dem Gott Mars geweiht.

**Marco:** kurz, angenehm. Aus Italien. Verwandt mit → Markus. Aus dem Lateinischen. Bedeutung: Sohn des Mars.

**Maria:** nicht nur als weiblicher Vorname geeignet, sondern auch als männlicher in Kombination mit einem eindeutig männlichen zweiten Namen. Aus dem Hebräischen. Bedeutung wohl: das Gottesgeschenk. 18./19. Jh.: Der Komponist, Dirigent und Pianist Carl Maria von Weber war nicht nur Kapellmeister, Operndirektor und Musikintendant an verschiedenen Höfen, sondern auch Schriftsteller.

**Marian, Marianus:** zeitlos. Aus dem Lateinischen. Hinweis auf eine Familie. 11. Jh.: Marian von Schottland verfasste in Köln eine Weltchronik, deren Original im Vatikan aufbewahrt wird. Namenstag: 22. Dezember. Im Süden: Mariano; in Serbien: Marijan. Abkürzungen: Maris, Maro.

**Marin, Marinus:** für alle, die das Wasser mögen. Vor allem in den Niederlanden bekannt. Aus dem Lateinischen. Bedeutung: der am Meer Lebende. 7. Jh.: Einst wurde der Wanderbischof Marinus zusammen mit → Anianus von Papst Eugen I. als Glaubensbote nach Bayern geschickt. Der Legende nach lebten beide als Einsiedler in der Nähe des Irschenbergs. Marinus in Wildparting, Anianus in Alb. Als Marinus ums Leben kam, starb Anianus am selben Tag. Namenstag: 15. November. In Frankreich: Marin; in Italien: Marino, Marinello. Abkürzungen: Maris, Rino.

**Mario:** steht für Italien, Sonne und Meer. Deshalb beliebt. Hergeleitet von → Marius. Aus dem Lateinischen. Bedeutung: Mann aus dem Meer. 20./21. Jh.: Durch den großartigen Schauspieler Mario Adorf bekannt geworden. In Italien: Mariolino. Abkürzungen: Lino, Mio.

**Maris:** unkompliziert. Kurzform von → Marius. Aus dem Lateinischen. Bedeutung: Mann aus dem Meer.

**Marius:** schon bei den alten Römern beliebt. Aus dem Lateinischen. Bedeutung: Mann aus dem Meer. 2./1. Jh. v. Chr.: Der römische Staatsmann und Feldherr Gaius Marius machte eine eindrucksvolle Karriere. 19./20. Jh.: Der französisch-russische Balletttänzer und Choreograph Marius Petipa sorgte für Aufmerksamkeit. Er kombinierte gekonnt französische und italienische Elemente mit dem russischen Ballett. Abkürzungen: Lino, Rinio.

**Mark.** Auch **Marc:** seit Langem populär. Kurzformen von → Markus. Aus dem Lateinischen. Bedeutung: Sohn des Mars. Auch Kurzformen alter Namen mit der Anfangssilbe

**M**

»Mark« wie Markward. 19./20. Jh.: Der amerikanische Schriftsteller Samuel Langhorn Clemens ist besser bekannt unter seinem Pseudonym Mark Twain. Hat ganze Generationen von Lesern mit seinen Büchern über die Abenteuer von »Tom Sawyer« und »Huckleberry Finn« glücklich gemacht. Außerdem: Der französisch-russische Maler Marc Chagall erfreut noch heute viele Kunstliebhaber mit seinen intensiven Farben und regt sie mit seinen fantasiereichen Motiven zum Nachdenken an.

**Marko.** Auch **Marco:** beliebt. Ursprünglich aus Italien. Verwandt mit → Markus. Aus dem Lateinischen. Bedeutung: Sohn des Mars.

**Markus, Marcus:** gefragter Klassiker, immer präsent. Aus dem Lateinischen. Bedeutung: Sohn des Mars. Das zweite Buch des Neuen Testaments wird Markus-Evangelium genannt. Nach altkirchlicher Überzeugung wurde es von Johannes Markus aufgezeichnet, einem Begleiter des Apostels Paulus. Namenstag: 25. April. 1. Jh. v. Chr.: Marcus Antonius, römischer Staatsmann und Feldherr, wurde nach → Julius Caesars Tod die Osthälfte des Reiches überlassen. Hatte mit seinen Feldzügen auf Dauer keinen Erfolg. Wurde der Geliebte der ägyptischen Königin Kleopatra. Alles zusammen erregte in Rom Ärger und bietet bis heute reichlich Stoff für Romane und Filme. Abkürzungen: Marc, Mark.

**Marlin:** besonders, aber nicht zu ausgefallen. In England bekannter. Verwandt mit → Merlin. Bedeutung: Falke. Abkürzungen: Lino, Linus.

**Marlon:** aus England und inzwischen sehr beliebt. Vielleicht verwandt mit → Merlin, vielleicht mit → Markus – die Herkunft liegt im Dunkeln. 20./21. Jh.: Der Name kam durch den amerikanischen Schauspieler Marlon Brando ins Gespräch. Variante: Marlo.

**Martin:** zeitlos, bodenständig, trotzdem international. Aus dem Lateinischen. Bedeutung: dem Gott Mars geweiht. 15./16. Jh.: Martin Luther war Theologe, Augustinermönch und Reformator. Sein rhetorisches und schriftstellerisches Können und seine faszinierende Ausstrahlung sind legendär. Mit seiner Kritik an Fehlentwicklungen in der katholischen Kirche entfachte er eine Entwicklung, die schließlich zur Kirchenspaltung führte. 16./17. Jh.: Martin Opitz, Humanist und Barockdichter, verfasste nicht nur wunderbare Gedichte, sondern machte sich auch für die deutsche Sprache und ihre Grundlagen stark. 18./19. Jh.: Martin Heinrich Carl Lichtenstein, Physiker und Zoologe, brachte den Preußenkönig Friedrich Wilhelm IV. dazu, ein riesiges Grundstück in Berlin für den Bau des Zoos zur Verfügung zu stellen. 20. Jh.: Martin Luther King Jr. war ein amerikanischer Pastor, Bürgerrechtler und Friedensnobelpreisträger. Zählte zu den wichtigsten Vertretern im Kampf gegen Unterdrückung der schwarzen Bevölkerung und setzte sich für soziale Gerechtigkeit ein. Er predigte absolute Gewaltlosigkeit – umso tragischer, dass er schließlich einem Attentat zum Opfer fiel. In England: Martyn; in den Niederlanden: Maarten, Marten, Martinus, Martijn, Merten; in Italien, Spanien: Martino, Marzio; in Ungarn: Marton. Kosenamen: Mart, Maarten, Marty, Merten, Tino.

**Marvin.** Auch **Marwin:** aus England/Wales importiert und heute recht beliebt. Erinnert an einen Familiennamen. Auch: Marvyn, Merwin, Merwyn. 20. Jh.: Marvin Gaye war ein bekannter amerikanischer Soul- und Rythm-and-Blues-Sänger. Abkürzungen: Marty, Vin, Vinn, Winnie.

**Massimo:** aus Italien. Verwandt mit → Maxim. Aus dem Lateinischen. Bedeutung: groß. Abkürzungen: Max, Mio.

**Mateo, Matteo:** leicht und luftig. Aus dem Süden mitgebrachte Variante von → Matthias. Aus dem Hebräischen. Bedeutung: Geschenk Gottes. Abkürzungen: Mats, Teo.

**Mathieu, Matthieu:** wohlklingend. Einprägsam. In Frankreich beliebt. Verwandt mit → Matthias. Aus dem Hebräischen. Bedeutet: Geschenk Gottes.

**Mats:** kurz, dynamisch und wahrscheinlich deshalb so aktuell. Kurzform von → Matthias. Aus dem Hebräischen. Bedeutung: Geschenk Gottes.

**Matt:** kurz und knapp. Aus dem Englischen. Ursprünglich Kurzform von → Matthias. Aus dem Hebräischen. Bedeutung: Geschenk Gottes. 20./21. Jh.: Der amerikanische Schauspieler Matt Damon hat auch in Europa seine Fans. Kosename: Mats.

**Matthäus:** alte Form von → Matthias. Aus dem Hebräischen. Bedeutung: Geschenk Gottes. In der christlichen Kirche wichtig: der Apostel Matthäus. Namenstag: 21. September. Variante: Mattäus. Abkürzungen: Mato, Mats.

**Matthias, Mathias:** zeitlos, klassisch. Ein biblischer Name. Aus dem Hebräischen. Bedeutung: Geschenk Gottes. Im Mittelalter in Ungarn auch ein Königsname. 15./16. Jh: Meister Matthias Grünewald, Maler der Spätgotik, hat nur wenige, aber wunderbare Werke geschaffen. 18./19. Jh.: Matthias Claudius, Journalist und Lyriker, hat uns unter anderem das Abendlied »Der Mond ist aufgegangen …« hinterlassen. Varianten: Matias, Mattias, Matthes, Mathes, Mates, Mattes, Matthis, Mathis, Matis, Mattis, Matthies, Maties, Matties, Mattheis, Matheis, Mateis, Matteis. In Frankreich: Mathis; in England: Matthews, Matthew, Mathew; in Italien: Matteo, Mattia, Mattei; in Portugal: Mateus; in Schweden: Mats, Mads; in Finnland: Matti. Abkürzungen: Hias, Mads, Mat, Mathi, Mathis, Mato, Mats, Matt, Matte, Matti, Matts, Matz, Tewes, Theis, Theiß, Thias, Thies, Thieß, This, Thissen, Thyssen.

**Maurice:** elegant. Aus dem Französischen. Verwandt mit → Moritz. Aus dem Lateinischen. Hinweis auf den Heiligen Maurus. Bedeutung: der Maure oder der Mohr.

**Mauricio, Maurizio:** in Südeuropa beliebte Form von → Moritz. Aus dem Lateinischen. Hinweis auf den Heiligen Maurus. 20./21. Jh.: Mauricio Kagel, Dirigent, Komponist, Librettist, Regisseur, ist ein berühmter Musiker unserer Zeit. Variante: Marizio. Abkürzungen: Mauro, Rick.

**Mauritius:** zeitlos, traditionell. Verwandt mit → Moritz. Aus dem Lateinischen. Hinweis auf den Heiligen Maurus. Bedeutung: der Maure oder der Mohr. 3./4. Jh.: Der Heilige Mauritius, ein ägyptischer Heerführer, wurde wegen seines christlichen Glaubens verfolgt und starb als Märtyrer. Namenstag: 22. September. In England: Morris; in Spanien: Mauricio; in Dänemark: Mourids. Abkürzungen: Mat, Mats, Mauro, Maurus, Rick, Ricky, Tiu, Tius.

**Maurits:** ausgefallen, aber nicht übertrieben. Verwandt mit → Moritz. Aus dem Lateinischen. Hinweis auf den Heiligen Maurus. Weitere Formen: Mauriz, Mauritz.

**Maurus:** edel und klassisch. Schon bei den alten Römern bekannt. Aus dem Lateinischen. Hinweis auf den Heiligen Maurus. Sein Name steht für der Maure oder der Mohr. Verwandte Formen: → Moritz. In Italien: Mauro, Marizio. Abkürzungen: Mat, Mats, Matts, Mauro, Rick, Ricky, Rik.

**Max:** einfach und prägnant. Aus dem Lateinischen. Bedeutung: der Größte. Höchst beliebt, auch daran zu erkennen, dass es viele Berühmtheiten dieses Namens aus den vergangenen rund hundert Jahren gibt: den Maler Max Liebermann, den Soziologen Max Weber, den Regisseur Max Reinhardt, den Physiker Max Planck, den Maler Max Ernst, den Schriftsteller Max Frisch …

**Maxim.** Auch **Maximus:** aus dem Lateinischen. Bedeutung: der Größte. In Frankreich: Maxime; in Spanien: Maximo; in Russland: Maksim. Abkürzungen: Max, Maxi.

**Maximilian:** seit Langem unter den Spitzenreitern. Zeitlos, traditionell, aber nie altmodisch. Aus dem Lateinischen. Bedeutung: der Größte. 3. Jh.: Heute noch gedenkt die katholische Kirche eines Märtyrers namens Maximilian. Namenstag: 12. März. 17./18. Jh.: Der berühmte Baumeister Johann Maximilian von Welsch arbeitete für den großen Bauherrn Erzbischof Franz von Schönborn. Einige seiner Bauten sind in Würzburg zu bewundern. 20./21. Jh.: Der österreichische Schauspieler, Regisseur und Produzent Maximilian Schell blickt auch auf Hollywooderfahrung zurück. In Frankreich: Maximilien; in Italien: Massimiliano. Abkürzungen: Lio, Liu, Ma, Max, Maxi, Milan.

**M**

**Mehmet:** aus dem Türkischen. Verwandt mit Mohammed.

**Meik.** Auch **Maik:** deutsche Schreibweisen, die sich eingebürgert haben für den englischen Namen → Mike, Variante von → Michael. Aus dem Hebräischen. Bedeutung: Wer ist wie Gott? Kosenamen: Meikel, Meiko.

**Meino:** aus Friesland. Kurzform von Namen mit der Anfangssilbe »Mein«, wie etwa Meinolf, Meinfried, Meinbod … Weitere Formen: Menno, Meno, Menso.

**Mel:** modern. Leicht verständlich. International. Kurzform von → Melvin. Aus dem Englischen, Französischen. Bezieht sich wohl auf einen schottischen Familiennamen.

**Melchior:** zeitlos schön. Fern jeden Trends. Ein biblischer Name. Aus dem Hebräischen. Bedeutung: Gott ist König. Erinnert an einen der drei Heiligen aus dem Morgenland. 15./16. Jh.: Melchior Hofmann sorgte für Aufruhr, in dem er als Kürschner durch die Lande reiste und als freier Prediger gegen die katholische Kirche wetterte. 16./17. Jh.: Melchior Graf von Hatzfeld, kaiserlich-habsburgerischer Feldherr, kämpfte im Dreißigjährigen Krieg an der Seite Wallensteins. 18./19. Jh.: Friedrich Melchior Grimm begann seine Karriere als Vorleser bei Herzog Friedrich von Sachsen-Gotha. Lebte später in Frankreich und zählte dort als Schriftsteller zur künstlerischen Avantgarde seiner Zeit. Alte Namensform: Melcher. Abkürzungen: Maiche, Mel, Melch, Melk.

**Melvin, Melwyn:** schlicht und attraktiv. Verwandt mit → Malvin. Aus dem Englischen. Bezieht sich wohl auf einen schottischen Familiennamen. Eingedeutscht: Melwin. Auch Malvin. Abkürzungen: Mal, Vin, Vinn, Win.

**Mendl:** aus dem Jiddischen, ursprünglich Hebräischen. Bedeutung: Tröster. In der Schreibweise Mendel gilt der Name als Kurzform von → Immanuel oder → Emmanuel.

**Merlin:** ein alter englischer Name, der sich auf eine Legende aus dem 12. Jh. bezieht, in der von Merlin, einem sagenhaften, mächtigen Zauberer und Lehrer von König Artus oder → Arthur erzählt wird. Um ihn ranken sich unglaubliche Geschichten. Abkürzungen: Linn, Lino, Mel.

**Micha:** nicht nur Kurzform von → Michael, sondern auch ein eigenständiger biblischer Name. Aus dem Hebräischen. Bedeutung: Wer ist wie Gott?

**Michael:** klassisch. Immer aktuell und gefragt. Ein biblischer Name. Aus dem Hebräischen. Bedeutung: Wer ist wie Gott? In der Bibel wird vom Erzengel Michael erzählt, der → Adam und Eva aus dem Paradies vertreibt. Auch in anderen biblischen Geschichten spielt er eine Rolle. Bei Abraham und Sara, bei Jakob, bei Daniel … Namenstag: 29. September. 20. Jh.: Michael Ende, deutscher Schriftsteller, dem wir viele wunderbare Bücher zu verdanken haben. Wer erinnert sich nicht an »Momo«, an »Die unendliche Geschichte« oder an »Jim Knopf«? 20./21. Jh.: Die Handschrift des deutschen

Kameramanns Michael Ballhaus erkennt man in jedem seiner Filme. Arbeitete lange Jahre mit → Rainer Werner Fassbinder. In den letzten Jahrzehnten hat er mit fast allen amerikanischen Regiegrößen gedreht. In den Niederlanden: Michiel, Michiels; in Skandinavien: Mickel, Mikkel, Mikael; in Italien: Michele; in Spanien und Portugal: Miguel; in Russland: Michail, Miklas, Mikola, Mikolas. Abkürzungen: Mich, Micha, Miche, Michel, Michl, Mickel, Micki, Mika, Mikal, Mikki, Minja, Mitja, Mito, Mischa. → Miguel, → Mikael, → Mike.

**Michel:** freundlich und fröhlich. Kurzform von → Michael oder die französische Variante. Aus dem Hebräischen. Bedeutung: Wer ist wie Gott? 20. Jh.: Ein Michel, mit dem sich Kinder gerne identifizieren: der eigensinnige, freche »Michel aus Lönneberga« von der schwedischen Autorin Astrid Lindgren erdacht. Abkürzungen: Mick, Micky, Mika, Mischa.

**Mick:** munter und unkompliziert. Überall verständlich. Hergeleitet von → Michael. Aus dem Hebräischen. Bedeutung: Wer ist wie Gott? 20./21. Jh.: Mick Jagger ist der berühmteste Mick weit und breit, als Musiker immer wieder mit den »Rolling Stones« auf Tour. Kommt bei den Alten und Jungen gleich gut an. Weitere Form: Mickey.

**Miguel:** klingt nach Süden. Aus dem Spanischen, verwandt mit → Michael. Aus dem Hebräischen. Bedeutung: Wer ist wie Gott? 16./17. Jh.: Der berühmte spanische »Nationaldichter« Miguel de Cervantes hat uns den »Don Quijote« geschenkt, einen wunderbaren Roman über den »Ritter von der traurigen Gestalt«. Abkürzungen: Mick, Muck.

**Mikael.** Auch **Mika:** ursprünglich vor allem im Norden und Osten beliebte Varianten von → Michael. Inzwischen auch bei uns üblich. Aus dem Hebräischen. Bedeutung: Wer ist wie Gott? 20./21. Jh.: Bekannt durch den ehemaligen finnischen Rennfahrer Mika Häkkinen. Gewann in der Formel 1 zweimal die Weltmeisterschaft. Variante: Miko.

**Mike:** die englische Variante von → Michael. Aus dem Hebräischen. Bedeutung: Wer ist wie Gott?

**Milan:** aus Osteuropa eingewandert. Aus dem Slawischen. Bedeutung: lieb, teuer. Abkürzungen: Lano, Mio.

M

## WAS GILT ALS NAME, WAS NICHT?

Produktnamen, Sachbezeichnungen und eindeutig als Nachnamen definierte Vornamen sind bei uns nicht erlaubt. Heikler wird die Sache bei Ortsbezeichnungen. Klar ist jedoch, dass Eltern ihren Sohn nicht »Hamburg« oder »Zugspitze« nennen können. Paris dagegen ist möglich. Kurzformen von Vornamen werden meistens als selbstständige Namen anerkannt, aber natürlich kann es auch an diesem Punkt Diskussionen mit dem Standesamt geben. Wer unsicher ist, kann sich Hilfe bei Namensforschern holen (Adressen siehe Seite 206) oder sich seine Wahl eventuell durch ein sprachwissenschaftliches Gutachten bestätigen lassen.

**Milko.** Auch **Milo:** verwandt mit Miloslaw. Aus dem Slawischen. Bedeutung: lieb, angenehm.

**Mingo:** wohlklingend. Aus Spanien importiert. Kurzform von Namen wie etwa Domingo. 19./20. Jh.: In der Oper »Porgy and Bess« von George Gershwin taucht ein Mingo auf.

**Mino:** aus Italien. Kurzform von Namen mit den Endsilben »mino«, wie etwa Giacomino, Gugliemino.

**Mio:** neueren Datums. Aus dem Spanischen und Italienischen. Bedeutung: mein. 20./21. Jh.: Bekannt geworden durch das zauberhafte Kinderbuch »Mio, mein Mio« der schwedischen Autorin Astrid Lindgren.

**Mirko, Mirco:** Kurzformen von Miroslav. Aus dem Slawischen. Bedeutung: lieb, angenehm.

**Miro:** Kurzform von Miroslav. Aus dem Slawischen. Bedeutung: lieb, angenehm. 20./21. Jh.: Ein bei Fußballfans besonders beliebter Miro: Der polnisch stämmige deutsche Nationalspieler Miroslav »Miro« Klose.

**Mischa.** Auch **Mischka:** ursprünglich Kosenamen von → Michael. Oder eine Kurzform vom russischen Mikael. Aus dem Hebräischen. Bedeutung: Wer ist wie Gott?

**Mitja:** zärtlich, freundlich. Kurzform vom russischen → Dimitri. Aus dem Griechischen. Bezieht sich auf Demeter, Göttin der Fruchtbarkeit.

**Modest.** Auch **Modestus:** ungewöhnlich, selten. Aus dem Lateinischen. Bedeutung: bescheiden, sanftmütig. Heute fast vergessen, aber ein alter Name mit langer Geschichte. 8. Jh.: Virgil, Bischof von Salzburg, schickte einen Modest als Glaubensboten nach Kärnten. Namenstag: 27. November. 19. Jh.: Der russische Komponist Modest Petrowitsch Mussorsky machte sich einen Namen. Abkürzungen: Mo, Momo.

**Mogens:** eine Rarität. Aus Dänemark. Verwandt mit → Magnus. Aus dem Lateinischen. Bedeutung: der Große.

**Mombert:** zeitlos. Alt, aber nicht altmodisch. Zum Hinhören. Aus dem Althochdeutschen. Bedeutung: Geist und glänzend. In Friesland: Momke. Abkürzungen: Bert, Bertl, Momme, Mommo, Momo.

**Monty:** verspielt, fröhlich. Eine einfache Kurzform vom komplizierteren englischen Montague. Bezieht sich auf einen Familiennamen.

**Morgan:** international. Aus dem Englischen/Keltischen: Bedeutung: die See. 20./21. Jh.: Morgan Freeman ist ein amerikanischer Schauspieler, der vor allem für seine Charakterrollen bekannt ist. Erhielt einen Oscar als bester Nebendarsteller für seinen Part in »Million Dollar Baby« von → Clint Eastwood. Abkürzungen: Moro, Moss.

**Moritz.** Auch **Moriz:** zeitlos. Ein schon seit Jahrhunderten beliebter Name. Aus dem Lateinischen. Erinnert an den Heiligen → Maurus und steht für Maure oder Mohr. 16./17. Jh.: Moritz der Gelehrte regierte als Landgraf Hessen-Kassel. Er soll acht Sprachen gesprochen haben, war naturwissenschaftlich interessiert und außerdem ein recht guter Musiker und Komponist. 17./18. Jh.: Moritz von Sachsen, unehelicher Sohn des Kurfürsten Friedrich August von Sachsen, war ein begabter, erfolgreicher Heerführer, der gegen die Türken kämpfte. Lebte später ziemlich feudal in Frankreich. 19. Jh.: Moritz von Schwind, beliebter Maler der Spätromantik, beschäftigte sich gerne mit Märchen und Sagen. Richtig populär wurde der Name durch → Wilhelm Busch, als er seine Geschichten von Max und Moritz veröffentlichte. In Italien: Maurizio; in Tschechien: Moric. Abkürzungen: Mo, Momo, Moro, Mosche, Rick, Ricky, Rik.

M

**Morris:** lässig, locker. Zuerst in englischsprachigen Ländern bekannt. Aus dem Lateinischen, abgeleitet von → Mauritius. Der Name steht für Maure oder Mohr. 19. Jh.: Lewis Morris Rutherford war ein berühmter amerikanischer Astrophysiker. Forschte im Bereich Spektralanalyse und Himmelsfotografie. Wird als Pionier gefeiert. Abkürzung: Moro.

**Mortimer:** traditionell, anspruchsvoll. Ein alter englischer Name. Einst eine Ortsbezeichnung. In → Friedrich Schillers Drama »Maria Stuart« will ein junger, mutiger Mortimer die schöne Schottin retten. Seine Versuche misslingen. 20./ 21. Jh.: Mortimer Jerome Adler war ein amerikanischer Philosoph und Schriftsteller. Versuchte den Menschen die Philosophie näher zu bringen, weshalb er zahlreiche populärwissenschaftliche Werke schrieb. Machte sich auch Gedanken über Theologie und Religion. Abkürzungen: Monty, Tim, Timmi, Timmy.

**Morton:** unverbraucht, unkompliziert. Aus dem Altenglischen. Bedeutung: Stadt am Moor. 19./20. Jh.: Sir Henry Morton Stanley war ein britisch-amerikanischer Journalist, der nach einer grauenhaften Kindheit in England nach Amerika auswanderte. Nach aufregenden Jahren im Wilden Westen widmete er sich später der Erforschung Afrikas.

**Mose, Moses:** ein Name aus biblischer Vorzeit. Aus dem Hebräischen. Bedeutung: aus dem Wasser gezogen. Weitere Deutungen sind üblich. Moses gilt als Vorbild, denn er befreite das Volk Israel aus ägyptischer Gefangenschaft. 18. Jh.: Moses Mendelssohn, deutsch-jüdischer Philosoph der Aufklärung, ist ein berühmter Namensträger, der unser Denken noch heute beeinflusst. War mit Gotthold → Ephraim Lessing befreundet, der ihm zur Veröffentlichung seiner ersten Schriften verhalf. Es heißt, dass die beiden gerne miteinander Schach spielten und philosophierten (→ Nathan). In den Niederlanden: Mozes; in Frankreich: Moise. Kosenamen: Moshe, Mosche.

**Murat:** aus dem Türkischen. Bedeutung: erwünscht. In Arabien: Murad.

**Nabor:** bei uns wenig bekannt. Aus dem Hebräischen. Bedeutung: Prophet des Lichts.

**Nadim:** wohlklingend. Aus dem Arabischen. Bedeutung: der Vertraute.

**Nadir:** aus dem Arabischen. Bedeutung: selten, kostbar.

**Nahum:** ein biblischer Name. Aus dem Hebräischen. Bedeutung: trostreich. Ein Prophetenname.

**Naldo:** prägnant, nicht so lang wie die Ursprungsnamen → Renaldo, → Rinaldo, verwandt mit → Reinhold. Aus dem Althochdeutschen. Bedeutung: Rat, herrschen.

**Nando:** in Italien und in der Schweiz beliebt. Wohl eine Kurzform von Ferdinando, der italienischen Form von → Ferdinand. Aus dem Althochdeutschen. Bedeutung: der Friede und gewagt, kühn. 13. Jh.: Der Name erinnert an Ferdinand III. von Kastilien, genannt der Fromme. Namenstag: 30. Mai. 20. Jh.: In der Oper »Tiefland« von Eugen d'Albert spielt ein Hirte namens Nando eine Rolle. Abkürzungen: Andi, Andy.

**Nandolf:** ein alter Name. Aus dem Althochdeutschen. Bedeutung: wagemutig, kühn und Wolf. Abkürzungen: Dedo, Dolf, Nando, Nanno, Wolf.

**Nandor:** klangvoll. Ungarischer Abstammung. Gut kombinierbar. Hergeleitet von → Ferdinand. Aus dem Althochdeutschen. Bedeutung: Friede, kühn. Kosename: Nanno.

**Nat:** Kurzform von Namen wie → Nathan oder → Nathanael. 20. Jh.: Der amerikanische Sänger und Pianist Nat King Cole war eine Größe unter den Jazzmusikern.

**Natalis:** ein alter französischer Name, der auf Christi Geburt an Weihnachten hinweist. Aus dem Lateinischen. Verwandt mit → Noel. Abkürzungen: Lius, Nat, Till.

**Nathan.** Auch **Natan:** zeitlos. Unabhängig von Moden. Ein biblischer Name. Aus dem Hebräischen. Bedeutung: Gabe. Gotthold → Ephraim Lessing setzte seinem Freund → Moses

Mendelssohn mit dem Drama »Nathan der Weise« ein Denkmal, das bis heute Beachtung findet. Abkürzungen: Nanno, Nano, Nat, Tanno, Tano.

**Nathanael:** anspruchsvoll. Ein biblischer Name. Aus dem Hebräischen. Bedeutung: Gott hat gegeben. Abkürzungen: Nael, Nat, Nathan.

**Nathaniel:** leichter, lässiger als der verwandte Name → Nathanael. In England bekannter. Aus dem Hebräischen. Bedeutung: Gott hat gegeben. Abkürzungen: Tanno, Tano.

**Nazario.** Auch **Nazarius, Nazaire:** wenig bekannt. Aus dem Lateinischen. Bedeutung: aus Nazareth stammend. Im 3. Jh. war ein Nazarius als Glaubensbote in Gallien und Italien unterwegs. Er kam zusammen mit → Celsus bis nach Trier. Während der Christenverfolgung unter Kaiser Diokletian starb er als Märtyrer. Namenstag: 14. Oktober. Abkürzungen: Nando, Zario, Zio, Ziu.

**Ned:** unkomplizierte Kurzform von → Edvard. Aus dem Englischen und Schwedischen. Bedeutung: Besitz, Hüter.

**Neil.** Auch **Neal:** international, vor allem in englischsprachigen Ländern ein Hit, auch daran zu erkennen, dass es eine lange Liste von Berühmtheiten dieses Namens gibt. Aus dem Englischen/Gälischen. Bedeutung: Wolke.

**Nelson:** frisch, unverbraucht. Heute international. Aus dem Englischen. Bedeutung: Sohn des Neil. 19. Jh.: Ein Vorbild an Kreativität: Charles Nelson Goodyear, amerikanischer Tüftler, Erfinder und Chemiker – ein Selfmademan und Autodidakt, dem wir das Hartgummi zu verdanken haben. 20./21. Jh.: Nelson Mandela, südafrikanischer Staatsmann und Friedensnobelpreisträger – eine Autorität, die weltweit Geltung hat. Abkürzung: Ned.

**Nepomuk:** unabhängig vom Zeitgeist. Traditionell. Der Name bezieht sich auf ein Dorf namens Nepomuk bei Pilsen in Tschechien. 14. Jh.: Der heilige Nepomuk, ein Prager Kirchenmann, war der Legende nach Beichtvater der Frau von König Wenzel IV. Als dieser von Nepomuk verlangte, das Beichtgeheimnis zu brechen, weigerte er sich. Daraufhin ließ ihn der König foltern und in die Moldau werfen. Namenstag: 16. Mai. 18./19. Jh.: Johann Nepomuk Hummel, österreichischer

Komponist und Pianist, findet bis heute Beachtung. Als Kind wurde er übrigens von → Wolfgang Amadeus Mozart unterrichtet. Abkürzungen: Muck, Muk, Nemo.

**Nestor:** international. Ungewöhnlich, aber nicht überzogen. Vor allem in England gefragt. Aus dem Griechischen. Der Name bezieht sich auf die Sage vom griechischen Helden Nestor, der gegen Troja gekämpft hat. Er galt als kluger Ratgeber und guter Redner. 11. Jh.: Zu jener Zeit verfasste ein russischer Mönch namens Nestor eine erste Chronik, die von seinen Glaubensbrüdern nach seinem Tod fortgeführt wurde. Abkürzungen: Ned, Net, Tos, Tossy.

**Niccolo, Nicolo:** vor allem in Italien ein Begriff. Verwandt mit → Nikolaus. Aus dem Griechischen. Bedeutung: Sieg, Volk. 15./16. Jh.: Niccolò Machiavelli war ein in Florenz tätiger, machtbewusster, umstrittener und oft missverstandener Staatsmann und Philosoph. Ein berühmter Niccolo aus dem 18./19. Jh.: Niccolo Paganini, italienischer Violinist, Komponist und ein genialer Künstler, dem sein Publikum hingerissen lauschte. Kosenamen: Collo, Colo, Nic, Nico, Nicol.

**Nick, Nic, Nicki, Nicky, Nik, Niki:** heiter, einprägsam und wahrscheinlich deshalb so aktuell. Kurzformen von → Nikolaus. Aus dem Griechischen. Bedeutung: Sieg und Volk. 20. Jh.: Rund um die Welt bekannt, nicht zuletzt dank des kleinen Nicks, einer beliebten französischen Comicfigur, die in den 1950er-Jahren von René Goscinny erfunden und von Jean-Jacques Sempé liebevoll illustriert wurde. Seit Jahrzehnten hat er eine Fangemeinde. 20./21. Jh.: Der ehemalige österreichische Rennfahrer Niki Lauda gewann in der Formel 1 dreimal den Weltmeistertitel.

**Nico, Niko:** sehr beliebte Kurzformen von → Nikolaus. Aus dem Griechischen. Bedeutung: Sieg und Volk. Auch: Nicko.

**Nicolas, Nicholas:** ursprünglich aus England bekannte Form von → Nikolaus. Auch in Frankreich beliebt. Aus dem Griechischen. Bedeutung: Sieg und Volk. 20./21. Jh.: Der amerikanische Schauspieler Nicolas Cage, eigentlich Nicholas Kim Coppola, ist eine Größe in Hollywood und Oscarpreisträger. Besitzt ein Schloss in Deutschland, in der Oberpfalz. Außerdem: Erneut ins Gespräch gekommen durch den charismatischen, im eigenen Land umstrittenen französischen Präsidenten Nicolas Sarkozy. In Italien: Nicola. Abkürzungen: Col, Collo, Colo, Nic, Nik, Niki.

**Nicolaus, Nikolaus:** ein Klassiker. Hat immer seine Anhänger gefunden. Ein biblischer Name. Aus dem Griechischen. Bedeutung: Sieg und Volk. 3./4. Jh.: Der bekannteste und vorbildliche Nikolaus, der dem Nikolausfest am 6. Dezember seinen Namen gab, war Nikolaus von Myra, Bischof in Kleinasien. Als Sohn reicher Eltern soll er der Legende nach sein Erbe den Armen gegeben haben. 15. Jh.: Nikolaus von Kues wird als Kirchenmann, Philosoph und Mathematiker gepriesen – als Universalgelehrter. Eine weitere Persönlichkeit des 15./16. Jh.: Nikolaus Kopernikus, Mathematiker, Mediziner, Kleriker und Verwaltungsfachmann, beschäftigte sich mit den Sternen, erdachte Theorien über ihre Bewegungen und war damit Vorreiter für eine neue Weltsicht. 18. Jh.: Nikolaus Ludwig Graf von Zinzendorf, Pietist, Theologe, später Missionar, verfasste mehr als 2000 Kirchenlieder. Er gründete die Herrnhuter Brüdergemeine, eine christliche Glaubensbewegung innerhalb der protestantischen Kirche, und nahm Glaubensflüchtlinge auf. Weitere Namensformen: Nikol, Niklaus. Kosenamen: Kolja, Kolinke. Abkürzungen: Claas, Clas, Colin, Collin, Klaas, Klas, Klaus, Nic, Nick, Nicke, Nickel, Nicki, Nico, Nicol, Nigg, Nik, Nikl, Niko, Nikol, Nils.

**Nigel:** international. Bei uns selten. Aus dem Englischen/Gälischen. Bedeutung: Wolke. Verwandt mit den Namen → Neil/Neal. 20./21. Jh.: Der britische Geiger Nigel Kennedy, aus einer Musikerfamilie stammend, begeistert immer wieder sein Publikum. Abkürzungen: Neiko, Niek.

**Nikias:** interessant. Lässt aufhorchen. Ein alter griechischer Name. Bedeutung: Sieg. Abkürzungen: Nik, Niko.

**Nikita:** verwandt mit Nikolai. Aus dem Griechischen. Bedeutung: Sieg. 19./20. Jh.: Bekannt geworden durch den sowjetischen Staatsmann Nikita Chruschtschow. Abkürzungen: Nik, Niki, Tito.

**Niklas, Nicklas.** Auch **Niclas:** unter den Spitzenreitern. Aus dem Griechischen. Bedeutung: Sieg und Volk. In den Niederlanden: Niklaas, Nikolaas. Abkürzungen: Klas, Nik, Niko.

**Nikodem, Nikodemus:** ausgefallen. Wenig bekannt. Aus dem Griechischen. Bedeutung in etwa: Sieger des Volkes. Abkürzungen: Nik, Niki.

**Nikolai.** Auch **Nicolai:** aus Russland. Verwandt mit → Nikolaus. Aus dem Griechischen. Bedeutung: Volk und Sieg. 19. Jh.: Unvergessen ist der ukrainisch-russische Schriftsteller Nicolai Gogol, in dessen Werken das Dämonische eine große Rolle spielte. Variante: Nikolaj. Abkürzungen: Nik, Niko.

**Nikolas.** Auch **Nicolas:** beliebte Variante von → Nikolaus. Aus dem Griechischen. Bedeutung: Sieg und Volk. Abkürzungen: Klaas, Nik, Nikl, Niko.

**Nils.** Auch **Niels:** sehr beliebt. Im Norden aktueller als im Süden. Gilt oft als Kurzform von → Cornelius. Aus dem Lateinischen. Bezieht sich auf einen Familiennamen. Wird außerdem als schwedische Form von → Nikolaus bezeichnet. Aus dem Griechischen. Bedeutung: Sieg und Volk. Auf jeden Fall ist der Name auch ein alter Königsname. 11./12. Jh.: Der dänische König Niels und sein Sohn Magnus mussten um ihren Thron bangen, nachdem Kaiser Lothar seinem Freund Knut die Hoheit über Holstein und Mecklenburg übertragen hatte. 19./20. Jh.: Der dänische Physiker Niels Henrik David Bohr erhielt für seine Forschungen den Nobelpreis für Physik. Kosename: Nisse.

**Nino:** ein eingängiger Zweisilber. In Italien gebräuchlich. Hergeleitet von verniedlichenden Namen wie Giannino.

**Noah.** Auch **Noa:** wohlklingend und beliebt. Ein biblischer Name. Aus dem Hebräischen. Bedeutung: Ruhe. Noah wurde nach biblischer Überlieferung von Gott auserwählt, seine Familie und viele Tierpaare mit einer Arche vor der Sintflut in Sicherheit zu bringen. Namenstag: 19. Dezember. 18. Jh.: Seine Vorliebe für Gemälde von Schlachten, Jagden und holländischen Bauernfesten machte den Maler Johann Noah Bemmel einst bekannt. Kosename: Nono.

**Noam:** individuell und interessant. Aus dem Hebräischen. Bedeutung: Freude, Heiterkeit.

**Noel:** wenig verbreitet. Hergeleitet von → Natalis. Aus dem Lateinischen. Ein alter französischer Name, der auf Christi Geburt an Weihnachten hinweist.

**Nolik:** lässt aufhorchen. In Russland vertrauter. Kurzform von Anatolij. Aus dem Griechischen. Bedeutung: der aus Anatolien. Abkürzungen: Lico, Liki, Liko, Lio, Nono.

**Norbert:** wenig populär in unseren Tagen. Aus dem Althochdeutschen. Bedeutung: Norden und glänzend. 11./12. Jh.: Der Heilige Norbert von Xanten war ein zunächst sehr weltlich orientierter Geistlicher. Der Legende nach soll ihn ein Blitz gestreift haben, was zu einem radikalen Sinneswandel führte. Er ließ sich zum Priester weihen, wurde Buß- und Wanderprediger, gründete schließlich ein Kloster. Später kam es wieder zur Wende: Er wurde Erzbischof von Magdeburg und interessierte sich erneut für weltlichen Reichtum und Macht. Namenstag: 6. Juni. 19./20. Jh.: Norbert Elias, Soziologe, Philosoph und Dichter mit deutsch-jüdischen Wurzeln, emigrierte nach England. Er gilt als wichtiger Denker unter anderem über unsere Zivilisation. Abkürzungen: Bert, Bertel, Bertie, Nonno.

**Norman.** Auch **Normann:** international. Aus dem englischen Sprachraum. Bedeutung: Norden und Mann.

**Notker.** Auch **Notger:** ein alter, fast vergessener Vorname. Aus dem Althochdeutschen. Bedeutung: Gefahr, Zwang und Speer. 9./10. Jh.: Notker I. von St. Gallen, Dichter, erklärte mit feierlichen Worten Himmel und Erde. Sein »Gesta Karoli Magni« wird als eines der schönsten Erzählbücher des Mittelalters bezeichnet. Namenstag: 7. Mai. 10. Jh.: Notker II., Benediktinermönch, war ein berühmter Arzt und Maler des Klosters von St. Gallen. Schmückte dessen Kapelle mit seinen Gemälden aus. Zur Unterscheidung von anderen Notkers trug er die Beinamen Physicus und Piperisgranum (Pfefferkorn). Letzteren Namen erhielt er, weil er die Regeln des Benediktinerordens besonders streng auslegte. Abkürzungen: Nano, Nono.

**Nuno:** in Südeuropa aktuell. Kurzform von → Nunzio. Bezieht sich auf Maria Anunciata. Bedeutung: die Angekündigte. In Portugal zählt der Name zu den Spitzenreitern. Es gibt dort mehrere bekannte Fußballspieler dieses Namens.

**Nunzio:** aus Italien. Hergeleitet von Annuncio. Bezieht sich auf Maria Anunciata. Bedeutung: die Angekündigte. Abkürzungen: Nunio, Nuno.

**Oberon:** ein romantischer englischer Name, hergeleitet von → Alberich. Aus dem Althochdeutschen. Bedeutung: der Elf. 16./17. Jh.: Oberon, König der Elfen, geistert durch das Märchen »Ein Sommernachtstraum« – eine wunderbare Komödie von → William Shakespeare. 18. Jh.: Christoph Martin Wieland widmete Oberon ein langes Heldengedicht. In Frankreich: Auberon, Aubry, Ron, Ronnie.

**Octavian, Oktavian.** Auch **Octavius, Octavianus:** klassisch. Individuell. Aus dem Lateinischen. Bezieht sich auf ein römisches Geschlecht. 17. Jh.: Fürst Octavio Piccolomini d'Aragona – schon der Name ein Gedicht – weltgewandt, aus altem italienischem Geschlecht, wird von → Friedrich Schiller dem großen Wallenstein im gleichnamigen Drama zur Seite gestellt. Auch bei → William Shakespeare, Hugo von Hofmannsthal und Richard Strauss taucht der klangvolle Name auf. In Italien: Octavio, → Ottavio; in Frankreich: Octavien, Octave. Abkürzungen: Odo, Otti, Vin, Vinn.

**Odilo:** munter, heiter. Ein wohlklingender Dreisilber. Eigentlich ein Kosename von → Odo. Aus dem Althochdeutschen. Die Silbe »Od« bedeutet Besitz. Abkürzungen: Lio, Lius.

**Odin:** ein alter Name, der an den Gott Odin in der nordischen Mythologie erinnert: Gott der Schlachten, der Weisheit, der Magie und der Poesie. Der Name steht auch für Wut und Inspiration. In Schweden: Odon.

**Odo:** einfach, rund. Früher häufig, heute selten. Verwandt mit → Otto. Aus dem Althochdeutschen. Die Silbe »Od« bedeutet Besitz. 11. Jh.: Odo, Bischof von Bayeux, war der Halbbruder von → Wilhelm dem Eroberer, dem späteren König von England. Spielte bei der Schlacht von Hastings, die zur Eroberung Englands führte, eine wesentliche Rolle. Erhielt später die Grafschaft Kent und wurde zum mächtigsten Landbesitzer Englands.

**O**

**Ödön:** rar in Deutschland. Aus Ungarn. Verwandt mit dem Namen → Edmond. Aus dem englischen, französischen und niederländischen Sprachraum. Bedeutung: Besitz und Schutz. 19./20. Jh.: Der Architekt Ödön Lechner baute in Ungarn vom Jugendstil beeinflusste Häuser. 20. Jh.: Die sozialkritischen, oft auch unterhaltsamen Theaterstücke des österreichisch-ungarischen Schriftstellers Ödön von Horváth werden heute noch gespielt.

**Olaf** oder **Olav:** fern jeder Mode. Seit Langem auch im deutschsprachigen Raum bekannt. Aus dem Nordischen. Wahrscheinliche Bedeutung: Erbe, Nachkomme. Bereits bei den Wikingern üblich. Auch ein Königsname. 9. Jh.: Olaf I. Tryggvason herrschte einst über die Norweger. Wurde auch »Krähenbein« genannt, weil er mit Hilfe von Vogelknochen die Zukunft voraussagte. 17./18. Jh.: Olaf Christensen Römer, dänischer Astronom, beschäftigte sich mit der Lichtgeschwindigkeit. Varianten: Olof, Oluv.

**Oldrik:** aus dem Niederdeutschen. Verwandt mit → Ulrich. Aus dem Althochdeutschen. Bedeutung: Erbe und reich. Abkürzungen: Ole, Rick, Rik.

**Ole:** beliebt. Ole heißt ein besonders blondes und fröhliches »Bullerbü«-Kind der schwedischen Autorin Astrid Lindgren. Wird als Kurzform von → Olaf verstanden. Aus dem Nordischen. Wahrscheinliche Bedeutung: Erbe, Nachkomme.

**Olek.** Auch **Oleg:** aus dem Nordischen. Verwandt mit → Helge. Bedeutung: gesund.

**Olf:** kurz, knapp. Kurzform von Namen wie → Wolfgang. Aus dem Althochdeutschen. Bedeutung: Wolf und Streit.

**Oliver:** ansprechend, freundlich. Einst ein englischer Name, heute in vielen Ländern beliebt. Von → Olaf hergeleitet. Aus dem Nordischen. Bedeutung: Erbe, Nachkomme. Andere meinen, der Name weise auf einen Olivenbaum hin. 16./17. Jh.: Oliver Cromwell organisierte den Aufstand des Unterhauses gegen König Karl I. und führte das parlamentarische Heer an. Regierte während der kurzen republikanischen Phase England, Schottland und Irland. Laut einer Umfrage des BBC ist er in England noch heute beliebt. 20./21. Jh.: Oliver Kahn, ehemaliger deutscher Torwart, lange Zeit Nationaltorhüter und wohl allen Fußballfans ein Begriff. In Italien: Oliviero. In Frankreich: Olivier. Abkürzungen: Lio, Oli, Olli.

**Olrik:** originell. Sehr norddeutsch. Abstammung von Adalrich. Aus dem Althochdeutschen. Bedeutung: edel, reich. Variante: Olerk. Abkürzungen: Ole, Rik.

**Oltmann:** schlicht und einfach. Ein friesischer Name mit langer Tradition. Über Norddeutschland hinaus wenig bekannt. Ursprünglich aus dem Althochdeutschen. Bedeutung: bewährt und Mann. Abkürzungen: Mani, Mano, Odo.

**Orell:** gut im Klang. Attraktiv. Verwandt mit → Aurelius. Aus dem Lateinischen. Bedeutung: golden.

**Orion:** ausgefallen. Aus dem Griechischen. Bedeutung: Sohn des Feuers. Orion ist ein Sternbild auf dem Himmelsäquator.

**Orlando:** aus Italien. Weckt Erinnerungen an Sonne und Heiterkeit. Verwandt mit dem Namen → Roland. Aus dem Althochdeutschen. Bedeutung: Ruhm, kühn. 15. Jh.: Ein früh verstorbener Sohn der französischen Königin Anna von Bretagne aus der Ehe mit Karl VIII. hieß Karl-Orlando. 16. Jh.: Der edle Orlando gewinnt in → William Shakespeares Komödie »Wie es euch gefällt« das Herz der schönen Rosalinde. 20. Jh.: Der Roman »Orlando« war der erste große literarische Erfolg der englischen Schriftstellerin Virginia Woolf. Abkürzungen: Dodi, Lando, Lano, Lanu, Odo.

**Orson:** seltene, aus England kommende Variante von → Ursus. Aus dem Lateinischen. Bedeutung: Bär. 20. Jh.: Orson Welles war ein berühmter amerikanischer Autor und Regisseur, der gleich mit seinem ersten Film »Citizen Kane« weltberühmt wurde.

**Osbert:** traditionell. Verwandt mit dem alten deutschen Namen Ansbert. Bedeutung: Gott und glänzend.

**Oskar.** Auch **Oscar:** lange fast vergessen, nun zunehmend wieder gefragt. Verwandt mit den altenglischen Namen Osgar, dem alten deutschen Namen → Ansgar. Aus dem Althochdeutschen. Bedeutung: Gott und Speer. 19. Jh.: Mit den Bernadottes kam der Name ins schwedische Königshaus: Oskar I. regierte als König Schweden und Norwegen. Er war der einzige Sohn des ehemaligen französischen Marschalls Jean → Baptiste Bernadotte und späteren Königs Karl XIV.

Dann: Oscar Wilde, irisch-englischer Schriftsteller, war im prüden viktorianischen England als Skandalautor und Dandy verschrien. Wurde dennoch als Schriftsteller wegen seiner geschliffenen Sprache bewundert und ist bis heute gefragt. Einer seiner bekanntesten Romane: »Das Bildnis des Dorian Gray«. 19./20. Jh.: Oskar Kokoschka war ein gefragter und erfolgreicher österreichischer Maler des Expressionismus. Abkürzungen: Kai, Kaj, Osch, Osh, Osi.

**Osmar:** verwandt mit dem alten deutschen Namen → Ansgar. Bedeutung: Gott und Speer.

**Osmund:** ein alter Name. Verwandt mit Esmond, einem englischen Namen. Bedeutung: Gott und Schutz. 11. Jh.: Der Priester Osmund von Sées war Beichtvater und Begleiter von → Wilhelm dem Eroberer, als dieser in England Fuß fasste. In Frankreich: Osmond. Abkürzungen: Mondi, Mondo.

**Ossip:** vor allem in Russland gebräuchlich. Verwandt mit → Josef. Aus dem Hebräischen. Bedeutung: Gott möge hinzufügen. Abkürzungen: Ossi, Sip.

**Oswald:** ein alter norddeutscher Name. Schnörkellos. Aus dem Althochdeutschen. Bedeutung: Gott und walten. Abkürzungen: Osch, Osh, Ossi, Osso.

**Otger, Otker:** ein alter, heute ziemlich unbekannter Name. Aus dem Althochdeutschen. Bedeutung: Besitz und Speer. Abkürzungen: Oto, Otto.

**Otis:** attraktiv und modern. Aus dem Englischen. Bezieht sich auf einen Familiennamen. Abkürzungen: Tio, Tiu.

**Otmar, Ottmar:** aus dem Althochdeutschen. Bedeutung: Besitz und berühmt. 7. Jh.: Ein Benediktinermönch namens Otmar missionierte in Nordfrankreich und etablierte dort das Christentum. Namenstag: 9. September. Weitere Form: Othmar. Abkürzung: Omer.

**Ottavio:** leicht und fröhlich. Aus Italien. Verwandt mit → Octavian. Aus dem Lateinischen. Bezieht sich auf ein römisches Geschlecht. Abkürzungen: Avo, Oto, Vio, Viu.

**Otto:** unkompliziert. Passt immer. Aus dem Althochdeutschen. Ursprünglich hergeleitet von → Odo. Die Silbe »Od« bedeutet Besitz. 10. Jh.: Otto I. aus dem Geschlecht der Liudolfinger, auch »Der Große« genannt. Wurde als Kaiser des römischen Reiches ein bis heute unvergessener, bedeutender Herrscher, der seine Macht durch geschickte Heiratspolitik sicherte und ausbaute. 17. Jh.: der Wissenschaftler Otto von Guericke, Jurist, Politiker, Naturwissenschaftler, beschäftigte sich mit Vakuumtechnik und erfand die Luftpumpe. Er wies außerdem nach, dass Licht den luftleeren Raum durchdringen kann, Schall jedoch nicht. 19. Jh.: Otto von Bismarck, Staatsmann in Preußen, gilt als Initiator eines einheitlichen deutschen Nationalstaats und war der erste Kanzler des Deutschen Reichs. In seiner Amtszeit wurden die gesetzliche Unfallversicherung und die gesetzliche Krankenversicherung eingeführt. Bismarck gilt deshalb noch heute« als Vater der deutschen Sozialversicherung«. Dann: Otto Lilienthal, Pionier der Flugzeugentwicklung. Hat die Fliegerei als Theoretiker und Praktiker über allererste Experimente hinausgebracht. In Frankreich: Othon; in Italien: Ottone; in Skandinavien: Audun; in Schweden: Otte; in Tschechien: Ota.

**Owe, Ove:** klingt in norddeutschen Gefilden vertrauter als in süddeutschen. Verwandt mit → Uwe. Kurzformen von Namen mit der Anfangssilbe »Od«. Bedeutung: Besitz.

**Owen:** bürgert sich langsam ein. Vor allem in englischsprachigen Ländern bekannt. Aus dem Walisischen, ursprünglich Lateinischen. Bedeutung: das Unschuldslamm. 7. Jh.: Schon damals lebte ein fränkischer Ouen/Owen am Hof von Dagobert I. Ihm vertraute man das Staatssiegel an. Wurde erst spät ein Kirchenmann, Mitbegründer von Klöstern, Bischof von Rouen und schließlich ein Heiliger. Namenstag: 24. August. 20./21. Jh.: Owen Hargreaves ist ein kanadischer Fußballspieler mit englischem Pass und Mitglied der englischen Nationalmannschaft. Deutschen Fans ein Begriff, weil er rund zehn Jahre für den FC Bayern spielte. Außerdem: Owen Wilson, bekannter amerikanischer Schauspieler, dessen Markenzeichen seine mehrfach gebrochene, schiefe Nase ist. Besonders wegen seiner komödiantischen Rollen beliebt.

**Pablo:** freundlich, fröhlich. Spanische Variante von → Paul. Aus dem Lateinischen. Bedeutung: der Kleine. 19./20. Jh.: Der Maler, Bildhauer und Grafiker Pablo Picasso stellte die Kunst auf den Kopf. Abkürzungen: Bo, Bolo.

**Paco.** Auch **Pako:** modern. Ein angenehmer Zweiklang. Aus dem Spanischen. Bezieht sich auf → Francisco. Bedeutung: der Französische. 20./21. Jh.: Paco Rabanne, eigentlich Francisco Rabaneda-Cuervo, spanisch-französischer ehemaliger Modeschöpfer, Couturier und Designer. Sein Label ist seit den 1960er-Jahren ein Begriff. Kosename: Pancho.

**Palle:** ursprünglich ein schwedischer Kosename von → Paul. Aus dem Lateinischen: Bedeutung: der Kleine.

**Pankraz, Pankratius:** traditionell. Aus dem Griechischen. Bedeutung: allmächtig. 19./20. Jh.: »Pankraz erwacht oder Die Hinterwäldler« heißt ein Werk des Schriftstellers Carl Zuckmayer. Abkürzungen: Paco, Paddy.

**Paolo:** beliebte italienische Variante von → Paul. Aus dem Lateinischen. Bedeutung: der Kleine. 16. Jh.: Paolo Veronese war ein italienischer Maler der Renaissance. Lebte und arbeitete in Venedig, wo man heute noch viele seiner Schätze sehen kann. Abkürzungen: Polo, Pop.

**Parzival.** Auch **Parsifal, Parsival:** der Name wird im 12. Jh. von Chrétien de Troyes, später von → Wolfram von Eschenbach, Minnesänger und Dichter literarisch eingeführt. 19. Jh.: → Richard Wagner schrieb die Oper »Parsifal«.

**Pascal, Pascual:** gleichbleibend beliebt. Ein romantischer Name. Heute international. Hergeleitet von Paschalis. Aus dem Lateinischen. Bedeutung: österlich. 9. Jh.: Papst Paschalis I. handelte mit Kaiser Ludwig dem Frommen die Selbstständigkeit des Kirchenstaates und die freie Papstwahl aus. Namenstag: 11. Februar. Weitere Formen: Pasqual, Pasquale. In Italien: Pasquale. Abkürzungen: Calo, Pad.

**Patricius, Patrizius:** ein Klassiker. Aus dem Lateinischen. Bedeutung: Patrizier. Ein Ehrentitel im alten Rom. 5. Jh.: Nach dem Tod des byzantinischen Kaisers Leo I. wollte seine skrupellose Witwe Aelia Verina den neuen Kaiser Zenon stürzen und stattdessen ihren Geliebten Patricius zum Herrscher erheben. Das Vorhaben misslang. In Spanien: Patricio; in Italien: Patrico, Patrizio. Abkürzungen: Pad, Paddy, Pat, Tio, Titus, Tius.

**Patrick, Patrik.** Oder **Patric:** beliebt. Erst vorwiegend in England, inzwischen weltweit bekannt. Aus dem Lateinischen. Bedeutung: Patrizier. 4./5. Jh.: Der heilige Patrick ist Nationalheiliger Irlands und Islands. Namenstag: 17. März. 20./21. Jh.: Der deutsche Schriftsteller Patrick Süskind landete mit dem Roman »Das Parfum« einen Welterfolg. In Frankreich: Patrice. Abkürzungen: Pad, Paddy, Pat.

**Paul, Paulus:** munter, kraftvoll wie ein Paukenschlag. Schon zu Beginn des 20. Jh. und auch jetzt wieder höchst beliebt. Aus dem Lateinischen. Bedeutung: der Kleine. Ein Papstname nach dem Apostel Paulus. 17. Jh.: Der Theologe Paul Gerhardt schrieb weit mehr als hundert Kirchenlieder und Gedichte. 19./20. Jh.: Der Maler Paul Cézanne veränderte mit seinen wunderbaren Bildern die Sehgewohnheiten seines Publikums. Außerdem: Paul Gauguin. Ließ sein bürgerliches Leben hinter sich, um Maler zu werden. Nach vielen Irrwegen ging er nach Tahiti, wo er seine großartigsten Bilder malte. Leider erlebte er seinen Erfolg nicht mehr. Weitere berühmte Namensträger: Der Maler Paul Klee, der zwar kein Mitglied der expressionistischen Gruppe »Der blaue Reiter« war, sich dem Kreis aber eng verbunden fühlte und sich auch an deren Ausstellungen beteiligte. Paul Celan, in der heutigen Ukraine geboren, ein deutschsprachiger Lyriker, dessen Gedicht »Todesfuge« noch heute vielen Schülern aus dem Deutschunterricht bekannt ist. 20./21. Jh.: Paul McCartney, Komponist, Bassgitarrist und Sänger der unvergessenen »Beatles«. Hatte danach mit der Band »Paul McCartney and the Wings« und später auch »solo« noch großen Erfolg. In Friesland: Palle, Pals, Paye, auch Pol, Pole; in Dänemark: Poul; in Ungarn: Pál. Kosenamen: Pascha, Pat, Pol, Pole.

**P**

**Pavel:** die tschechische Variante von → Paul. Aus dem Lateinischen. Bedeutung: der Kleine. 20./21. Jh.: Pavel Kohout, Schriftsteller und Politiker, kämpfte im »Prager Frühling« für mehr Freiheiten. In Russland: Pawel. Abkürzung: Pal.

**Pedro:** in Spanien bekannte Form von → Peter. Aus dem Lateinischen. Bedeutung: Fels. Abkürzungen: Dodi, Pe.

**Peer:** im Niederdeutschen, aber auch in etlichen Nordländern bekannte Form von → Peter. Aus dem Lateinischen. Bedeutung: Fels. 19. Jh.: Der Name ist durch Henrik Ibsens »Peer Gynt« ins Gespräch gekommen und durch die gleichnamige Suite von → Edvard Grieg. Eine Variante: Peet. In Skandinavien auch: Per, Pär.

**Peko.** Auch **Peco:** frisch und dynamisch. Aus dem Norden. Varianten von → Peter. Aus dem Lateinischen. Bedeutung: Fels. Auch: Peye, Pidder.

**Pelle:** wie ein schwedischer Sommer. Klingt nach Astrid Lindgren, die tatsächlich etliche Bücher zum Thema »Pelle« geschrieben hat. Verwandt mit → Peter. Aus dem Lateinischen. Bedeutung: Fels.

**Pepe:** beschwingter Zweisilber. Aus Spanien. Kosename von → Josef. Aus dem Hebräischen. Bedeutung: Gott möge hinzufügen. Varianten: Peppo, Pepino.

**Percy:** charmant. Romantisch. Aus dem Englischen. Kurzform von → Parzival aus dem mittelalterlichen Versroman von → Wolfram von Eschenbach.

**Perez:** ungewöhnlich. Spanische Variante von → Peter. Aus dem Lateinischen. Bedeutung: Fels. Abkürzung: Pe.

**Perry:** kurz, bündig. Modern. Aus England. Kurzform von Peregrin. Aus dem Lateinischen. Bedeutung: Reisender.

**Peter, Petrus:** mal mehr, mal weniger beliebt. Aus dem Lateinischen. Bedeutung: Fels. Der Apostel Petrus hieß eigentlich Simon. Den Namen Petrus erhielt er der Überlieferung nach erst von Jesus. 18./19. Jh.: Johann Peter Eckermann, Dichter und Ratgeber, war ein Freund von → Johann Wolfgang von Goethe und nicht sein Sekretär, wie oft behauptet wird. Auf diese Richtigstellung legte Eckermann größten Wert. Goethe, der ihn gerne um sich hatte und ihm vertraute, sagte über ihn: »Er bleibt, wegen fördernder Teilnahme, ganz unschätzbar!« 20./21. Jh.: Sir Peter Ustinov, englischer Schauspieler, war international erfolgreich. Unterstützte jahrelang durch eine Stiftung Kinder und Jugendliche. Der Schriftsteller Peter Handke hat seine Leser immer zum Nachdenken bringen wollen. Durchs Fernsehen ein Begriff: Peter Scholl-Latour, der um den Erdball reist und als Fernsehjournalist und Autor fremde Länder, Sitten und Gebräuche erklärt. In Dänemark: Peder; in Russland: Prjotr; in Bulgarien: Petar, Petko; in Polen: Piotr; im Rheinland: Pitter. Abkürzungen: Pe, Peco, Peer, Peko, Pio, Pit, Pitt. → Pierre, → Piet, → Pietro, → Pit.

**Phil:** klar und einfach. Hergeleitet von → Philipp. Aus dem Griechischen. Bedeutung: Pferdefreund. 20./21. Jh.: Phil Collins, britischer Rock/Pop-Sänger, Schlagzeuger, Komponist, war mehr als einmal die Nr. 1 in den Charts.

**Philibert:** traditionell. Ein alter Name. Verwandt mit → Filibert. Aus dem Althochdeutschen. Bedeutung: groß und glänzend. Man kann den Namen auch als Variante von → Philipp begreifen. Aus dem Griechischen. Bedeutung: Pferdefreund. Der Name war früher gar nicht so selten. 17./18. Jh.: Damals zählte der Staatsmann Philibert Orry zu den »Promis« in Frankreich. Fiel in Ungnade, weil Madame de Pompadour, Maitresse Ludwig XV., nicht viel von ihm hielt. Abkürzungen: Bert, Phil, Phili, Phill, Philli, Philly, Phily.

**Philipp:** ein durch die Jahrhunderte beliebter Klassiker. Ein biblischer Name. Aus dem Griechischen. Bedeutung: Pferdefreund. Auch ein Königsname. 15./16. Jh.: Philipp Melanchthon, Philologe, Philosoph, Humanist, Theologe, Dichter, hochgebildet und hochintelligent, hat sich neben → Martin Luther für die Kirchenreformation starkgemacht. 19. Jh.: Johann Philipp Reis haben wir eigentlich die Erfindung des Telefons zu verdanken. Er verstand es aber nicht, seine Vorstellungen zu vermarkten. So entwickelte Alexander Graham Bell später auf der Basis der Reis'schen Erfindung ein Telefon, das er patentieren ließ. In England: Philip; in Frankreich: Philippe; in Spanien: Felipe; in Portugal: Filipe; in Russland: Filip, Filipp; in Italien: Filippo; im Griechenland von heute: Filippos; in Ungarn: Filko; in Irland: Filib. Abkürzungen: Lippo, Phil, Phili, Phill, Philli, Philly, Phily, Pippo.

**Pierre:** zeitlos, klassisch. Aus dem Französischen. Heute international. Verwandt mit → Peter/Petrus. Aus dem Lateinischen. Bedeutung: Fels. 16./17. Jh.: Ein lebenszugewandter Heiliger war der Franzose Pierre Fourier, Intellektueller, Priester und Seelsorger mit großem Herzen. Aufgeschlossen für die Nöte der Menschen richtete er eine Volksküche ein, eine Darlehenskasse und gründete eine Freischule für Frauen. 19. Jh.: Pierre ist eine Hauptfigur in dem Roman »Krieg und Frieden« von → Lew »Leo« Tolstoi. Nach etlichen Wirrungen bekommt er endlich seine Natascha. 20./21. Jh.: Der Modeschöpfer und Unternehmer Pierre Cardin arbeitete erst bei »Dior«, managte später sein eigenes Modeimperium. Außerdem allen Karl-May-Fans ein Begriff: der Franzose Pierre Brice, der in elf Filmen den »Winnetou« verkörperte.

**Piet, Pieter:** vor allem in den Niederlanden beliebt. Verwandt mit → Peter. Aus dem Lateinischen. Bedeutung: Fels. Weitere Formen: Petrus, Pier, Pitter.

**Pietro:** in Italien beliebte Form von → Peter. Aus dem Lateinischen. Bedeutung: Fels. Weitere Formen: Pier, Piero. Auch Pero, Perino.

**Pim:** in den Niederlanden und Norddeutschland bekannte Form von → Wilhelm. Aus dem Althochdeutschen. Bedeutung: Wille und Helm.

**Pinkus.** Auch **Pinkas:** international. Aus dem Hebräischen. Bedeutung: das Sprachrohr. Vielleicht auch: der Nubier. Weitere Formen: Pinchas, Pinhas.

**Pippo:** eigenständig. Aus dem Italienischen. Kurzform von → Philipp. Aus dem Griechischen. Bedeutung: Pferdefreund.

**Pit, Pitt.** Auch **Pitter:** in Westdeutschland übliche Formen von → Peter. Aus dem Lateinischen. Bedeutung: Fels.

**Pius:** ein beliebter Papstname. Aus dem Lateinischen. Bedeutung: fromm. In Italien: Pio.

**Prosper, Prosperus:** sympathisch, weil die Bedeutung des Namens Freude macht. Aus dem Lateinischen. Bedeutung: glücklich, erwünscht. 19. Jh.: Prosper Mérimée, Jurist, Schriftsteller, auch Politiker, machte unter Napoléon Bonaparte Karriere, was seine Schriftstellerkollegen nicht gerne sahen. In Italien: Prospero. Abkürzungen: Pero, Pio.

**Quentin:** aus Frankreich eingewandert, wo der Name einst sehr beliebt war. Verwandt mit → Quintin. Aus dem Lateinischen. Bedeutung: der Fünfte.

**Quint, Quintin.** Auch **Quintus:** edel und ausgefallen. Aus dem Lateinischen. Bedeutung: der Fünfte. Bereits bei den alten Römern gebräuchlich. Über Jahrhunderte hinweg spielte die Familie Caecilius Metellus in Rom eine führende Rolle. Etliche deren Mitglieder hießen Quintus. In Spanien: Quito. Abkürzungen: Quin, Quinn, Tino.

**Quirin, Quirinus:** originell, aber nicht übertrieben. Vor allem in Süddeutschland bekannt. Aus dem Lateinischen. Bedeutung: Lanzenträger. Vielleicht bezieht sich der Vorname auch auf einen alten Familiennamen. Es gibt etliche Heilige dieses Namens. Einer davon aus dem 3. Jh.: Der heilige Quirin von Tegernsee, ein römischer Märtyrer, dessen Reliquien im frühen Mittelalter ins Benediktinerkloster Tegernsee kamen. Namenstag: 16. Juni. 17./18. Jh.: → Egid Quirin Asam war ein deutscher Maler, Stuckateur und Bildhauer des Spätbarock. In Frankreich: Corin. Abkürzung: Quin.

**Q**

## MEHRERE VORNAMEN?

Romeo Julius Maria Augustin – die meisten Eltern möchten ihren Kindern heute wieder mehrere Vornamen geben. Bei der Anzahl gibt es jedoch Grenzen. Wie viele Vornamen ein Standesbeamter zulässt, ist weitgehend seiner Entscheidung überlassen. Normalerweise werden bis zu fünf Vornamen problemlos eingetragen. Bekommt ein Kind zwei oder drei Namen und wünschen die Eltern, dass diese durch Bindestriche verbunden werden, muss der Namensträger später bei einer offiziellen Unterschrift alle Namensteile ausschreiben.

**Raban:** außergewöhnlich, fern jeder Mode. Schlicht und einfach. Aus dem Althochdeutschen. Bedeutung: Rabe. 8./9. Jh.: Rabanus Maurus, großer Denker und Gelehrter, war mit Kaiser → Lothar I. und seiner Frau Irmingard befreundet. Er wurde erst in recht hohem Alter Erzbischof von Mainz. War jedoch modern genug, seine Seelsorger dazu anzuhalten, dem Volk verständliche Predigten zu halten. Nach seinem Tod wurde er als Heiliger verehrt. Namenstag: 4. Februar. Abkürzungen: Babo, Banni, Rato.

**Radolf.** Auch **Radulf:** aus dem Althochdeutschen. Bedeutung: Ratgeber und Wolf. 9. Jh.: Der Alemanne Radolf, Bischof von Verona, gründete in der Nähe der bereits besiedelten Insel Reichenau die Stadt Radolfzell. In Friesland: Redelf, Redlef. Abkürzungen: Dolf, Ralf, Ralph.

**Radomir:** aus dem Slawischen. Wahrscheinliche Bedeutung: froh und Friede. Abkürzungen: Mio, Rado.

**Raffaele:** italienische Variante von → Raphael. Aus dem Hebräischen. Bedeutung: Gott heilt. Abkürzungen: Ello, Raf, Raffi, Raffo.

**Ragnar, Ragner:** nordische Namen. Vielleicht verwandt mit Regnar, wahrscheinlicher mit → Rainer. Aus dem Althochdeutschen. Bedeutung: Rat und Heer. 9. Jh.: Ragnar Lodbrok war ein legendärer schwedischer König, Wikingerführer und Held einer Isländersaga. Er soll einen sagenhaften Wikingerüberfall auf Paris angeführt haben. Die Isländer, die Dänen, die Friesen – jede Gruppe hat ihre eigene Version von Ragnars Kraft und Mut. Abkürzung: Rasso.

**Raik.** Auch **Raiko:** ursprünglich Kosenamen von → Raimund. Aus dem Althochdeutschen. Bedeutung: Rat und Schutz. Varianten: Rajko, Rayko, Rayk, Reik, Reiko.

**Raimar, Raimer:** verwandt mit → Reimar. Aus dem Althochdeutschen. Bedeutung: Rat und berühmt.

**Raimund, Raimond:** traditionell. Aus dem Althochdeutschen. Bedeutung: Rat und Schutz. 11./12. Jh.: Raimund von Poitiers, Fürst von Antiochia, heiratete die schöne Konstanze. Deren Mutter, Alice von Jerusalem, war gegen die Heirat, da sie sich selbst Hoffnungen gemacht hatte, den gutaussehenden, umgänglichen, allerdings auch eigensinnigen Mann zu heiraten. Kein Wunder, dass es zu Konflikten kam! Weitere Formen: Raymund, Reimund. In Frankreich: Raymond; in Italien: Raimondo; in Irland: Reamonn. Abkürzungen: Mondo, Raimar, Raimo, Ramon, Rasso, Ray, Rikko oder Riko. → Ramón.

**Rainald:** heute fast vergessen. Verwandt mit → Reinold. Aus dem Althochdeutschen. Bedeutung: Rat und herrschen. Weitere Formen: Reinald, Rinald. Abkürzungen: Naldo, Rado, Rasso, Ray, Riko, Rino, Rinzo. → Rinaldo.

**Rainer:** früher ausgesprochen beliebt, heute weniger. Aus dem Althochdeutschen. Bedeutung: Rat und Heer. 19./ 20. Jh.: Der Österreicher Rainer Maria Rilke war einer der bedeutendsten Lyriker deutscher Sprache. Seine Gedichte sind unvergessen. 20. Jh.: Rainer Werner Fassbinder, Schriftsteller und Regisseur, hat beim Film wesentliche Eckpunkte gesetzt. Er gilt als einer der wichtigsten Vertreter des Neuen Deutschen Films. Abkürzungen: Aino, Neno, Rato, Ray, Rikko, Riko, Rino, Rinzo.

**Rainhard, Rainhardt.** Auch **Rainhart:** alte Namen. Verwandt mit → Reinhard. Aus dem Althochdeutschen. Bedeutung: Rat und hart. Abkürzungen: Hartl, Rino.

**Rainier:** angenehm. Französisch. Eleganter als die deutsche Variante → Rainer. Aus dem Althochdeutschen. Bedeutung: Rat und Heer. Der Name gilt in Monaco viel. 13./14. Jh.: Rainier I. von Monaco, genuesischer Politiker und französischer Admiral, war der erste Herrscher aus dem Hause Grimaldi in Monaco. 20./21. Jh.: Rainier III., Fürst von Monaco, heiratete die amerikanische Hollywood-Schauspielerin Grace Kelly und brachte die internationale High-Society in den Zwergstaat. Abkürzungen: Aino, Nino, Rik, Rino. → Régnier.

**Ralf, Ralph:** einst beliebte Kurzformen von → Radolf. Aus dem Althochdeutschen. Bedeutung: Ratgeber und Wolf. 20./21. Jh.: Ralf Dahrendorf, deutscher Soziologe, Politiker und Publizist,

**R**

macht sich seit Jahrzehnten Gedanken über die gesellschaftliche und politische Entwicklung in Europa.

**Ramón:** eine angenehme, eingängige spanische Variante von → Raimund. Aus dem Althochdeutschen. Bedeutung: Rat und Schutz. Abkürzung: Monty.

**Randal:** in England zu Hause. Chicer als der verwandte Name → Randolf. Aus dem Althochdeutschen. Bedeutung: Schild und Wolf. Abkürzungen: Rando, Randy.

**Randolf, Randolph:** für viele von gestern. Aus dem Althochdeutschen. Bedeutung: Schild und Wolf. 19./20. Jh.: William Randolph Hearst war ein reicher amerikanischer Medienmogul, der zeitweise auch politische Ambitionen zeigte. Er besaß Unmengen von Zeitungen und zahlreiche Radiosender und war entsprechend einflussreich als Meinungsmacher. Weitere Form: Randulf. Abkürzungen: Dodi, Dolf, Dolfo, Randal, Rando, Ray.

**Raoul:** in Frankreich zu Hause. Heute international. Verwandt mit → Radolf. Aus dem Althochdeutschen. Bedeutung: Ratgeber und Wolf. In Spanien: Raúl.

**Raphael.** Auch **Rafael, Raffael:** sehr beliebte Klassiker. Aus dem Hebräischen. Bedeutung: Gott heilt. Der Name weist auf den Engel Raphael hin, Bote Gottes auf Erden. Namenstag: 29. September. 15./16. Jh.: Der Maler und Baumeister der Renaissance Raffael oder Raffaello Santi ist bis heute weltberühmt. Wurde schon zu Lebzeiten bewundert und umworben. In Italien: Raffaele, Raffaello. Abkürzungen: Ello, Rado, Raf, Raffi.

**Rasmus:** ansprechend. Unkompliziert. Passt immer. Verwandt mit → Erasmus. Aus dem Griechischen. Bedeutung: der Liebenswürdige. Vor allem in den Niederlanden und in Norwegen bekannt. Abkürzung: Muck.

**Rasso:** dynamisch, modern. Kurzform von heute vergessenen Namen mit der Anfangssilbe »Rat«, wie etwa Ratbald, Ratbert. Aus dem Althochdeutschen. Bedeutung: Rat.

**Ray:** knapp, prägnant. Kurzform vom französischen Raymon. Verwandt mit → Raimund. Aus dem Althochdeutschen. Bedeutung: Rat und Schutz. 20./21. Jh.: Ray Kurzweil beschäftigt sich mit Spracherkennung, auch mit künstlicher

Intelligenz. Außerdem gründete er eine Firma für elektronische Musikinstrumente. Ein weiterer Namensträger: Der legendäre amerikanische Musiker Ray Charles. Erblindete als Siebenjähriger, machte dennoch als Musiker und Sänger Karriere. Verband gekonnt Rythm and Blues und Gospel und wurde damit zu einem Wegbereiter des Soul.

**Reemt:** aus Friesland stammende Form von Namen mit der Anfangssilbe »Reim«, wie etwa Reimbert oder Reimbrecht. Aus dem Althochdeutschen. Bedeutung: Rat. Verwandte Namen: Remt, Reint, Reent.

**Reginald:** ein alter Name fern jeder Mode. Aus dem Althochdeutschen. Bedeutung: Rat und herrschen. Abkürzungen: Naldo, Reko. → Reinold.

**Regnar:** selten. Aus dem Nordischen. Bedeutung: Kraft und Krieger. In Dänemark: Rejer. Abkürzung: Reno, Rexo.

**Régnier:** elegant. Interessanter als der verwandte Name → Rainer. Aus dem Althochdeutschen. Bedeutung: Rat und Heer. Abkürzungen: Ninno, Nino.

**Reimar, Reimer:** schlicht und einfach, angelehnt an den Namen Reimbert. Aus dem Althochdeutschen. Bedeutung: Rat und berühmt. Variante: Reimert. Im Niederdeutschen: Remco, Remko. Abkürzungen: Marus, Reimo, Remke, Remko, Reno, Rex, Rikko, Riko, Rino.

**Reinar, Reiner:** verwandt mit → Rainer. Aus dem Althochdeutschen. Bedeutung: Rat und Heer.

**Reinhard, Reinhart.** Auch **Reinhardt:** alte Namen. Verwandt mit → Rainhard. Aus dem Althochdeutschen. Bedeutung: Rat und hart. 19./20. Jh.: Der Astronom Richard Reinhard Emil Schorr, einst Leiter der Sternwarte Hamburg-Bergedorf, entdeckte zwei Asteroiden. Ein Sternchen wurde nach ihm Schorria genannt. Im Weserbergland, nicht weit von Kassel entfernt, gibt es den Reinhardswald. In Friesland: Rendert. Abkürzungen: Reimo, Reinke, Reinko, Reint, Reintje, Reno, Renz, Renzo, Rex, Rikko, Riko, Rino. → Renard.

**Reinold, Reinhold:** aus dem Althochdeutschen. Bedeutung: Rat, herrschen. 20./21. Jh.: Reinhold Messner, Abenteurer, Extrembergsteiger, Buch- und Filmautor, Politiker, bestieg als erster Mensch ohne künstlichen Sauerstoff alle vierzehn Acht-

**R**

tausender der Erde. Bringt sein Publikum seit Jahrzehnten zum Staunen. In England: Reynold; in Italien: Rinaldo. Abkürzungen: Addi, Aldo, Naldo, Ole, Ollie, Regis, Reimo, Reno, Rex, Rikko, Riko, Rino. → Rainald, → Renaud, → Ronald.

**Reitz:** Kurzform vom althochdeutschen → Heinrich. Bedeutung: Einfriedung, reich, mächtig.

**Rembert:** traditionell. Verwandt mit Reimbert. Bedeutung: Rat und glänzend. 16. Jh.: Rembert Dodoens, flämischer Botaniker und Arzt, war Hofarzt bei Kaiser Maximilian II. Hat ein kostbares Kräuterbuch zusammengestellt. Abkürzungen: Bert, Bertel, Bertl, Remt, Renz, Rex.

**Remi, Remy:** wohlklingende, zuerst in Frankreich bekannte Kurzformen von Remigius. Aus dem Lateinischen. Bedeutung: Ruderer. Abkürzung: Mio.

**Remo.** Auch **Remus:** in Italien gebräuchlich. Aus dem Lateinischen. Bezieht sich auf die Geschichte von → Romulus und Remus. Nach der römischen Mythologie wurden die auf dem Tiber ausgesetzten Zwillinge von einer Wölfin gerettet. Als Erwachsene gründeten die beiden an dieser Stelle die Stadt Rom. Abkürzung: Rex.

**Renard:** ein wohlklingender Name aus Frankreich. Verwandt mit → Reinhard. Aus dem Althochdeutschen. Bedeutung: Rat und hart. Abkürzungen: Ado, Reno.

**Renatus:** rar und ungewöhnlich. Aus dem Lateinischen. Bedeutung: wiedergeboren. 5. Jh.: Der heilige Renatus war einst Bischof von Angers. Namenstag: 6. Oktober. 16. Jh.: Renatus von Chalon war ein Erzieher des späteren Kaisers Karl V. 18. Jh.: Renatus Gotthelf Löbel war Mitautor eines Konversationslexikons, das später von Friedrich Arnold Brockhaus erstanden wurde und die Grundlage für die heutige Brockhaus-Enzyklopädie darstellt. In Frankreich verkürzt: René. In Italien: Renato. Abkürzungen: Natus, René, Reno, Renz, Rex.

**Renaud, Renault:** französische Namen. Verwandt mit → Reinold, in der Wirkung jedoch moderner. Aus dem Althochdeutschen. Bedeutung: Rat, herrschen. Abkürzungen: Reno, Renz.

**René:** in Frankreich gebräuchliche Form von → Renatus. Aus dem Lateinischen. Bedeutung: wiedergeboren.

**Renzo:** attraktiv, dynamisch. Kurzform von → Lorenz. Aus dem Lateinischen. Bedeutung: der Lorbeergeschmückte. 20./21. Jh.: Renzo Piano ist ein berühmter Architekt aus Italien. Gewann unter anderem den Wettbewerb für das Pariser Centre Pompidou. Andere Formen: Renz, Rienzo.

**Reto:** frisch und fröhlich. In der Schweiz nicht ungewöhnlich. Bedeutung: der Rätoromane. Kosename: Toto.

**Rex:** in England bekannter. Aus dem Lateinischen. Bedeutung: König. 20. Jh.: Sir Reginald »Rex« Harrison war ein erfolgreicher englischer Schauspieler und Oscarpreisträger.

**Ricardo, Riccardo:** in Südeuropa aktuell. Verwandt mit → Richard. Aus dem Althochdeutschen. Bedeutung: mächtig und hart. 20./21. Jh.: Ein berühmter Riccardo unserer Zeit ist Riccardo Muti, ein weltweit beliebter Dirigent. Abkürzungen: Addi, Adi, Ado, Dodi, Ric, Ricco, Rico.

**Richard:** traditionell. Passt sich überall an. Wieder beliebter. Aus dem Althochdeutschen. Bedeutung: reich, mächtig, kühn. 12. Jh.: Richard I., König von England, wurde Löwenherz genannt, weil er ein kühner und tapferer Kämpfer war. 19. Jh.: Richard Wagner, Lieblingskomponist des Bayerischen Königs Ludwig II., ist nach langen Wanderjahren mit vielen privaten Hochs und Tiefs nicht nur durch seine Musik berühmt geworden: Er gründet auch die Festspiele in Bayreuth. 20./21. Jh.: Richard von Weizsäcker, ehemaliger Bundespräsident. Außerdem: Richard Gere, amerikanischer Schauspieler, eine Hollywoodgröße mit vielen weiblichen Fans. In Norddeutschland: Reich, Reichard, Rickert, Rickmer, Ridsert, Ridzard, Ridzart, Righard, Ritzard, Ritzart; in Schweden: Rickand, Rickard; in England abgekürzt: Rick, Dick; in Frankreich: Ricard. Abkürzungen: Hardy, Hartl, Ricci, Rico, Rick, Ricky, Riego, Riek, Rikkert, Rikko, Riko, Rino, Risto. → Ricardo.

**Rick, Ricky:** aus England. Kurzformen von → Richard. Aus dem Althochdeutschen. Bedeutung: reich, mächtig, kühn. Auch Kurzformen von Namen wie → Hendrik, → Frederik. Varianten: Rik, Riko, Rico, Ricco.

**Rinaldo:** beschwingt und munter. Aus Italien mitgebrachte Variante von → Rainald. Aus dem Althochdeutschen. Bedeutung: Rat und herrschen. 16. Jh.: Damals erschien Torquato

Tassos Ritterepos »Rinaldo«. 18./19. Jh.: Christian August Vulpius, Schwager von Goethe, schrieb eine erfolgreiche Räubergeschichte mit dem Titel »Rinaldo Rinaldini«. Andere Form: Renaldo. Abkürzungen: Ado, Aldo, Rino.

**Rino:** aus Italien importiert. Angenehm. Bezieht sich auf Namen wie Marino und → Rinaldo. Variante von → Rainald. Aus dem Althochdeutschen. Bedeutung: Rat und herrschen.

**Roald:** in Norwegen gebräuchlich. Aus dem Nordischen. Bedeutung: Ruhm und Herrscher.

**Rob.** Auch **Robbie, Robby:** einprägsam. Weltweit verständlich. Kurzformen von → Robert/→ Rupert. Bedeutung: Ruhm und glänzend. 20./21. Jh.: Der englische Popsänger Robbie Williams hat den Namen ins Gespräch gebracht.

**Robert:** zeitlos. Findet immer seine Anhänger. Verwandt mit → Rupert. Aus dem Althochdeutschen. Bedeutung: Ruhm, glänzend. 19. Jh.: Robert Schumann, Komponist, Musikjournalist und Romantiker, heiratete Clara Wieck, die Tochter seines Lehrers. Clara Schumann hatte als Pianistin weit mehr Erfolg als ihr Ehemann mit seinen Kompositionen. Geldsorgen und eine psychische Erkrankung bestimmten sein Leben bis zum Tod. Außerdem: Robert Wilhelm Bunsen, berühmter Chemiker und Erfinder. Wer hat noch nicht von dem nach ihm benannten Bunsenbrenner gehört? 19./20. Jh.: Robert Koch, Mediziner, Mikrobiologe und Nobelpreisträger. Entdeckte die Erreger gefährlicher Krankheiten und brachte die Medizin damit einen Schritt weiter. 20./21. Jh.: Ein Robert, der vor allem in jungen Jahren seine weiblichen Fans beglückte: der amerikanische Filmschauspieler und Regisseur Robert Redford. In Italien: Roberto. Abkürzungen: Bob, Bobby, Bert, Dobbin, Dobby, Ro, Rob, Robbie, Robby.

**Robin:** aus England. Sehr gefragt. Verwandt mit → Robert/ → Rupert. Aus dem Althochdeutschen. Bedeutung: Ruhm und glänzend. Der beliebteste aller Robins war wohl der Volksheld Robin Hood, der Legende nach Räuber im Sherwood Forest. Wird meist als edelmütiger Kämpfer beschrieben, der mit seinen Gesellen die Reichen bestahl, um die Armen zu beschenken. Ob es ihn wirklich gab? Hier scheiden sich die Geister. Abkürzungen: Bibi, Rob.

**Rocco:** in Italien aktueller. Verwandt mit → Rochus. Wohl aus dem Althochdeutschen. Bedeutung: Kriegsruf.

**Rochus:** attraktiv, besonders. Herkunft ungewiss. Wohl aus dem Althochdeutschen. Bedeutung: Kriegsruf. 19./20. Jh.: Rochus Freiherr von Liliencron, Germanist und Musikkritiker, wurde durch Volksliedforschungen und als Herausgeber einer »Allgemeinen Deutschen Biographie« bekannt. In Frankreich, Spanien, England: Roche. Auch: Roque. Abkürzungen: Rob, Rocco, Rux.

**Roderick.** Auch **Roderik:** eingebürgert aus dem Englischen. Abgeleitet von dem alten Namen Roderich. Aus dem Althochdeutschen. Bedeutung: Ruhm und mächtig. In Frankreich: Roderique, Roderic; in Südeuropa: Rodrigo. Abkürzungen: Rick, Rickie, Ricky, Rik, Rod.

**Roger.** Auch **Rodger:** besonders, aber nicht zu ausgefallen. Verwandt mit → Rüdiger. Altenglisch/Althochdeutsch. Bedeutung: Ruhm und Speer. 13. Jh.: Der englische Mönch, Gelehrte und Philosoph Roger Bacon machte von sich reden. Er soll die empirischen Untersuchungen erfunden haben. Von seinen Anhängern wurde er »doctor mirabilis« (wunderbarer Lehrer) genannt. 20./21. Jh.: Sir Roger Penrose, englischer Mathematiker und Physiker. Machte sich einen Namen in der mathematischen Physik und der Kosmologie, die sich mit dem Ursprung und der Entwicklung des Universums beschäftigt. Hat auch einiges zu philosophischen Themen veröffentlicht.

**Roland:** zeitlos. Weit ab von Modetrends. Aus dem Althochdeutschen. Verwandt mit → Robert. Bedeutung: Ruhm und glänzend. Oder verwandt mit → Rüdiger. Altenglisch/Althochdeutsch. Bedeutung: Ruhm und Speer. 11./12. Jh.: Damals entstand das Rolandslied, ein altfranzösisches Versepos über den Helden Roland, der im Mittelalter den Status eines Volkshelden bekam. Auch von → Karl dem Großen ist darin die Rede. Im Mittelalter wurden Roland-Statuen in vielen Städten aufgestellt. Galten als Sinnbild bürgerlicher Freiheit und der Eigenständigkeit einer Stadt. In Bremen steht eine Rolandsstatue auf dem Marktplatz, die zum Weltkulturerbe zählt. In England: Rowland; in Südeuropa: Rolando. Abkürzungen: Andi, Ro, Rolf.

**R**

**Rolf:** früher höchst beliebt, heute fast verschwunden. Verwandt mit → Rudolf. Aus dem Althochdeutschen. Bedeutung: Ruhm und Wolf. Weitere Formen: Rohlf, Rolph, Roolf.

**Romain:** eingängig, angenehm. Die französische Form von → Roman. Aus dem Lateinischen. Bedeutung: der Römer. 19./20. Jh.: Der Franzose Romain Rolland, weltberühmter Dichter und Nobelpreisträger, hat den Namen bekannt gemacht. Abkürzungen: Ro, Rob.

**Roman:** beliebt. Heute international. Aus dem Lateinischen. Bedeutung: der Römer. Hergeleitet von Romanus. 9. Jh.: damals wurde ein Romanus Papst. Es gab auch etliche byzantinische Kaiser dieses Namens. 20./21. Jh.: Roman Polanski, erfolgreicher Regisseur, vor Jahrzehnten aus Polen nach Hollywood ausgewandert. Hat frischen Wind ins Kino gebracht und Filmgeschichte geschrieben. In Spanien: Román; in Italien: Romano; in Griechenland: Romanos; in Polen: Romek. Abkürzungen: Rob, Robby, Ron.

**Romeo:** ein italienischer Name. Über seine Herkunft gibt es ganz verschiedene Meinungen. Die einen sehen ihn in Zusammenhand mit → Roman. Aus dem Lateinischen. Bedeutung: der Römer. Die anderen erkennen eine Verwandtschaft mit → Bartholomäus. 16./17. Jh.: Bekannt ist der Romeo aus dem Drama »Romeo und Julia« von → William Shakespeare.

**Romuald:** nicht ganz einfache Schreibweise. Wohl verwandt mit Rumold. Aus dem Althochdeutschen. Bedeutung: Ehre, walten. 10./11. Jh.: Der Heilige Romuald war in Oberitalien und Südfrankreich bekannt. Namenstag: 19. Juni. Abkürzungen: Aldo, Muck, Mungo, Romu.

**Romulus:** bezieht sich auf die Legende der Romgründer Romulus und → Remus. In Italien: Romolo.

**Ron:** Kurzform von → Ronald. Wohl verwandt mit → Reinold. Aus dem Althochdeutschen. Bedeutung: Rat und herrschen. 20./21. Jh.: Ronald »Ron« Wood, ehemals Gitarrist der britischen Rockband »The Faces«, ist seit 1975 Mitglied der weltberühmten Rolling Stones.

**Ronald:** aus Schottland eingeführt. Wohl verwandt mit → Reinold. Aus dem Althochdeutschen. Bedeutung: Rat und herrschen. 20./21. Jh.: ein Ronald, auf den die Welt schaute: der

40. Präsident der USA Ronald Reagan, der vor seiner Politikerkarriere Schauspieler war (die meisten seiner Filme waren B-Movies). Abkürzungen: Naldo, Nando, Ron, Ronnie, Ronny.

**Ronan:** in England/Irland zu Hause. Bedeutung: kleine Robbe. Abkürzungen: Ro, Ron.

**Rosario:** heiter und unbeschwert. Aus dem Italienischen. Bezieht sich auf den Rosenkranz. Abkürzungen: Aldo, Ric, Ricci, Rius, Ro, Ross.

**Rouven:** originell, aber nicht zu abgehoben. Verwandt mit → Ruben. Aus dem Hebräischen. Bedeutung: Seht, ein Sohn! Weitere Formen: Rouwen, Ruven, Ruwen.

**Roy:** aus England und dem Gälischen. Bedeutung: rot. 20./21. Jh.: Der amerikanische Grafiker und Maler Roy Lichtenstein ist neben Andy Warhol und → Claes Oldenburg einer der bedeutendsten Vertreter der amerikanischen Pop-Art.

**Ruben, Rubens:** zeitlos. Ein biblischer Name. Aus dem Hebräischen. Bedeutung: Seht, ein Sohn! Der erste Sohn Jakobs heißt in der Bibel Ruben und damit heißen auch alle seine Nachkommen so. In England: Rubin, Rube (als Kosename); in Spanien: Rubén. Abkürzungen: Ben, Benno, Benny.

**Rudolf, Rudolph:** traditionell. Ein Name mit Geschichte. Aus dem Althochdeutschen. Bedeutung: Ruhm und Wolf. 19. Jh.: Karl Rudolf Friedenthal, liberaler preußischer Politiker, Jurist, Unternehmer und Abgeordneter im Deutschen Reichstag – ein früher Wegbereiter der Demokratie. 19./20. Jh.: Rudolf Virchow war Gründer der modernen Pathologie und ein bedeutender moderner Mediziner. Interessierte sich außerdem sehr für Archäologie. 20./21. Jh.: Rudolf Augstein, Journalist, Verleger und Publizist, gründete das Nachrichtenmagazin »Der Spiegel«. Galt in den vergangenen Jahrzehnten als wichtiger Intellektueller im Lande. In Südeuropa: Rodolfo; in Frankreich: Rodolphe. Abkürzungen: Rohlf, Rolf, Roolf, Rotho, Rude, Rudi, Rudl, Rudo, Rul.

**Rüdiger, Rütger:** traditionell. Mal mehr, mal weniger beliebt in der Vergangenheit. Aus dem Althochdeutschen. Bedeutung: Ruhm und Speer. In Italien: Ruggero, Ruggiero; in Spanien: Rodrigo; in Friesland: Rodger, Rötger. Abkürzungen: Ror, Rudo, Runi. → Roger.

R

## VORNAMEN UND VORURTEILE

Wer von einem Johann, Leopold oder Christian hört, denkt sich seinen Teil dabei, hat eine Studie der TU Chemnitz ergeben. Wissenschaftler am Institut für Psychologie fragten 149 Personen unterschiedlichen Alters und Geschlechts, was sie sich bei bestimmten Namensträgern in puncto Alter, Attraktivität und Intelligenz vorstellen. Das Ergebnis: Die Probanten verbanden bewusst, oft auch unbewusst feste Vorstellungen mit bestimmten Namen. So wurden die Träger moderner Vornamen generell jünger eingeschätzt als die altmodischerer Namen. Andere Studien ergaben, dass den modernen Namensträgern sogar eine höhere Kompetenz zugetraut wird als denen mit altmodischen Namen. Bei einer Studie an der Ohio-Universität wurden 500 Probanden gefragt, welche Jungennamen ausgesprochen männlich auf sie wirken. Das Ergebnis: Namen wie Boris oder Bruno empfanden die meisten als besonders maskulin, andere Namen, wie Jan, wurden dagegen als weniger männlich eingeschätzt.

**Rufus.** Auch **Rufin, Rufinus:** zeitlos. Ein biblischer Name. Aus dem Lateinischen. Bedeutung: der Rothaarige. Wer sich bei den alten Römern umschaut, stößt auf Namenskombinationen wie etwa Tiberius Rufus oder Marcus Lunius Rufus. Rufus war ein Beiname für alle, die rote Haare hatten. 4. Jh.: Der heilige Rufus war Bischof von Metz. Namenstag: 11. Mai. In Italien: Ruffo. Abkürzungen: Finn, Fino, Rul.

**Rupert, Ruppert.** Auch **Ruprecht, Rupprecht:** ein Klassiker. Nie wirklich weit verbreitet. Aus dem Althochdeutschen. Bedeutung: Ruhm, glänzend. 7./8. Jh.: Rupert von Salzburg gründete auf den Ruinen der alten Römerstadt Juvavum an der Salzach das Kloster St. Peter, außerdem noch ein Frauenkloster. Von dort aus wurde missioniert. Namenstag: 24. September. Abkürzungen: Rul, Rup, Rupp.

**Ryan:** aus Irland. Bedeutung: Nachkommen des Rian. 20./ 21. Jh.: Der amerikanische Schauspieler Ryan O'Neal brachte im Klassiker »Love Story« Millionen zum Schluchzen.

**Said:** aus dem Arabischen. Bedeutung: glücklich. In der Türkei: Sait.

**Salim:** aus dem Arabischen. Bedeutung: unversehrt. In der Türkei: Selim.

**Salomo, Salomon:** traditionell. Schon lange im Umlauf. Ein biblischer Name. Aus dem Hebräischen. Bedeutung: Glück, Friede. 10. Jh. v. Chr.: König Salomon war der Bibel zufolge nach Saul und → David der dritte Herrscher des vereinigten Königreichs Israel. Statt auf eine Vergrößerung seines Reichs aus zu sein, trieb er Handel mit den umliegenden Ländern und festigte die friedlichen Beziehungen zu ihnen. Salomon soll tolerant, aufgeklärt und weise gewesen sein. Das »Salomonische Urteil« ist heute noch im allgemeinen Sprachgebrauch zu finden. Es geht der Legende nach auf ein weises Urteil zurück, das er im Fall zweier Mütter fällte, die sich um dasselbe Baby stritten. 17./18. Jh.: → Georg Friedrich Händel komponierte ein Oratorium namens »Solomon«. In England: Solomon. Slawisch: Solms. Abkürzung: Momo.

**Salvator.** Auch **Salvador:** selten, individuell. Aus dem Lateinischen. Bedeutung: Erretter. 20. Jh.: Der Spanier Salvador Dalí, exzentrischer Maler, Bildhauer, Schriftsteller, Filmemacher und Schauspieler, ist vor allem als einer der Hauptvertreter des Surrealismus bekannt geworden. Malte häufig Motive aus der Welt des Unbewussten. In Italien: Salvatore. Abkürzungen: Salo, Sam, Sasso.

**Sam.** Auch **Sammy:** ursprünglich englische Kurzformen von → Samuel. Aus dem Hebräischen. Bedeutung: Erhört von Gott. Kosenamen: Sami, Sammie, Samy.

**Sami:** angenehm. Aus Arabien. Bedeutung: erhaben.

**Samson.** Auch **Simson:** heute international. Aus dem Hebräischen. Wahrscheinliche Bedeutung: stark wie die Sonne. Nach der Bibel lebte Samson zu der Zeit, als die Israeliten von den Philistern unterdrückt wurden. Samson war mit übermenschlicher Kraft begabt. Das Geheimis seiner Stärke lag in seinen Haaren, die nie abgeschnitten werden durften. Als seine Geliebte Delila ihm das Geheimnis entlockt hatte, verriet sie ihn an die Philister. 18. Jh.: → Georg Friedrich Händel schrieb ein Oratorium mit dem Titel »Samson«. Abkürzungen: Sam, Sammy, Sasso.

**Samuel:** ein Klassiker, der immer seine Anhänger hat. Längst international. Ein biblischer Name. Aus dem Hebräischen. Bedeutung: von Gott erhört. 17. Jh.: Mit Samuel Freiherr von Pufendorf, einem Rechtsgelehrten und ersten Professor für Natur- und Völkerrecht, begann eine neue Ära des juristischen Denkens. 18./19. Jh.: Samuel Hahnemann, Übersetzer, Schriftsteller, Mediziner und Chemiker, begründete die Homöopathie, eine der bekanntesten und erfolgreichsten Methoden der Alternativmedizin. Ihr Grundsatz lautet: »Ähnliches werde durch Ähnliches geheilt«. Hahnemann betrieb zahlreiche Selbstversuche mit Medikamenten und perfektionierte auf diese Weise seine Behandlungsmethoden. 20. Jh.: Der irische Schriftsteller Samuel Beckett, in Frankreich lebender Nobelpreisträger für Literatur, gab dem Publikum mit seinem Theaterstück »Warten auf Godot« Rätsel auf. Abkürzungen: Muck, Mungo, Sam, Sammy.

**Sander:** individuell, unaufdringlich. Aus den Niederlanden. Bereits im 18. Jh. als Kurzform von → Alexander bekannt. Aus dem Griechischen. Bedeutung: schützen und Mann.

**Sándor:** angenehmer Zweisilber. Aus Ungarn. Kurzform von → Alexander. Aus dem Griechischen. Bedeutung: schützen und Mann. Abkürzungen: Dodi, Odo.

**Sandro:** aus Italien. Ehemals Kurzform von → Alexander. Aus dem Griechischen. Bedeutung: schützen und Mann. Kosename: Sandrino. Abkürzungen: Dodi, Odo.

**Santo:** ein attraktiver Zweiklang aus Italien. Aus dem Lateinischen. Bedeutung: erhaben. Kosename: Santino.

**Sascha, Sasha:** ehemals russische Kurzformen von → Alexander. Aus dem Griechischen. Bedeutung: schützen und Mann. Sascha ist auch als Mädchenname bekannt. 20./21. Jh.: Sasha ist ein erfolgreicher deutscher Popsänger.

**Saul:** unkompliziert in der Schreibweise. Überall verständlich. Ein biblischer Name. Aus dem Hebräischen. Bedeutung: der Erbetene. Der Bibel nach war Saul der erste König Israels. 17./18. Jh.: Ein berühmter Saul, König von Israel, spielt in einem von → Georg Friedrich Händel komponierten gleichnamigen Oratorium eine Rolle.

**Scott:** kurz, eindeutig. International. Aus dem Englischen. Bedeutung: der Schotte. 19./20. Jh.: In den USA war Scott Joplin ein erfolgreicher Ragtime-Komponist und -Pianist. Bei der Filmmusik für den Film »Der Clou« mit Robert Redfort griff man auf das Werk Joplins zurück. Dadurch kam der Ragtime wieder zur Geltung. Kosename: Scotty.

**Sean:** lässig, modern. Aus Irland. Verwandt mit → Jean. Aus dem Hebräischen. Bedeutung: der Herr ist gnädig. 20./21. Jh.: Bekannt geworden durch den Schauspieler Sean Connery, der in den 60er-Jahren des vergangenen Jahrhunderts als James Bond um den Globus unterwegs war. Etablierte sich später als Charakterdarsteller.

## KURZ- UND KOSEFORMEN

Eltern, Geschwister, Verwandte und Freunde sind meistens gleichermaßen einfallsreich, wenn es darum geht, den Geburtsnamen in eine Kurz- oder Koseform abzuwandeln.

- Ein Kosename ist die zärtliche Anrede, die vertrauliche Form eines Vornamens, den besonders Eltern für ihre Kinder wählen (siehe auch Seite 65). So wird aus einem Sebastian schnell ein Bastilein oder aus einem Maximilian ein Maximännchen. Oft hat der Kosename auch gar keinen Bezug zum Vornamen, und dann wird aus dem an sich lässigen Luis eben ein »Hase« oder »Spätzchen«.

- Eine Kurzform entsteht im alltäglichen Umgang mit einem (meist) längeren Vornamen und durch seinen häufigen Gebrauch. So wird aus Thomas ein Tom, aus Oliver ein Olli, aus Markus ein Marc und aus Alexander ein Alex. Viele dieser Kurzformen aus dem Alltag – besonders unter Freunden aus Kindergarten und Schule beliebt – sind mittlerweile schon eigenständige, anerkannte Namen.

**Sebald:** angenehm, unaufdringlich. Verwandt mit Siegbald. Aus dem Althochdeutschen. Bedeutung: Sieg und kühn. 18. Jh.: Hinter dem Namen Johann Sebald Neusönner verbarg sich ein kurfürstlich-bayerischer Geheimsekretär, der seine Agenten bis nach Böhmen schickte. Kaiser Leopold I. in Wien hatte einiges dagegen einzuwenden. Eine andere Form: Sebert. Abkürzungen: Baldus, Bolo, Sebe, Sebo, Seth. Siehe Siegbald.

**Sebastian:** traditionell und trotzdem aktuell. Aus dem Griechischen. Bedeutung: der Erhabene. 3. Jh.: Ein römischer Soldat namens Sebastian starb damals als Märtyrer. Wurde später heiliggesprochen. Namenstag: 20. Januar. 19. Jh.: Sebastian Kneipp, bayerischer Priester und Hydrotherapeut, hat die heilende Wirkung von Wasseranwendungen bekannt gemacht. Seine Kneipp-Therapie wird noch heute vor allem zur Stärkung des Herz-Kreislauf-Systems und erfolgreich bei Krampfadern eingesetzt. 20. Jh.: Interessant und verständlich erklärte der Publizist Sebastian Haffner einer breiten Öffentlichkeit die Entwicklung Deutschlands. In Frankreich: Sébastien; in Italien: Sebastiano. Koseform: Bastiano; in Spanien: Sebastián. Abkürzungen: Bastel, Basti, Bastia, Bastian, Bastien, Bastl, Basto, Sebi, Sebo, Wastel.

**Sepp:** schlicht und klar. Im Süden bekannte Kurzform von → Josef. Aus dem Hebräischen. Bedeutung: Gott möge hinzufügen. 19./20. Jh.: Josef Herberger, von allen nur Sepp genannt, war Fußballtrainer der Nationalelf. Führte die Mannschaft 1954 unter Kapitän → Fritz Walter zum Sieg bei der Weltmeisterschaft in der Schweiz. Noch heute als »Wunder von Bern« unvergessen.

**Seraph, Seraphin:** romantisch, verspielt. Ein biblischer Name. Nach dem Engel Seraphim. Abkürzung: Sebo.

**Serenus:** edel, klassisch. Aus dem Lateinischen. Bedeutung: heiter. Einst ein römischer Beiname. 2. Jh.: Septimus Serenus war ein römischer Dichter. Von seinem Werk sind nur noch Zitate vorhanden. 3. Jh.: Serenus Sammonicus der Ältere war Antiquar in Rom, Schriftsteller und Erzieher der Prinzen bei Hofe. Abkürzungen: Nuno, Reno.

**Sergio:** in Italien aktuell. Hergeleitet von → Sergius. Aus dem Lateinischen. Hinweis auf einen Familiennamen. 20. Jh.: Sergio Leone, italienischer Filmregisseur, erfreute vor allem mit Italo-Western. Unvergessen sein Klassiker »Spiel mir das Lied vom Tod«. Abkürzungen: Gio, Sego.

**Sergius:** klassisch. Aus dem Lateinischen. Bezieht sich auf einen Familiennamen. Zwischen dem 7. und dem 11. Jh. gab es etliche Päpste dieses Namens. Vor allem in Russland seit Jahrhunderten beliebt. In England und Frankreich: Serge; in Russland: Sergej. Abkürzung: Gio.

**Servaz, Servatius:** Im Süden bekannter als im Norden. Aus dem Lateinischen. Bedeutung: der Gerettete. 4. Jh.: Bischof Servatius soll der Legende nach von einem Engel aus Jerusalem nach Tongern in Belgien gebracht worden sein, wo er zum Bischof geweiht wurde. Er soll später viele Wunder vollbracht haben und wurde entsprechend verehrt. Namenstag: 13. Mai. In Frankreich: Servais; in Italien: Servazio; in den Niederlanden: Servaas. Abkürzungen: Sero, Varo, Zio.

**Severin, Severinus:** schnörkellos. Unaufdringlich. Im Süden bekannt. Aus dem Lateinischen. Bedeutung: der Strenge, Ernste. Es gab mehrere Heilige dieses Namens. 4. Jh.: Severin, Bischof von Köln, soll beim Tod seines Freundes Martin von Tours Engelsgesang vernommen haben. Namenstag: 23. Oktober. 7. Jh.: Zu jener Zeit gab es einen Papst dieses Namens. Abkürzungen: Rino, Senz, Sten, Vin, Vinn.

**Sibo, Siebo:** Hergeleitet von fast verschwundenen Namen mit der Anfangssilbe »Sieg«, wie etwa Siegbrecht, Siegbod, Sieghard. Aus dem Althochdeutschen. Bedeutung: Sieg.

**Sid:** frisch, modern. In England bekannt. Hergeleitet von Sidney, verwandt mit → Sidonius. Aus dem Lateinischen. Bedeutung: aus Sidon stammend.

**Sidonius:** extravagant. Aus dem Lateinischen. Bedeutung: aus Sidon stammend. Abkürzungen: Dodo, Don, Sid.

**Siebold.** Auch **Seibold:** seltene Varianten von alten Namen wie Siegbald, Siebald, Siegbold. Aus dem Althochdeutschen. Bedeutung: Sieg, kühn. Abkürzungen: Baldus, Bolo, Sibo, Siebert, Siebke, Siegi. → Sebald.

**Siegert:** etwas moderner wirkende Variante von Sieghart. Aus dem Althochdeutschen. Bedeutung: Sieg und hart. Abkürzungen: Gert, Siegi, Siggi, Sigo.

**Siegfried, Sigfrid:** nicht gerade top in unserer Zeit. Aus dem Althochdeutschen. Bedeutung: Sieg und Friede. Der bekannteste Siegfried, der große, siegreiche Held, mit dem sich viele Jungen identifizieren können: Siegfried aus dem Nibelungenlied, Königssohn aus Xanten. Galt als unverwundbar, weil er im Blut des Drachen Fafnir gebadet hatte. Besaß jedoch eine verwundbare Stelle an seinem Rücken, die beim Bad von einem Lindenblatt bedeckt worden war. Kriemhild verriet ohne böse Absicht sein Geheimnis und so gelang es → Hagen von Tronje, ihn zu ermorden. 19. Jh.: »Siegfried« ist übrigens auch ein Titel der Opern-Tetralogie »Der Ring des Nibelungen« von → Richard Wagner. Abkürzungen: Frid, Fried, Sibo, Sicco, Siek, Siff, Sig, Siggi. → Sigurd.

**Siegmar.** Auch **Sigmar:** Namen, die heute nicht gerade hoch im Kurs stehen. Aus dem Althochdeutschen. Bedeutung: Sieg, berühmt. Abkürzungen: Siek, Sierk.

**Siem.** Auch **Siemen, Siemo:** aus dem Norden. Verwandt mit → Simon. Aus dem Hebräischen. Bedeutung: Erhörung. Oder Kurzformen von Namen, wie etwa Sieghard, Siegheld, Siegbrecht.

**Sierk, Sirko:** interessant. Aus Friesland. Hinweis auf Namen mit der Anfangssilbe »Sieg«. Aus dem Althochdeutschen. Bedeutung: Sieg.

**Sievert:** unspektakulär und doch besonders. Aus Friesland. Hergeleitet von Siegward. Aus dem Althochdeutschen. Bedeutung: Sieg, Hüter. Weitere Namensformen: Siewert, Siverd, Sivert, Siwert, Sewert. Abkürzungen: Sicco, Sico, Siek, Sierk, Siert, Siko.

**Sigurd:** in erster Linie in Norwegen und Island bekannt. Verwandt mit → Siegfried. Aus dem Althochdeutschen. Bedeutung: Sieg, Friede. Abkürzungen: Sicco, Siggi, Sigi, Sigo, Siko.

**Silko:** männliche Form von Silke. Verwandt mit → Cäcilius. Aus dem Lateinischen. Hinweis auf ein altrömisches Geschlecht.

**Silvan, Silvius.** Auch **Silvanus:** edel, anpassungsfähig. Aus dem Lateinischen. Nach einer römischen Sage war Silvanus der Sohn des Faunus. Bei den alten Römern galt er als Gott der Wälder und Weiden, der Felder und Herden und wurde gerne als Satyr oder Bauer dargestellt. In Italien: Silvano; in Frankreich: Silvain, Sylvain. Abkürzung: Silo. → Silvio.

**Silvester, Sylvester:** anspruchsvoll, außergewöhnlich. Aus dem Lateinischen. Bedeutung: waldig. Zwischen dem 4. und dem 12. Jh. gibt es mehrere Päpste namens Silvester. Die Bezeichnung Silvester für das Jahresende geht auf Papst Silvester I. zurück. Namenstag: 31. Dezember. In Frankreich und Spanien: Silvestre; in Italien: Silvestro. Abkürzungen: Fesl, Festl, Silvo, Sten, Sylvo, Syste.

**Silvio:** aus Italien stammende Form von → Silvanus, dem Gott der Wälder. 15. Jh.: Enea Silvio Piccolomini, Priester, Diplomat und Dichter, lebte am kaiserlichen Hof in Wien. Als Papst Pius II. entdeckte er nach einem ausschweifenden Leben Enthaltsam- und Genügsamkeit für sich.

**Simon, Simeon:** immer beliebt. Kommt in der Bibel häufiger vor. So erkennt nach dem Neuen Testament ein Simon als erster in Jesus von Nazaret den Messias. Namenstag: 28. Oktober. Die Liste beeindruckender Namensträger ist lang. 5. Jh. v. Chr.: Simon von Athen war ein zu dieser Zeit berühmter Pferdekenner und -züchter. Brachte seine Kenntnisse darüber

## ABKÜRZUNGEN: WIRKLICH UNABWENDBAR?

Manche Eltern mögen weder Kosenamen noch Abkürzungen. Dass aus ihrem Sebastian schnell ein Basti und aus ihrem Tobias ein Tobi wird, ist ihnen gar nicht recht. Viele halten Kurzformen sogar für albern oder nichtssagend. Kinder sehen das oft anders: »Ist doch praktischer, wenn mich meine Kumpel Maxi nennen anstatt Maximilian«. Oder: »Alex klingt viel cooler als Alexander.« Mischen sich Eltern hier ein, bleiben Kinder erst recht und besonders nachdrücklich bei ihrer Meinung. Besser: Keine langen Diskussionen anzetteln, kein großes Thema aus der Namensgebung machen, sondern lieber darauf vertrauen, dass Kürzel und Spitznamen auf Dauer wieder von alleine verschwinden. Ein Tipp: Das eigene Kind konsequent mit seinem »richtigen« Namen ansprechen und sich gar nicht erst auf Abkürzungen einlassen.

zu Papier. 17. Jh.: Ein bedeutender deutscher Barockdichter namens Simon Dach befasste sich in über tausend deutschen und lateinischen Gedichten mit den Wechselfällen des Lebens. Versuchte zusammen mit anderen kunstsinnigen Königsberger Bürgern dem Leben Freude abzugewinnen – allen Beschwernissen seiner Zeit zum Trotz. 18./19. Jh.: Georg Simon Ohm war Physiker und beschäftigte sich mit der damals noch weitgehend unerforschten Elektrizität. In Italien: Simone; in Spanien: Simón; in Russland: Semjon. Abkürzungen: Sim, Sony, Zim, Zimmy, Zimy.

**Sixt.** Auch **Sixtus:** aus dem Lateinischen. Bedeutung: der Feine. Mehrere Päpste namens Sixtus sind in die Geschichte eingegangen. 16. Jh.: Unter der Herrschaft von Papst Sixtus V. wurden viele Kunstwerke der römischen Antike zerstört und durch christliche Motive ersetzt. 19. Jh.: In → Richard Wagners Oper »Die Meistersinger von Nürnberg« hat ein Sixtus Beckmesser seinen Auftritt.

**Sixten:** in Schweden bekannter. Aus dem Nordischen. Bedeutung: Sieg und Stein. Abkürzungen: Sito, Sixt.

**Sjard:** aus Friesland stammende Form von Sieghard. Aus dem Althochdeutschen. Bedeutung: Sieg und hart.

**Skipp:** frisch und schwungvoll. Aus dem Norwegischen. Bedeutung: Schiffseigner.

**Sölve:** aus Skandinavien und der nordischen Mythologie. Der Legende nach soll ein Haudegen namens Sölve einst als Pirat vor den Küsten Schwedens unterwegs gewesen sein. Ermutigte die Schweden, ihn zum König auszurufen. Als die sich weigerten, griff er das Land an, gewann die Schlacht und setzte sein Vorhaben durch.

**Sönke:** vor allem im Norden populär. Aus dem Althochdeutschen. Bedeutung: Sohn. 20./21. Jh.: Der deutsche Regisseur Sönke Wortmann heimste bereits zahlreiche nationale Filmpreise ein. Seine Komödie »Der bewegte Mann« gehört zu den erfolgreichsten deutschen Filmen. Begleitete während der Weltmeisterschaft 2006 die deutsche Nationalmannschaft mit der Kamera. Den Reinerlös des Dokumentarfilms »Deutschland. Ein Sommermärchen« spendete er an die SOS-Kinderdörfer.

**Sören:** aus Dänemark eingeführt. Verwandt mit → Severin. Aus dem Lateinischen. Bedeutung: der Strenge, Ernste. 19. Jh.: Der dänische Philosoph Sören Kierkegaard wollte seine Leser nach eigener Aussage nicht bevormunden, sondern ihnen helfen, zu eigenen Erkenntnissen zu kommen. Seinen Mitmenschen blieb sein von Leiden und Leidenschaft geprägtes Denken lange fremd.

**Sophus:** anspruchsvoll. Aus dem Griechischen. Bedeutung: klug, weise. In Skandinavien populärer. 19. Jh.: Marius Sophus Lie, norwegischer Wissenschaftler, hat die Mathematik ein Stück weitergebracht.

**Spencer:** lässig, locker. Aus dem Englischen. Bezieht sich auf einen Familiennamen. 20. Jh.: Der amerikanische Schauspieler Spencer Tracy schrieb in Hollywood Filmgeschichte. Gilt als einer der vielseitigsten Darsteller seiner Zeit. Mit der großen Katherine Hepburn verband ihn eine dauerhafte Beziehung bis zu seinem Tod, obwohl er sich nie von seiner Ehefrau scheiden ließ.

**Stanislaus:** hergeleitet von Stanislaw. Aus dem Slawischen. Bedeutung: standhaft, Ruhm. Weitere Formen: Stanislav, Stanislaw. In Italien: Stanislao; in Frankreich: Stanislas. Abkürzungen: Stan, Stani, Stanko, Stenzel, Stiva, Strasi.

**Stefan.** Auch **Stephan, Stephen:** ein Klassiker und ein biblischer Name. Aus dem Griechischen. Bedeutung: der Bekränzte. 1. Jh.: Stephanus war ein Diakon der urchristlichen Gemeinde in Jerusalem. Namenstag: 26. Dezember. 18./19. Jh.: Stephan Schütze, Schriftsteller, Theaterkritiker und Journalist, war ein häufiger Gast im Haus von → Arthur Schopenhauer und → Johann Wolfgang von Goethe in Weimar. Etwa gleichzeitig: Johann Stephan Pütter, Staatsrechtler und Publizist, der Rechtsgeschichte schrieb. 19./20. Jh.: Stefan George, deutscher Dichter und Lyriker des Symbolismus und später der Neuromantik, galt als eine ziemlich exzentrische Person. In Norddeutschland auch Steffen; in Skandinavien: Staffan, Staffen; in England: Stephen; in Ungarn: Istán; in Spanien: Estéban, Esteban, Estevan; in Italien: Stefano; in Frankreich: Étienne, Estienne, Stéphane; in Osteuropa: Stepan. Abkürzungen: Fanyo, Steff, Steffe, Steffel, Sten, Stillo, Stoffel.

**S**

**Sten.** Auch **Steen:** unkompliziert. Überall verständlich. Kurzform von → Stefan. Aus dem Griechischen. Bedeutung: der Bekränzte. Oder aus dem Nordischen. Bedeutung dann: Stein. Kosename: Tenno.

**Steve:** englische Kurzform von → Stefan. Aus dem Griechischen. Bedeutung: der Bekränzte. Oder aus dem Nordischen. Bedeutung dann: Stein. 20./21. Jh.: Steve Irwin war ein australischer Dokumentarfilmer, der durch seine TV-Show als »Crocodile Hunter« bekannt wurde. Setzte sich hauptsächlich für den Tierschutz ein. Starb bei Unterwasseraufnahmen am Great Barrier Reef durch den Stich eines Stachelrochen ins Herz. Außerdem: Steve Martin ist ein amerikanischer Schauspieler, der vor allem wegen seiner komischen Rollen beliebt ist. Auch Steven.

**Stig:** frisch und dynamisch. In Dänemark üblich. Aus dem Nordischen. Bedeutung: steigen.

**Sven:** beliebt. Unkompliziert. Aus dem Nordischen. Bedeutung: junger Mann. Weitere Formen: Svenn, Swen, Svenning. In Dänemark: Svend.

## WIE LÄSST SICH DER VORNAME ÄNDERN?

Was tun, wenn ein Kind seinen Vornamen ablehnt? Das kann passieren, wenn er recht außergewöhnlich ist und es häufig deswegen gehänselt wird. Aber auch, wenn der Name mit (hohen) Erwartungen seitens seiner Eltern verbunden ist, die das Kind unter Druck setzen. Wenn sich die Eltern also bei der Wahl völlig vergriffen haben, kann man die Kurzform zum Ersatznamen machen und mit diesem kleineren Übel leben. Gibt es diese Alternative nicht, bleibt noch die Möglichkeit, ihn gänzlich auszutauschen. Wer seinen Vornamen behördlich in sämtlichen offiziellen Papieren ändern lassen möchte, muss begründen, warum er mit dem eingetragenen Namen nicht glücklich wird, am besten mit einem psychologischen Gutachten. Außerdem braucht er ein polizeiliches Führungszeugnis sowie eine beglaubigte Abschrift aus dem Familienbuch. Weitere Informationen gibt es auf den Standesämtern.

**Tadzio:** ausgefallen. Kosename von Tadeusz /→ Thaddäus. Erinnert an den schönen Jungen vom Lidostrand aus der Thomas-Mann-Novelle »Der Tod in Venedig« und den entsprechenden Luchino-Visconti-Film.

**Tamino:** klangvoller, romantischer Dreiklang. Vielleicht aus dem Griechischen. Bedeutung: Herr. 18. Jh.: Der Name weist auf Tamino aus der Oper von → Wolfgang Amadeus Mozart »Die Zauberflöte« hin. Abkürzungen: Nino, Tamo.

**Tammo:** flott und schwungvoll. Aus dem Friesischen. Bezieht sich auf die alten Namen Dammo und Dankmar. Bedeutung: Dank und berühmt.

**Tamo:** angenehm im Klang. Leicht verständlich. Kurzform vom ungarischen Támas, verwandt mit → Thomas. Aus dem Griechischen. Bedeutung: Zwillinge.

**Tanko:** kernig, dynamisch. Verwandt mit Danko. Aus dem Althochdeutschen. Bedeutung: Dank.

**Tankred:** selten. Unabhängig von Moden. Verwandt mit Dankrad. Aus dem Englischen, ursprünglich Althochdeutschen. Bedeutung: Dank und Rat. 12. Jh.: Obwohl sein kinderloser Vorgänger Wilhelm II. einen anderen Nachfolger bestimmt hatte, ließ sich Tankred von Lecce zum König von Sizilien wählen. Musste deshalb ständig für seine Legitimität kämpfen. Galt als geschickter Herrscher. 20./21. Jh.: Tankred Dorst, international anerkannter Drehbuchautor und Regisseur, vor allem jedoch als Autor zeitkritischer Dramen bekannt. Hat 2006 bei den Bayreuther Festspielen »Den Ring der Nibelungen« inszeniert – die erste Oper seines Lebens. In Italien: Tancredo. Abkürzungen: Tan, Tani, Ted.

**Tarek:** aus Arabien. Bedeutung: nächtlicher Besucher. Weitere Formen: Tarik, Tariq. Abkürzungen: Rick, Rik.

**Tassilo, Thassilo:** unbeschwert. Italienisch. Kosename zu → Tasso. Wahrscheinlich aus dem Lateinischen. Bedeutung:

## AUF DEN GUTEN KLANG KOMMT ES AN

Nicht nur der christliche oder geschichtliche Hintergrund von Vornamen wird bei der Namensvergabe seltener berücksichtigt, mit der Individualisierung der Gesellschaft werden auch verwandtschaftliche Strukturen weniger wichtig. Heißen wie der Opa oder der Patenonkel? Momentan nicht mehr so aktuell. Angesagter sind dagegen bei vielen die Namen aus dem Showbusiness, wie etwa Tommy Lee oder Jamie Lee. Ganz im Trend der Zeit auch die Söhne von Boris Becker namens Noah Gabriel und Elias Balthasar, denn auch Doppelnamen stehen heute wieder hoch im Kurs. Außerdem »in«: neben den alten Namen auch deren Varianten und Kurzformen. So wird aus Markus gerne Mark/Marc, Marco oder Marcel, aus Niklas Nico oder Nick und aus dem Klassiker Stephan ein Steven oder Steffen. Von traditionellem Ballast befreit, sollen Vornamen heute vor allem gut klingen: locker und modern. Doch Vorsicht, was heute modern klingt, kann morgen schon wieder völlig out sein ...

Eibe (Taxus). 8. Jh.: Tassilo III., Herzog in Bayern, war ein Vetter → Karls des Großen. Das hinderte diesen jedoch nicht daran, Tassilo aus politischen Gründen sein Herzogtum zu nehmen und ihn zum Lehnsmann zu degradieren. Namenstag: 11. Dezember. 19. Jh.: Tassilo von Heydebrand und der Lasa war Jurist, Diplomat, vor allem aber mit Freude Schachmeister, Schachlehrer und Schachtheoretiker. Abkürzungen: Ilo, Silo, Tass, Tasso.

**Tasso:** attraktiv, kraftvoll. In Italien zu Hause. Wohl aus dem Lateinischen. Bedeutung: Eibe (Taxus).

**Taylor:** in England zu Hause. Aus einem Familiennamen entstanden. Übrigens auch ein Mädchenname. Abkürzung: Toto.

**Tebaldo:** unbeschwert. Leichter als das deutsche Pendant → Theobald, verwandt mit Dietbald. Aus dem Althochdeutschen. Bedeutung der Anfangssilbe »Diet«: Volk. Abkürzungen: Baldo, Baldus, Tebo, Teo.

**Ted:** englische Kurzform von → Edward/→ Eduard. Bedeutung: Besitz und Hüter. Weltweit verständlich. In Amerika sehr beliebt. Kosename: Teddy.

**Thaddäus:** anspruchsvoll, selten. Aus dem Griechischen. Bedeutung: Lobpreis. Judas Thaddäus hieß einer der zwölf Apostel von Jesus Christus. Namenstag: 28. Oktober. 18. Jh.: Johann Thaddäus Anton Peithner von Lichtenfels, Jurist, später Lehrstuhlinhaber für Bergbaukunde, brachte im Auftrag der Kaiserin Maria Theresia den Bergbau ein ordentliches Stück weiter. 20. Jh.: Thaddäus Troll – eigentlich Dr. Hans Beyer – Schriftsteller, Journalist, hatte viel für Satire übrig und war ein bekannter Schreiber. Andere Form: Tadeusz. In Italien: Taddeo; in Spanien: Tadeo. Abkürzung: Tado.

**Theis:** aus dem Norden. Kurzform von Matthias. Aus dem Hebräischen. Bedeutung: Geschenk Gottes. Weitere Form: Thaisen. Abkürzung: Theo. → Thies.

**Theo:** sympathischer Zweiklang. Einfach in der Schreibweise. Entweder angelehnt an → Theobald/Dietbald. Aus dem Althochdeutschen. Die Silbe »Diet« bedeutet: Volk. Oder Kurzform von → Theodor. Aus dem Griechischen. Bedeutung: Geschenk von Gott. 19. Jh.: Theo van Gogh, niederländischer Kunsthändler und Kunstsammler, unterstützte seinen Bruder → Vincent van Gogh nach Kräften. Der Briefwechsel der beiden ging über zwanzig Jahre und ist eine einzigartige Dokumentation von Bruderliebe.

**Theobald:** seltener alter Name. Verwandt mit Dietbald. Aus dem Althochdeutschen. Bedeutung der Silbe »Diet«: Volk. Durch die Jahrhunderte auch ein beliebter Fürstenname. 19./20. Jh.: Theobald von Bethmann Hollweg war ein liberaler, um Ausgleich bemühter Politiker. Er war Reichskanzler vor und während des ersten Weltkriegs. Abkürzungen: Baldo, Ted, Teddy, Teo, Theo. → Tebaldo, → Thibaut.

**Theodor:** ein Klassiker. Immer da, nie ganz vergessen. Aus dem Griechischen. Bedeutung: Geschenk von Gott. 3./4. Jh. v. Chr: Theodorus von Kyrene war Schüler des Protagoras und lehrte später selber Mathematik. Soll unter anderem der Lehrer Platons gewesen sein. 19. Jh.: Theodor Storm, ein berühmter Schriftsteller des Realismus, hat uns wunderbare

Geschichten und Gedichte hinterlassen, die fast immer an
Norddeutschland erinnern. Dann: Theodor Fontane, Apotheker, Journalist, nach langem Mühen endlich erfolgreicher
Schriftsteller, der noch heute gerne gelesen wird. 19./20. Jh.:
Theodor Mommsen war ein Historiker und Altertumsfor-
scher mit großem Namen. Erhielt den Nobelpreis für Literatur. Außerdem: Theodor Heuss, erster Bundespräsident
Deutschlands, trug auf freundliche, kluge Weise dazu bei,
dass die Bundesrepublik in ihrer Aufbauphase auf die Füße
kam. In den Niederlanden: Dorus; in England: Theodore; in
Frankreich: Théodore; in Südeuropa: Theodoro. Abkürzungen: Dodo, Dorus, Fedor, Ted, Teddy, Tede, Tedo, Tetje, Theo.

**Theophil:** originell. Sicherlich nicht häufig. Aus dem Griechischen. Bedeutung Gottesfreund. In Frankreich: Théophile; in
Italien: Teofilo. Abkürzungen: Fili, Filo, Phil, Theo.

**Thibaut:** edel, individuell. In Frankreich zu Hause. Verwandt
mit → Theobald/Dietbald. Aus dem Althochdeutschen. Bedeutung der Silbe »Diet«: Volk. Abkürzungen: Thibo, Thio.

**Thierry.** Auch **Thierri:** in Frankreich bekannt. Verwandt mit
→ Dietrich. Aus dem Althochdeutschen. Bedeutung: Volk
und mächtig.

**Thies, Thieß:** aus dem Norden stammende Kurzform von
→ Matthias. Aus dem Hebräischen. Bedeutung: Geschenk
Gottes. → Theis.

**Thilo.** Auch **Tilo:** beliebt, unkompliziert. Angenehm im
Klang. Kurzform von Namen mit der Anfangssilbe »Diet«,
wie etwa Dietbald und Dietbold. Aus dem Althochdeutschen.
Bedeutung: Volk. Auch: Thielo.

**Thomas, Tomas:** traditionell. Zu allen Zeiten beliebt. Ein biblischer Name. Aus dem Griechischen. Bedeutung: Zwillinge.
13. Jh.: Thomas von Aquin, großer Theologe, Kirchenlehrer,
Philosoph, beeinflusst die katholische Kirche bis heute. Namenstag: 28. Januar. 19./20. Jh.: Thomas Mann, großer deutscher Schriftsteller und Nobelpreisträger. Bei der Bücherver-
brennung durch die Nationalsozialisten wurden die Werke
seines Bruders Heinrich und seines Sohnes → Klaus Mann
verbrannt. Ging daraufhin ins Exil und kehrte auch nach
dem Krieg nur zu Besuchen nach Deutschland zurück. 20./

21. Jh.: Als Showmaster nach wie vor der Deutschen Liebling: Thomas Gottschalk. Beliebt für seinen Witz und seine Schlagfertigkeit. In Schottland: Tavis; in Dänemark: Tammes; in Frankreich: Thomé; in Osteuropa: Toma; in Ungarn: Tamás. Kosenamen: Masetto, Masino. Abkürzungen: Tam, Tamme, Tammes, Tammo, Thoma, Thommy, Tom, Tommi, Tommo, Tommy, Toms, Tomy. → Tomaso.

**Thorsten, Torsten:** nordisch. Bezieht sich auf den Gott Thor (Wotan). Weitere Bedeutung: Steinwaffe. Namen mit der Vorsilbe Thor oder Tor waren in der Zeit der Bekehrung zum Christentum ein Hinweis auf eher heidnische Gesinnung. Abkürzungen: Tore, Torm, Toste, Toto.

**Tiberius:** anspruchsvoll. Aus dem Lateinischen. Erinnert an den Flussgott Tiberis. Im alten Rom lange ein Modename. Vor allem durch den römischen Kaiser Tiberius Claudius Nero um Christi Geburt ins Gespräch gekommen. In Italien: Tiberio; in Frankreich: Tibère; in Ungarn: Tibor. Abkürzungen: Bib, Bibi, Tibo, Tibor, Tim, Tito.

**Tibor:** ein guter Zweiklang mit den Vokalen i und o. In Ungarn beliebt. Hergeleitet von Tiburtius. Aus dem Lateinischen. Weist auf die Bewohner der Stadt Tivoli hin. Abkürzungen: Bobo, Tiu.

**Tido:** klangvolle, angenehme Kurzform von → Dietrich. Aus dem Althochdeutschen. Bedeutung der Silbe »Diet«: Volk.

**Till:** ein frischer, fröhlicher und dazu alter Name. Kurzform von Namen mit der Anfangssilbe »Diet«. Aus dem Althochdeutschen. Bedeutung: Volk. 14. Jh.: Der berühmteste Till ist sicherlich Till Eulenspiegel, ein Gaukler, der viel Unfug trieb und Held eines mittelniederdeutschen Volksbuchs aus dem 16. Jh. ist. Weitere Formen: Til, Tiele, Tiel.

**Tillmann.** Auch **Tilman, Tilmann:** ein norddeutscher Klassiker und alter deutscher Name. Bedeutung: Nachkomme von → Till. 15./16. Jh: Tilman Riemenschneider, Bildschnitzer, Bildhauer, Meister der Spätgotik, ist ein Künstler, dessen Werke wir heute noch in Kirchen bewundern. Abkürzungen: Til, Till, Tillo, Tilmar.

**Tim, Timm:** höchst beliebte Kurzformen von → Timotheus. Aus dem Griechischen. Bedeutung: Gott ehrend. 20. Jh.: Der wohl berühmteste Tim ist die Comicfigur aus der Reihe »Tim und Struppi« – erfunden und gezeichnet von dem Belgier Hergé. Darin reist Reporter Tim um die Welt und erlebt kuriose, spannende und haarsträubende Abenteuer. Die weltbekannte Comicfigur inspirierte andere Künstler, wie etwa den Pop-Art-Maler Andy Warhol. Kosenamen: Timmi, Timmy.

**Timo, Thiemo:** seit Langem populär. Angelehnt an die Namen Thietmar/Dietmar. Aus dem Althochdeutschen. Bedeutung: Volk. Außerdem Kurzform von → Timotheus. Aus dem Griechischen. Bedeutung: Gott ehrend. 20./21. Jh.: Timo Glock, ein junger deutscher Rennfahrer, fährt bei der Formel 1. Außerdem: Timo Tolkki ist ein finnischer Musiker, Gitarrist und Songschreiber der Power-Metal-Band »Stratovarius«. Produziert auch andere Metalbands. Weitere Formen: Thimo, Tiemo, Timmo. Ähnlich: Thymo.

**Timon:** attraktiv. Individuell. Kurzform von → Timotheus. Aus dem Griechischen. Bedeutung: Gott ehrend. Schon im Alten Testament ist von einem sozial engagierten Timon aus Jerusalem die Rede. Außerdem gibt es mehrere berühmte Philosophen dieses Vornamens – auch kein schlechtes Omen.

**Timotheus:** ein Klassiker und biblischer Name. Aus dem Griechischen. Bedeutung: Gott ehrend. Der Timotheus aus der Bibel war der engste Mitarbeiter des Apostels Paulus und viel mit ihm auf Reisen. 4. Jh.: Während der Christenverfolgung unter Kaiser Diokletian starb auch ein Märtyrer namens Timotheus. In Frankreich: Timothée, Timothé; in Russland: Timofej; in Italien und Spanien: Timoteo. Abkürzungen: Tim, Timm, Timmi, Timmie, Timmy, Timo.

**Timothy:** leichter und unbeschwerter als → Timotheus. Die englische Variante. Ursprünglich aus dem Griechischen. Bedeutung: Gott ehrend. Abkürzungen: Tio, Tito.

**Tino:** fröhlich, unbeschwert. Vor allem in Italien populär. Kurzform von Namen, wie etwa Constantino, Valentino.

**Titus:** klassisch. Altrömisch. Weist auf das Geschlecht des Titius hin. Vielleicht bezieht sich der Name auch auf Wörter wie »titi« gleich Wildtaube oder »titulus« gleich Ruhm. 1. Jh.: Der römischer Kaiser Titus zerstörte den Tempel von Jerusalem, von dem seither nur noch die »Klagemauer« existiert.

Galt später als milder, großmütiger Herrscher. Ließ das Kolosseum in Rom vollenden und den Titusbogen erbauen. Um Christi Geburt gab es den Geschichtsschreiber Titus Livius. War außerdem Lehrer von Kaiser → Claudius. In Italien: Tito, Tiziano. Abkürzung: Tio, Tito.

**Tizian, Tiziano.** Auch **Titian:** anspruchsvoll. Verwandt mit → Titus. Aus dem Lateinischen. Weist wohl auf das Geschlecht des Titius hin. 15./16. Jh.: Tiziano Vecellio, bekannt als Tizian, war ein venezianischer Maler der Hochrenaissance, der seine ganz eigene Malweise fand und dessen Bilder bis heute Glanzstücke in den großen Museen der Welt sind. Abkürzungen: Tio, Tito, Zio.

**Tjard, Tjarde, Tjado.** Auch **Tiart, Tiard:** aus dem hohen Norden. Hergeleitet von Namen mit der Anfangssilbe »Diet«. Aus dem Althochdeutschen. Bedeutung: Volk.

**Tjark, Tjarko.** Auch **Tiark:** verwandt mit → Tjard. Hergeleitet von Namen mit der Anfangssilbe »Diet« wie → Dietrich. Aus dem Althochdeutschen. Bedeutung: Volk.

**Tobias:** ein Dauerbrenner. Und ein biblischer Name. Aus dem Hebräischen. Bedeutung: Gott ist gütig. In Griechenland: Tobit. Abkürzungen: Bibi, Tobi, Tobit, Toby, Tom, Tommi.

**Tom:** weltweit bekannter englischer Name. Hergeleitet von → Thomas. Aus dem Griechischen. Bedeutung: Zwillinge. 19. Jh.: Der amerikanische Schriftsteller → Mark Twain schrieb den weltweit erfolgreichen Roman »Tom Sawyer«. Mit diesem Tom kann sich wohl jeder Junge identifizieren.

**Tomaso, Tommaso:** aus dem Italienischen. Verwandt mit → Thomas. Aus dem Griechischen. Bedeutung: Zwillinge. 17./18. Jh.: Tommaso Albinoni, venezianischer Komponist, schrieb mehr als fünfzig Opern, aber auch Kantaten und Instrumentalmusikwerke. Wurde von → Johann Sebastian Bach bewundert. Abkürzungen: Assa, Tom.

**Torben.** Auch **Thorben:** sehr gefragt. Aus Skandinavien. Verwandt mit Torbjörn. Bezieht sich auf Thor, den Donnergott. Aus dem Nordischen. Bedeutung: Held oder Bär.

**Tore, Thore:** aus dem Nordischen. Bezieht sich auf den Donnergott Thor. Weitere Formen: Ture, Thure. Oder Toren, Thor, Thoren.

## DEN EIGENEN TRÄUMEN EINEN NAMEN GEBEN

Der Name soll gut klingen, das ist Eltern heute besonders wichtig. Nur was klingt schön? Wie bei der Musik hat hier jeder seine eigene Meinung. Schwört der eine auf Musik von Mozart, hat der andere eher ein Faible für Rock. Die Vorlieben variieren. Soziologen sind der Ansicht, dass Eltern oft ein Bedürfnis nach Abgrenzung haben. Mütter und Väter wollen zeigen, dass ihr Kind einzigartig ist, und der Vorname wird als Vehikel dazu benutzt. Dazu kommt: Mancher will sich in seinem Kind selbst verwirklichen, Träume von einem aufregenden Leben wahr werden lassen. Und ein aufregender Name gilt als Signal. Namensforscher haben herausgefunden, dass diese Tendenz in Großstädten häufiger zu beobachten ist als in der Provinz.

**Torsten.** Auch **Thorsten:** vor allem in Skandinavien bekannt. Bezieht sich auf den Donnergott Thor. Außerdem aus dem Nordischen. Bedeutung: Stein. Abkürzungen: Sten, Tom.
**Trevor:** individuell. International. Ein irischer Name. Aus dem Gälischen. Bedeutung: der Besonnene. Andere erkennen darin einen walisischen Ortsnamen.
**Tristan:** angenehm. Aus dem Keltischen. Bedeutung: Waffengeklirr. 12./13. Jh.: Gottfried von Straßburg griff auf die Tristansage zurück, beschrieb die innige Liebe Tristans zu Isolde. 19. Jh.: → Richard Wagner schrieb zu diesem Motiv seine berühmte Oper »Tristan und Isolde«.
**Tycho:** aus Dänemark. Bedeutung: der Glückliche. 16. Jh: Tycho Brahe, ein dänischer Adliger, war einer der bedeutendsten Astronomen. Beobachtete die Sterne und entwickelte eine Planetentheorie. Ein Mondkrater wurde zu seinem Gedenken »Tycho«, ein Krater auf dem Mars »Tycho Brahe« genannt.
**Tyler:** beliebter Name aus England. Bezieht sich auf eine gleichnamige Ortschaft.

**Udo:** klangvoll, dabei einfach. Ursprünglich Kurzform von
→ Ulrich, verwandt mit Odo. Aus dem Althochdeutschen.
Bedeutung: Erbe. 20./21. Jh.: Zwei deutschsprachige Sänger
mit Format, die seit Jahrzehnten im Geschäft sind, tragen
diesen Namen: Udo Jürgens und Udo Lindenberg.

**Ulf:** klar und unkompliziert. Hergeleitet von → Wolf. 20./
21. Jh.: Ulf Merbold, deutscher Physiker und ehemaliger
Astronaut. War der erste Bundesdeutsche im Weltall. In
Schweden: Ulff, Ulfo, Ulv, Ulw.

**Uli, Ulli:** Kurzformen von Ulrich. Aus dem Althochdeutschen.
Bedeutung: Erbe, mächtig, reich.

**Ullo:** rund und immer passend. Hergeleitet von fast vergessenen Namen, wie etwa Ulbert, Ulfart, Ulfried.

**Ulrich:** traditionell, klar. Aus dem Althochdeutschen. Bedeutung: Erbe, mächtig, reich. Ritter, Dichter, Politiker, Herzöge,
Bischöfe trugen diesen Namen, der durch die Jahrhunderte
beliebt war. 15./16. Jh.: Unvergessen ist Ulrich von Hutten,
ein eigenwilliger, eindrucksvoller Humanist, Dichter und
Publizist, der sich für die Reformation einsetzte. 20./21. Jh.:
Der Soziologe Ulrich Beck hält der Gesellschaft seit Jahrzehnten den Spiegel vor und gibt mit seinen Analysen und
Prognosen Denkanstöße. Außerdem: Ulrich Mühe war ein
großer deutscher Schauspieler. In Frankreich: Ulric; in Ita-
lien: Ulrico, Uldarico; in Polen: Ulrych; in Norddeutschland:
Ulerk, Ulrik. Abkürzungen: Richie, Rick, Ricky, Rik, Rikky,
Ule, Uli, Ulli, Ullo, Ulo, Utz, Uz.

**Ulysses:** anspruchsvoll, außergewöhnlich. Die lateinische
Form des griechischen Namens Odyseus. Die Geschichte des
Helden von Troja und seiner späteren Irrfahrt kennen viele.
20. Jh.: Bekannt geworden ist der Name auch durch den
ungewöhnlichen Roman »Ulysses« von → James Joyce. In
Italien: Ulisse; in Spanien: Ulises.

**U**

**Umberto:** erinnert an Süden und Sonne. Aus dem Italienischen und dem Althochdeutschen. Bedeutung: Tierjunges, junger Bär und glänzend. 20./21. Jh.: Ein berühmter Umberto ist der Medienwissenschaftler und italienische Schriftsteller Umberto Eco. Sein Roman »Der Name der Rose« ist weltbekannt. Abkürzungen: Bert, Berto. → Humbert.

**Urban:** fern jeden Trends. Immer da, nie modern. Aus dem Lateinischen. Bedeutung: der Städter. 3. Jh.: Der Name geht auf Papst Urban I. zurück. Namenstag: 25. Mai. Nach ihm kamen noch viele Päpste dieses Namens. In Frankreich: Urbain; in Italien: Urbano; in Ungarn: Urbán. Abkürzungen: Ben, Ullo, Urs.

**Uriel:** individuell. Ein biblischer Name. Aus dem Hebräischen. Bedeutung: Gott ist mein Licht. Der Engel Uriel gilt nach jüdischer Überlieferung als einer der Erzengel neben Gabriel, Michael und Raphael. Namenstag: 25. Mai. 16./17. Jh.: Uriel Acosta war ein jüdischer Philosoph, der vor der Inquisition nach Amsterdam floh. Nahm sowohl die christliche als auch die jüdische Religion kritisch unter die Lupe. Abkürzungen: Rick, Ricky, Uri.

**Ursus, Ursin, Ursinus.** Auch **Urs:** aus dem Lateinischen. Bedeutung: Bär. In der Schweiz hat der Name einen besonderen Klang in Erinnerung an den heiligen Ursus von Solothurn, der im 3. Jh. für seinen Glauben gestorben ist. Namenstag: 30. September. 6. Jh.: Ursicinus, Erzbischof von Ravenna, ließ die Basilika San Apollinare in Classe erbauen – eine Kirche, die noch heute bewundert wird und zum UNESCO-Welterbe zählt. Namenstag: 5. September. 20./21. Jh.: Urs Widmer ist ein bekannter Schweizer Schriftsteller, der Romane, Essays, Theaterstücke und Hörspiele schreibt.

**Utz:** Kosename von Ulrich. Aus dem Althochdeutschen. Bedeutung: Erbe, mächtig, reich.

**Uwe, Uve:** klingt nach Norden und Küste. Ein norddeutscher Name, ursprünglich Kurzform von Namen mit der Anfangssilbe »Od«. Bedeutung: Besitz. Mitte des vergangenen Jahrhunderts sehr beliebt. 20./21. Jh.: Uwe Ochsenknecht ist ein aus Fernsehen und Kino bekannter deutscher Schauspieler. Varianten: Uvo, Uwo. In Schweden: Ove.

**Vadim:** aus Osteuropa. Verwandt mit Wadim. Bedeutung: der Streiter. 20./21. Jh.: Wer fernsieht, kennt Vadim Glowna, seit Jahrzehnten ein bekannter Schauspieler, Regisseur, Drehbuchautor und Produzent. Abkürzung: Dimmy.

**Valdemar:** kaum aktuell. Aus dem Althochdeutschen. Bedeutung: walten, berühmt. 19./20. Jh.: Valdemar Poulsen machte als Erfinder der magnetischen Schallaufnahme von sich reden. Abkürzungen: Aldo, Dedo, Marus, Val, Vanja. Auch Waldemar.

**Valentin:** romantisch, ansprechend. Aus dem Lateinischen. Bedeutung: kräftig, gesund. Bei den alten Römern hießen einige Kaiser Valentinian. 17. Jh.: Valentin Conrart war ein französischer Schriftsteller, der weniger durch seine Werke, denn als Mitbegründer der Académie francaise bekannt wurde. Diese recht konservative Institution wählt ihre Mitglieder überwiegend aus dem literarischen Bereich auf Lebenszeit und macht es sich seither zur Aufgabe, die französische Sprache zu pflegen. 20./21. Jh.: Valentino Clemente Ludovico Garavani, bekannt als Valentino, ist ein italienischer Modeschöpfer, Geschäftsmann und allen Modebewussten ein Begriff. Andere Form: Valtin. In Italien: Valente, Valentino; in England: Valentine. Abkürzungen: Tino, Tintin, Tinto, Valtin, Vanja, Vasja, Velten, Veltin.

**Valerian.** Auch **Valerius:** aus dem Lateinischen. Ein Familienname. 2./3. Jh.: Kaiser Valerian, eigentlich Publius Licinius Valerianus, führte wie die meisten Kaiser vor und die meisten nach ihm Kriege, entfachte Revolten oder schlug sie nieder. Auf einem seiner Feldzüge geriet er in persische Gefangenschaft. Kam nie wieder frei – eine Tragödie für die alten Römer. In Italien: Valerio; in Frankreich: Valéri, Valérie, Valéry, Valérien; in Russland: Valerij. Abkürzungen: Jan, Rian, Rick, Ricky, Tino, Tinto, Valtin, Vasja.

**V**

**Varus:** einfach und originell. Vor allem in der Schweiz beliebt. Bezieht sich auf die Varusschlacht im 1. Jh., auch als Hermannsschlacht oder Schlacht im Teutoburger Wald bekannt: Dabei erlitten die römischen Legionen im Teutoburger Wald unter der Führung von Varus eine herbe Niederlage im Kampf gegen das germanische Heer, das von → Arminius dem Cherusker angeführt wurde. Abkürzung: Vasja.

**Vasco:** individuell. Ein portugiesischer Name. Bedeutung: der Baske. 15./16. Jh.: Der Name erinnert an den wagemutigen portugiesischen Seefahrer Vasco da Gama, der den Seeweg nach Indien erkundete. Abkürzung: Coco.

**Veiko:** Ableger vom norddeutschen Feikko, hergeleitet von fast vergessenen Namen mit der Anfangssilbe »Fried«, wie etwa Friedlieb, Friedhorst, Friedhelm. Alle »Fried«-Namen kommen aus dem Althochdeutschen. Bedeutung: Frieden.

**Veit:** schnörkel- und zeitlos. Aus dem Althochdeutschen. Angelehnt an → Wido/→ Guido. Bedeutung: Wald. 15./16. Jh.: Bis heute ist Veit Stoß berühmt, ein begnadeter Bildschnitzer und Bildhauer der Spätgotik. Viele Altäre beweisen sein außergewöhnliches Können. 18./19. Jh.: Johann Veit Döll war ein berühmter Graveur, Edelsteinschneider, Medailleur, dessen Kunstfertigkeit unvergessen ist. In Schweden: Witas; in Frankreich: Voit, Vit. → Vitus.

**Vico, Vicco:** frische, dynamische Zweiklänge. Hergeleitet von → Viktor. Aus dem Lateinischen. Bedeutung: Sieger. 20./21. Jh.: Victor von Bülow, genannt Vicco, bekannt als Loriot, ist ein bewunderter Zeichner, Schriftsteller, Regisseur – ein geistvoller, beliebter Künstler mit viel Humor.

**Victor, Viktor:** ein Klassiker, der Bestand hat. Aus dem Lateinischen. Bedeutung: Sieger. 19. Jh.: Joseph Victor von Scheffel fand das Leben eines Schriftstellers weit reizvoller als das eines Juristen. Gab seinen Beruf also auf und wurde zu einem viel gelesenen Autor. Außerdem: Victor Hugo, erfolgreicher Publizist, Romancier, Lyriker und Dramatiker, war sicherlich einer der bedeutendsten Schriftsteller Frankreichs. Legte sich mit Louis Napoléon Bonaparte an und musste deshalb vorübergehend ins Exil. Wurde später hochgeachtet. 20. Jh.: Victor Vasarely, französischer Grafiker und Maler ungarischer Abstammung, war Repräsentant der so genannten Op-Art, die durch geometrische Formen und Farben optische Täuschungen hervorrufen wollte. In Dänemark: Viggo; in Italien: Vittorio, Vittorino (Kosename); in Frankreich: Victorien; in Russland: Vitulja. Abkürzungen: Torio, Toto, Vic, Vicco, Vick, Vico, Vik, Vikko, Viko.

**Viggo:** unverbraucht. Interessant. Aus den Niederlanden, Skandinavien und dem Nordischen. Bedeutung: Kampf, Streit. 20./21. Jh.: Viggo Peter Mortensen ist ein vielsprachiger, vielseitiger amerikanischer Schauspieler, Fotograf, Dichter, Maler, Musiker. Weltweit durch seine Rolle des Aragorn in der Herr-der-Ringe-Verfilmung bekannt geworden.

**Vince:** neueren Datums. Aus England. Kurzform von Vincent. Aus dem Lateinischen. Bedeutung: Sieger.

**Vinzenz, Vinzent:** heute eher im Blickwinkel. Im Süden bekannter als im Norden. Aus dem Lateinischen. Bedeutung: Sieger. 16./17. Jh.: Vinzenz von Paul, Priester, wird als Begründer der Caritas gefeiert. Sein Leitsatz: »Liebe sei Tat!« 19. Jh.: Vincent van Gogh war der erste wirklich moderne Maler. Wer an ihn denkt, hat sofort seine weltweit bekannten Bilder vor Augen – ein Selbstporträt oder eine Provencelandschaft. Mit den Bildern kommen auch die Erinnerungen an sein tragisches, unglückliches Leben. Eine Variante: Vincenz. In England, in Frankreich und den Niederlanden: Vincent; in Italien: Vincento, Vicente, Vincenzo; in Polen: Vincenty. Abkürzungen: Cento, Cenz, Sentz, Senz, Vido.

**Virgil:** aus dem Lateinischen. Geht auf den Namen Vergilius zurück. 1. Jh. v. Chr.: Vergil, auch Virgil genannt, war ein bedeutender römischer Dichter und Verfasser der »Äneis«, ein Epos, das jeder Lateinschüler kennt. 8. Jh.: Im Süden erinnert der Name an Virgil, Bischof von Salzburg. Namenstag: 24. September. 19./20. Jh.: Der Amerikaner Virgil Thomson arbeitete als Theater- und Filmkomponist, schrieb neben Musikkritiken in New York auch Opern, Orchesterkompositionen und andere Werke. In Italien: Viriglio. Abkürzung: Gil.

**V**

**Vital, Vitalis:** ein Kraft spendender Name. Aus dem Lateinischen. Bedeutung: lange lebend. 18./19. Jh.: Ignaz Paul Vitalis Troxler war ein Schweizer Mediziner, Politiker und Philosoph.

War mit → Ludwig van Beethoven befreundet und beim Wiener Kongress Abgesandter der Schweiz. Hatte wegen seines kritischen politischen Engagements viel Ärger, ließ sich aber nicht in seinen Zielen beirren.

**Vito:** eine fröhliche Fanfare, ein lebensfroher Zweiklang aus Italien. Verwandt mit → Veit/→ Vitus. Aus dem Althochdeutschen. Bedeutung: Wald. Kosenamen: Tonjo, Toto.

**Vitus:** attraktiv. Dynamisch. Verwandt mit → Veit/→ Guido. Aus dem Althochdeutschen. Bedeutung: Wald. 3./4. Jh.: Der heilige Vitus starb als Märtyrer. An ihn erinnert die Vituskirche in Prag. Namenstag: 15. Juni. 17./18. Jh.: Vitus Bering war in Diensten des russischen Zaren auf Entdeckungsreisen und segelte über die Weltmeere. Wurde deshalb der »Kolumbus des Zaren« genannt. In Russland: Firko. Abkürzungen: Tio, Tito, Tiu, Vic, Vik, Viki.

**Vivian:** neueren Datums. Aus England importiert. Angelehnt an Vivianus. Aus dem Lateinischen. Bedeutung: der Muntere. In Italien: Viviano; in Frankreich: Vivien. Abkürzung: Vito.

**Vladimir:** in vielen Ländern bekannte Form von → Wladimir. Aus dem Slawischen und Althochdeutschen. Bedeutung: Macht und berühmt. 20. Jh.: Durch seinen Roman »Lolita« ist der russisch-amerikanische Schriftsteller Vladimir Nabokov berühmt geworden. Außerdem: Keiner spielte so wie er – der ukrainisch-amerikanische Pianist Vladimir Horowitz galt als Sensation. Abkürzungen: Mio, Vladi, Vlado.

**Volker:** vor wenigen Jahrzehnten noch beliebt, heute weniger aktuell. Aus dem Althochdeutschen. Bedeutung: Volk, Heer. Weitere Namensform: Folker.

**Volkert.** Auch **Volkard, Volkart:** verwandt mit dem alten, fast vergessenen Namen Volkhard. Aus dem Althochdeutschen. Bedeutung: Volk, hart. Eine Schreibvariante: Folkert. Abkürzungen: Fock, Focko, Fokko, Volko.

**Walt:** unkompliziert. Überall verständlich. Kurzform von → Walter. Aus dem Althochdeutschen. Bedeutung: herrschen, Heer. 20. Jh.: Walt Disney, weltberühmter amerikanischer Zeichner und Produzent, erfand so wunderbare Wesen wie Mickymaus, Donald Duck, Bambi, Dumbo …

**Walter:** weit abgeschlagen auf der Hitliste. Aus dem Althochdeutschen. Bedeutung: herrschen, Heer. 12./13. Jh.: Walther von der Vogelweide, bis heute gepriesener Minnesänger, Dichter mittelalterlicher Verse. Seine berühmteste Zeile: »Ich sâz ûf eime steine …« 20. Jh.: Walter Benjamin – eigentlich Walter Bendix Schönflies Benjamin – war Philosoph, Literaturkritiker und Übersetzer. Machte sich Gedanken über die gesellschaftliche Entwicklung Europas. Starb auf der Flucht vor den Nationalsozialisten. Weitere Formen: Walther, Wolter. In Frankreich: Gautier, Gauthier; in Italien: Gualtieri, Gualtiero; in den Niederlanden: Wout, Wouter; in Friesland: Woltje. Abkürzungen: Walo, Walt.

**Walto, Waldo:** Kurzformen von Namen mit der Anfangssilbe »Wald« wie die fast vergessenen Namen Waldomar, Waldfried, Waldebert. Abkürzung: Dodi.

**Wanja.** Auch **Vanja:** freundlich. Verwandt mit → Ivan / → Johannes. Aus dem Hebräischen. Bedeutung: der Herr ist gnädig. Auch weiblich. Bulgarische Variante: Wanjo.

**Warnart.** Auch **Warnert:** in Norddeutschland bekannt. Verwandt mit Wernhard. Aus dem Althochdeutschen. Bedeutung: wehren, hart. Abkürzungen: Hardy, Warn.

**Wasja:** liebevoll. Attraktiv. Hergeleitet von → Wassili. Aus dem Griechischen. Bedeutung: Der Königliche.

**Wassili, Wassilij.** Auch **Wassily:** russische Namen, angelehnt an → Basilius. Aus dem Griechischen. Bedeutung: der Königliche. Über lange Zeiten hinweg ein Fürstenname. Nicht nur in Russland beliebt. 19./20. Jh.: Wassily Kandinsky,

**W**

berühmter russischer Maler, Kunsttheoretiker, erst Vertreter des Expressionismus, später der abstrakten Kunst. Mitglied der Gruppe »Der Blaue Reiter«, der auch → Alexej von Jawlensky, → August Macke und Franz Marc angehörten. Abkürzungen: Siljo, Silyo, Wasio, Wasja.

**Welf:** eingängig. Einfache Schreibweise. Aus dem Althochdeutschen. Bedeutung: junger Hund, Fuchs, Wolf. Im Mittelalter im Herrscherhaus der Welfen beliebt.

**Wendel:** liebevoll. Unbeschwert und unkompliziert. Kurzform von weitgehend vergessenen Namen wie Wendelbert, → Wendelin. Der Wortanfang »Wendel« bezieht sich auf den Stamm der Wandalen. Abkürzungen: Wend, Wenz.

**Wendelin:** fröhlich. Beschwingt. Der Wortanfang »Wendel« bezieht sich auf den Stamm der Wandalen. 6. Jh.: Der heilige Wendelin, vielleicht ein Königssohn, wollte der Legende nach nicht herrschen, sondern lieber missionierend durch Europa ziehen und als Viehhirte arbeiten. Nach ihm wurde die Stadt St. Wendel benannt. Namenstag: 21. Oktober. Abkürzungen: Linjo, Lino, Wend, Wenz.

**Wenzel:** alt, aber nicht verstaubt. Kurzform von Wenzeslaus, einem slawischen Namen. Bedeutung: mehr und Ruhm. In Böhmen gab es im Mittelalter mehrerer Herrscher namens Wenzel. 10. Jh.: Der heilige Wenzel wurde schon als Kind zum Fürsten bestimmt, bemühte sich unter dem Einfluss seiner Großmutter Ludmilla um die Christianisierung von Prag und musste dafür mit seinem Leben büßen. Namenstag: 28. September. Abkürzung: Wenz.

**Werner.** Auch **Wernher:** nicht gerade hitverdächtig. Aus dem Althochdeutschen. Wahrscheinlich ein Hinweis auf den germanischen Stamm der Warnen. Im 19./20. Jh. besonders beliebt. 19. Jh.: Wirtschaftlich besonders erfolgreich war Werner von Siemens. Gründete die Firma »Siemens«, die mit Telegraphenleitungen ihren ersten großen Gewinn machte, und leitete das Zeitalter der Elektrotechnik ein. 20. Jh.: Der Forscher und Raketenkonstrukteur Wernher von Braun wurde »Vater der Raumfahrt« genannt. Im Niederdeutschen: Warner; in Skandinavien: Verner; in Frankreich: Varnier, Vernier. Kosename: Wessel.

**Wichert.** Auch **Wichard, Wickart, Wickhart:** aus dem Nordischen. Hergeleitet von dem alten Namen Wighard. Aus dem Althochdeutschen. Bedeutung: Kampf und hart. Abkürzungen: Wigge, Wigger, Wiggo, Wjard.

**Wido, Wito:** jeweils ein ansprechender Zweiklang. Leicht verständlich. Einfache Schreibweise. Verwandt mit → Guido. Die Anfangssilbe »Wid« stammt aus dem Althochdeutschen. Bedeutung: Wald. Auch: Widu.

**Wieland, Wielant:** aus dem Altnordischen. Wahrscheinliche Bedeutung: List, Gesinnung. 20. Jh.: Der Opernregisseur und Bühnenbildner Wieland Wagner, Enkel von → Richard Wagner, leitete lange Jahre zusammen mit seinem Bruder Wolfgang die Bayreuther Festspiele. Varianten: Weiland, Wielant, Welant. In Dänemark: Völund; in Frankreich: Galland. Abkürzungen: Lando, Win.

**Wigand, Wiegand:** bodenständig. Bestimmt kein Modename. Aus dem Althochdeutschen. Bedeutung: der Kämpfende. Variante: Weigand. Abkürzung: Wiggo.

**Wigo:** Kurzform von weitgehend vergessenen alten Namen mit der Anfangssilbe »Wig«. Aus dem Althochdeutschen. Bedeutung: Kampf. Auch: Wikko.

**Wilbert:** heute fast vergessen. Verwandt mit Willibert. Aus dem Althochdeutschen. Bedeutung: Wille, glänzend. Abkürzungen: Bert, Will, Willi, Willy.

**Wilhelm:** traditionell. Aus dem Althochdeutschen. Bedeutung: Wille und Helm. 11. Jh.: Wilhelm der Eroberer, als unehelicher Sohn von Robert I., Herzog der Normandie, geboren, setzte sich gegen viele Widerstände durch, um als William II. der Nachfolger seines Vaters zu werden. Später eroberte er England und wurde, am Ziel seiner Träume, als Wilhelm I. König des Inselreiches. Der Name Wilhelm war in den vergangenen Jahrhunderten vor allem in Preußen gefragt, gerade bei Königen und Kaisern. 18./19. Jh.: Wilhelm von Humboldt, Staatsmann, Diplomat, Reformer in Preußen, aber auch Gelehrter, setzte sich mit den Kulturwissenschaften auseinander und ist zusammen mit seinem Bruder → Alexander berühmt geworden. Ein weiteres berühmtes Gespann: Wilhelm Grimm sammelte zusammen mit seinem

**W**

Bruder → Jacob Märchen. 19./20. Jh.: Alle begeisterten Comicleser haben Wilhelm Busch, Zeichner und Geschichtenerfinder, zu danken – er ist der Urvater des Comics. Über seine Geschichte von »Max und Moritz« können Kinder und Erwachsene heute noch lachen. In Schweden, Bulgarien: Vilhelm; in Dänemark: Villum, Willum; in Frankreich: Guillaume; in Spanien: Guillermo. Abkürzungen: Bill, Helm, Wicko, Wico, Will, Willi, Willy, Wilm, Wim.

**Wilko:** hergeleitet von → Wilhelm. Aus dem Althochdeutschen. Bedeutung: Wille und Helm. Weitere Formen: Wilk, Wilken, Wilkin, Williko. Abkürzungen: Koko, Kon, Konno, Wiko, Will, Wilm, Willm, Wim.

**Will:** Kurzform von Namen mit den Anfangsbuchstaben »Will«, wie etwa → Wilhelm, Willhard, → Willard. 20./21. Jh.: Will Eisner, Comiczeichner in den USA, hat die Entwicklung der Comics stark beeinflusst. Wirkte prägend und stilbildend auf junge Comic-Künstler.

**Willard:** moderner als der verwandte Name Willhard. Aus dem Althochdeutschen. Bedeutung: Wille und hart.

**Willem:** frisch. Unbeschwerter als der verwandte Name → Wilhelm. In den Niederlanden üblich. 20./21. Jh.: Der niederländische Kronprinz, Sohn von Königin Beatrix und

## VON DER FREUDE AN AUSGEFALLENEN NAMEN

Einst war die Welt der Vornamen weit übersichtlicher als heute. So waren zum Beispiel Anfang des zwanzigsten Jahrhunderts in Berlin nur etwa 100 Vornamen im Gespräch. Heute werden in einer Großstadt dagegen etwa 2000 verschiedene Vornamen registriert. Inzwischen sind viele ausländische Namen eingebürgert worden, vor allem angloamerikanische und romanische. Auch Namen aus Zeitschriften, Filmen, Fernsehsendungen werden gerne übernommen und dazu »neue« Vornamen im Internet gesucht. So wächst bei uns die Zahl der Vornamen stetig, während gleichzeitig die Zahl der Geburten eher zu wünschen übrig lässt.

→ Claus von Amsberg, trägt den langen Namen Willem-Alexander Claus George Ferdinand van Oranje-Nassau. Eine Variante: Wellem. Abkürzungen: Will, Wim.

**Willi.** Auch **Willy:** früher ein Renner. Kurzform von Namen mit der Anfangssilbe »Wil« wie Willhard, Willibald oder Willibert. 20. Jh.: Willy Brandt, zuerst Bürgermeister von Berlin und später Bundeskanzler, setzte als Politiker Meilensteine. Für seine um Entspannung bemühte Ostpolitik erhielt er den Friedensnobelpreis.

**William:** in England bekannte Form von → Wilhelm. Aus dem Althochdeutschen. Bedeutung: Wille, Helm. 16./17. Jh.: Ein besonders eindrucksvoller William ist sicherlich der Dichter und Dramatiker William Shakespeare, dessen Theaterstücke heute noch Geltung haben. 20./21. Jh.: Bei den Jüngeren beliebt: Prinz William, Prinz von Großbritannien und Nordirland, der nach seinem Vater Charles an zweiter Stelle der britischen Thronfolge steht. Viele würden lieber ihn als direkten Nachfolger der Queen sehen. Abkürzungen: Bill, Billy, Will, Wim.

**Wilm.** Auch **Willm:** norddeutsch. Kurz und knapp. Kurzform von → Wilhelm. Aus dem Althochdeutschen. Bedeutung: Wille und Helm.

**Wilson:** aus England. Bezieht sich auf einen alten Familiennamen. Bürgert sich bei uns gerade ein.

**Wim:** neueren Datums. Kurzform zu → Wilhelm oder verwandten Namen wie → Willem oder → William. Alle aus dem Althochdeutschen. Bedeutung: Wille und Helm.

**Winald, Winold** oder **Winolt:** aus dem Althochdeutschen. Bedeutung: Freund, herrschen. Abkürzungen: Naldo, Win.

**Winand, Wienand:** aus dem Althochdeutschen. Bedeutung: Kampf, kühn. Abkürzungen: Nando, Weigel, Wick, Wig, Wiggo, Win, Wyn oder Wyne. → Wynand.

**Winrich, Winnrich:** ein alter Name mit langer Tradition. Nicht gerade im Hoch. Aus dem Althochdeutschen. Bedeutung: Freund, Macht, mächtig, reich. Abkürzungen: Ricci, Rich, Richie, Rick, Win.

**Winston:** typisch englisch. Auch auf dem Kontinent bekannt. Hinweis auf einen Familiennamen. 19./20. Jh.: Unvergessen ist Winston Churchill – eigentlich Winston Leonard Spencer Churchill, bedeutender britischer Staatsmann. War zweimal Premierminister und führte Großbritannien durch den zweiten Weltkrieg. Außerdem machte er sich als Autor historischer und politscher Werke einen Namen. Erhielt den Nobelpreis für Literatur. Andere Namensformen: Wynstan, Wynston. Abkürzung: Win.

**Witigo, Wittigo:** versponnen, besonders. Ein alter Name aus dem Althochdeutschen. Bedeutung: Wald und Gefolgsmann. Die Witigonen waren ein altböhmisches Adelsgeschlecht. Auf ihre Geschichte nimmt → Adalbert Stifter in seinem Roman »Witiko« Bezug. Abkürzungen: Wicko, Wiko.

**Wolf.** Auch **Wolff:** selten geworden. Der Name bezieht sich auf die Stärke eines Wolfs. 20./21. Jh.: Der Liedermacher Wolf Biermann, einst aus der DDR ausgebürgert, gilt noch immer als wichtiger Zeitzeuge. Variante: Wulf.

**Wolfgang:** traditionell. Bestimmt nicht hitverdächtig. Aus dem Althochdeutschen. Bedeutung: Wolf und Streit. 18./19. Jh.: Johann Wolfgang von Goethe gilt als unübertroffener Dichterfürst, als Geistesgröße und Universalgenie. Er ist der wichtigste, vor allem interessanteste Vertreter der Weimarer Klassik und inzwischen längst selbst zum Klassiker geworden. Ganz oben in der Rangliste der Weltliteratur. 20./21. Jh.: Wolfgang Petersen, Filmregisseur, Filmproduzent, ist nach dem Erfolg seines Antikriegsfilms »Das Boot« nach Hollywood gegangen und hat dort Karriere gemacht. Abkürzungen: Wolf, Wolfi, Wölfel, Wolfer.

**Wolfram:** ziemlich out. Aus dem Althochdeutschen. Bedeutung: stark wie ein Wolf. 12./13. Jh.: Wolfram von Eschenbach war ein bedeutender Ritter und Minnesänger.

**Wychmann:** bodenständig. Friesisch. Verwandt mit Namen wie → Wynand. Aus dem Althochdeutschen. Bedeutung der Anfangssilbe: Kampf. Abkürzungen: Wych, Wyn, Wyne.

**Wyn, Wyne:** modern. Spritzig. Kurzformen von → Wynand. Aus dem Althochdeutschen. Bedeutung: Kampf, kühn.

**Wynand:** interessant, individuell. Verwandt mit → Winand. Aus dem Althochdeutschen. Bedeutung: Kampf, kühn. Abkürzungen: Wyn, Wyne.

**Xander:** interessant. Lässt aufhorchen. Kurzform von → Alexander. Aus dem Griechischen. Bedeutung: schützen und Mann.

**Xaver:** vor allem in Süddeutschland beliebt. Abgeleitet vom spanischen Namen → Javier, hat er sich seit Langem eingebürgert. Erinnert an das Schloss Javier in Spanien. 16. Jh. Franz Xaver – eigentlich Francisco Javier de Jassu y Azpilcueta – begab sich im Auftrag von Papst Paul III. und des portugiesischen Königs nach Goa. Von dort aus missionierte er in Indien. War in ganz Ostasien unterwegs, sogar in Japan, was zu dieser Zeit sehr ungewöhnlich war. Namenstag: 3. Dezember. 20./21. Jh.: Xavier Naidoo, Gründungsmitglied der Musikgruppe »Söhne Mannheims«, ist auch solo seit Langem erfolgreich. Außerdem ist er Mitinitiator und Dozent der Mannheimer Popakademie. In Frankreich, England, Spanien: Javier, Xavier.

**Xenos, Xeno:** originell. Ein englischer Name griechischen Ursprungs. Bedeutung: der Fremde. Abkürzung: Nox.

**Xerxes:** aus dem Griechischen. 5. Jh. v. Chr.: Der Name erinnert an einen gleichnamigen persischen König, der ein Riesenreich regierte. Damit nicht zufrieden wollte er auch noch Griechenland erobern. Dieser Größenwahn brachte ihm empfindliche Niederlagen ein. In England: Xeres, Xeno, Xerus; in Spanien: Jerez, Jerges.

**Xylon:** ein englischer Name griechischen Ursprungs. Bedeutung: Holz.

**Yael:** aus dem Alten Testament und dem Hebräischen. In Israel ein beliebter Name, auch in Frankreich nicht ganz unbekannt. Ist auch als Mädchenname gebräuchlich.

**Yago:** individuell. Verwandt mit → Jago/→ Jakob. Aus dem Hebräischen. Bedeutung: Fersenhalter.

**Yanick, Yanik,** auch **Yannick, Yannik:** neueren Datums und recht beliebt. Vielleicht aus Friesland stammende Form von → Jann, verwandt mit → Johannes. Aus dem Hebräischen. Bedeutung: Gott ist gnädig. 20./21. Jh.: Yannick Noah ist ein ehemaliger französischer Tennisstar und heute Popsänger. Weitere Formen: Yanic, Yanek, Yannek, Yanneck. Abkürzungen: Jan, Jann, Nick, Nik. → Janek, → Jannik.

**Yanis:** verwandt mit → Janis/→ Johannes. Aus dem Hebräischen. Bedeutung: Gott ist gnädig.

**Yasin:** aus dem Türkischen. Bezieht sich auf den Koran. In Arabien: Yassin.

**Yorck, York:** interessant. Die Namen gelten als deutsch-slawische Form von → Georg. Aus dem Griechischen. Bedeutung: Landmann. Oder er wird auf die englische Stadt York zurückgeführt. Eine weitere Form: Yorick.

**Yves:** ansprechend, attraktiv. Aus dem Französischen. Verwandt mit → Ivo. Ursprünglich ein alter englischer Name. Bedeutung: Eibe. 20. Jh.: der Schauspieler Yves Montand spielte in vielen französischen Klassikern eine große Rolle. 20./21. Jh.: Der französische Modeschöpfer Yves Saint Laurent – eigentlich Yves Henri Donat Mathieu-Saint-Laurent – hat wunderbare Mode gemacht. Sein Label YSL ist heute noch weltweit bekannt.

**Yvo:** eine Nebenform von → Ivo. Aus dem Englischen. Bedeutung: Eibe. Auch Yvon.

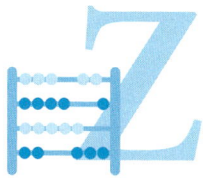

**Zacharias:** ausgefallen. Ein biblischer Name. Aus dem Griechischen. Bedeutung: Gott hat sich meiner erinnert. In der Bibel wird von Zacharias, dem Vater des späteren Johannes des Täufers erzählt. Wegen seines fortgeschrittenen Alters glaubt er dem Erzengel Gabriel nicht, als der ihm ankündigt, dass er Vater wird. Daraufhin kann er bis zur Geburt seines Sohnes Johannes nicht mehr sprechen. Erst danach findet er seine Sprache wieder. Namenstag: 23. September. 8. Jh.: damals gab es einen Papst namens Zacharias. In England: Zachary; in Italien: Zaccaria; in Frankreich: Zacharie; in Russland: Sachar (Kurzform). Kosename: Zach.

**Zachäus:** ein biblischer Name. Aus dem Griechischen. Bedeutung: unschuldig. Im Neuen Testament wird von einem »armen Sünder« Zachäus berichtet, der Jesus begegnet. Aufgrund dieser Erfahrung ändert Zachäus sein bisheriges Leben und beginnt, seinen Besitz mit den Armen zu teilen.

**Zeno, Zenon:** interessant, klangvoll und angenehm. Aus dem Griechischen. Bedeutung: Geschenk des Zeus. In der Antike trugen zahlreiche Philosophen und Politiker diesen Namen: Zum Beispiel im 2. Jh. v. Chr.: Zenon von Athen und im 3. Jh. v. Chr.: Zenon von Kaunos. 18./19. Jh.: Karl Zeno Rudolf Schadow, Bildhauer, Sohn und Schüler von Johann Gottfried Schadow, lebte und arbeitete in Rom, obwohl er Heimweh nach Berlin hatte. Schuf dort romanisch-klassizistische Skulpturen.

**Zoltán:** ungewöhnlich, aber nicht zu ausgefallen. Passt sich an. Aus dem Ungarischen. Bedeutung: Sultan. Abkürzung: Tanno, Tano.

**Zyprian:** verwandt mit → Cyprian. Aus dem Griechischen. Bezieht sich auf die Bewohner Zyperns.

**Z**

# Service

## Hitlisten im Wandel der Zeit

| 1890: | 1950: | 2007: |
|-------|-------|-------|
| 1. Carl, Karl | 1. Peter | 1. Leon |
| 2. Wilhelm | 2. Hans | 2. Maximilian |
| 3. Otto | 3. Wolfgang | 3. Alexander |
| 4. Heinrich | 4. Claus, Klaus | 4. Paul |
| 5. Friedrich | 5. Manfred | 5. Luca |
| 6. Paul | 6. Jürgen | 6. Lukas, Lucas |
| 7. Hans | 7. Michael | 7. Felix |
| 8. Gustav | 8. Bernd, Berndt | 8. Elias |
| 9. Max | 9. Werner | 9. David |
| 10. Ernst | 10. Günter, Günther | 10. Jonas |

Häufiger vergeben werden heutzutage inzwischen Namen wie Ben, Jakob, Luis oder Louis, auch Noah, sie zählen aber noch nicht zu den Hits.

## Adressen, die weiterhelfen

- Namensberatung der Universität Leipzig Augustusplatz 10/11 04109 Leipzig Tel.: 09001/887735 (kostenpflichtige Hotline, 1,86 €/Min.)

- Gesellschaft für deutsche Sprache – Sprachberatung – Spiegelgasse 13 65183 Wiesbaden Tel.: 09001/888128 (kostenpflichtige Hotline 1,86 €/Min.)

# Im Überblick: Informationen rund um die Namensgebung

## Impressum

**Programmleitung:** Ulrich Ehrlenspiel
**Redaktion:** Ilona Daiker, Monika Rolle
**Lektorat:** Angela Hermann-Heene
**Fotos:** Vordere Umschlagseite: Marcel Weber
Hintere Umschlagseite: Picture Press (links), Mauritius (rechts)
**Illustrationen:** Isabelle Fischer
**Gestaltung und Layout:** independent Medien-Design
**Herstellung:** Markus Plötz
**Satz:** Filmsatz Schröter, München
**Druck und Bindung:** Druckerei Auer, Donauwörth

**Wichtiger Hinweis:**
Die Informationen in diesem Buch wurden von der Autorin nach bestem Wissen erstellt und sorgfältig geprüft. Weder die Autorin noch der Verlag können für eventuelle Nachteile oder Schäden, die aus den im Buch gegebenen Hinweisen resultieren, eine Haftung übernehmen.

ISBN 978-3-8338-1027-5

1. Auflage 2008

*Ein Unternehmen der*
GANSKE VERLAGSGRUPPE

**Umwelthinweis:**
Dieses Buch wurde auf chlorfrei gebleichtem Papier gedruckt. Um Rohstoffe zu sparen, haben wir auf Folienverpackung verzichtet.

Die **GU Homepage** finden Sie im Internet unter **www.gu-online.de**